Louise Courteau

Du même auteur chez Louise Courteau : *Livre jaune n° 1 – Ne touchez pas à ce livre.*

Titres complémentaires :
– *Les Enfants de la matrice*, David Icke (tomes 1 & 2) ;
– *Les Anges ne jouent pas de cette HAARP*, Jeane Manning et Dr Nick Begich ;
– *Énergie libre et technologies*, Jeane Manning ;
– *Le Gouvernement secret*, Milton William Cooper.

Édition originale en allemand.
Coédition en français Hesper-Verlag / Louise Courteau

ISBN : 978-1-913191-25-2

Dépôt légal : deuxième trimestre 2011
Bibliothèque et Archives nationales du Québec
Bibliothèque et Archives Canada

Talma Studios International Ltd.
Clifton House, Fitzwilliam St Lower
Dublin 2 – Ireland
www.talmastudios.com
info@talmastudios.com

Jan van Helsing

Livre jaune
N° 2

La guerre des francs-maçons

2e édition

Traduit de l'allemand par Christoph Böttinger

Louise Courteau

TABLE DES MATIÈRES

INTRODUCTION

« Les hommes d'État de ce siècle ne traitent pas seulement avec des gouvernements, des empereurs, des rois et des ministres, il y a les sociétés secrètes à qui ils doivent rendre des comptes. Ces sociétés sont capables de faire capoter tous les arrangements politiques [...] » (Benjamin Disraeli, 1er comte de Beaconsfield, le 12 septembre 1876).

Cette affirmation, chers lecteurs, ne vient pas de moi, ni d'autres *théoriciens* du complot, mais d'un *praticien* du complot, l'ancien Premier ministre britannique Benjamin Disraeli, haut grade de la maçonnerie. Que veut-il dire par là ?

D'accord, nous savons que les complots ont toujours existé et qu'ils existeront toujours ; Otto von Bismarck (premier chancelier fédéral d'Allemagne) disait : « On ne ment jamais autant qu'avant une élection, que pendant une guerre et qu'au cours d'une partie de chasse. » Les préparatifs de guerre et le trafic de drogues ou d'armes ainsi que l'achat d'entreprise avec délit d'initié ne datent pas d'hier. L'opération *Mockingbird* de la CIA entreprise à la fin des années 1940, qui avait pour but d'infiltrer les médias en vue de favoriser les intérêts de la CIA, en est un bon exemple. Il s'agit en général de complots de petite envergure. Les attentats du 11 septembre 2001 revêtent plus d'importance, vu leurs répercussions dans le monde entier, particulièrement les lois qui en découlent en ce qui concerne le contrôle et la surveillance des individus. Beaucoup de gens ont écrit là-dessus, mais on ne les a pas pris au sérieux. Les magazines de société commençaient seulement en 2010 à traiter le sujet de façon plus critique.

L'existence des sociétés secrètes n'est plus un secret. Nous allons parler dans ces pages d'une conspiration mondiale au plus haut niveau des États, qui vit le jour il y a un siècle et est en train de réussir et de s'imposer maintenant. Pensez-vous qu'un tel complot avec des ramifications mondiales soit réellement possible ? Winston Churchill, un franc-maçon de haut grade, en était intimement persuadé : « Il faut vraiment être aveugle pour ne pas voir qu'un grand projet se construit sur terre, et que nous sommes les porteurs d'eau fidèles qui contribuent à sa réalisation ! »

De quoi s'agit-il ? Quel est le but à atteindre ? Paul Warburg, un des fondateurs de la Réserve fédérale des États-Unis (Federal Reserve, ou FED), en parla ouvertement : « Nous aurons un gouvernement mondial, que nous le voulions ou non. La seule inconnue est de savoir s'il s'imposera avec l'assentiment de l'humanité ou s'il sera contraint de prendre le pouvoir par la force. »

Ce projet porte un nom, le *Nouvel Ordre Mondial*. Ce nouvel Ordre se caractérisera par un gouvernement mondial unifié, une monnaie unique et une seule religion, une police, une cour de justice et une armée mondiale, et selon ses initiateurs, par une paix durable dans le monde. Ce qui en soi est une bonne idée, n'est-ce pas ? Nahum Goldmann, fondateur et président du Congrès juif mondial [puis président de l'Organisation mondiale sioniste de 1956 à 1968], en parlait dans son pamphlet paru en 1915, *Deir Geist des Militarismus* [*L'esprit militariste*] :

> On peut résumer le sens et la mission historique de notre époque en une phrase : elle doit instituer un nouvel ordre de l'humanité civilisée, en lieu et place du système de société actuel, qui doit être détruit. Il faut d'abord faire disparaître les étiquettes, les barrières, toutes les frontières, et porter une attention égale à disséquer chaque constituant du système. Ensuite, nous pourrons mettre en place le nouvel agencement de ces éléments. Notre premier devoir consiste donc à détruire les couches sociales et les réseaux qui ont contribué à établir l'ancien système, à déraciner les individus de leur environnement habituel. Aucune tradition ne sera plus sacrée, l'âge sera le seul baromètre de la maladie, tout ce qui a été doit disparaître.
>
> Les forces négatives de notre époque sont le capitalisme dans le domaine socio-économique et la démocratie dans le domaine politique. Nous savons tous ce qu'ils ont réalisé, et nous savons que leur objectif ultime n'est pas encore atteint. Le capitalisme combat l'économie traditionnelle, la démocratie lutte contre les forces réactionnaires. C'est l'esprit militaire qui y mettra un terme. Son principe d'uniformisation soutiendra le travail négatif de l'époque : quand tous les membres de notre culture seront des soldats de notre système culturel, nous résoudrons le problème. Nous aurons

ensuite à faire face à un problème plus sérieux, l'élaboration du nouvel ordre. Les membres qui ont perdu leurs racines et errent de façon anarchique doivent être intégrés dans de nouvelles catégories et formes sociales. Nous devrons ériger un nouveau système hiérarchique pyramidal.

Vous ne croyez pas que ces personnes aspirent réellement à une domination du monde, quelles qu'en soient les péripéties ? Que ce projet est une utopie et qu'il restera à l'état de rêve ? Henry Kissinger, un des meilleurs éléments de cette élite, est convaincu que l'objectif sera atteint. Quand on lui demande à quoi ressemblera l'avenir, il répond :

> Tout sera différent, beaucoup de gens souffriront. Un nouvel ordre mondial verra le jour, ceux qui survivront auront une vie meilleure. À long terme, la vie va s'améliorer. Le monde que nous avons imaginé deviendra réalité !

Même le pape Paul VI, dans une homélie le 17 juin 1965, parlait à ses brebis de ce plan miraculeux :

> Nous devrions élaborer un État à l'échelle mondiale et une société nouvelle, idéale. Nous savons que l'humanité dans sa diversité s'engagera dans la construction de cet édifice impressionnant, et que les progrès seront significatifs. Ils seront dignes d'admiration et de soutien […].

Jean-Paul II, dont nous révélerons certains aspects surprenants de la mission, tenait le même genre de discours. Il lança un appel à l'instauration d'un nouvel ordre social international, qui puisse garantir la paix, la justice et le respect de la dignité humaine. «L'unicité de l'espèce humaine exige un tel ordre», expliquait-il lors d'une audience devant un groupe de parlementaires britanniques à Castel Gandolfo. «Et une collaboration bienveillante entre les peuples est un impératif dans un monde de plus en plus interdépendant. Le Saint-Siège a toujours encouragé une telle collaboration parmi la communauté internationale.»

C'est un groupe de francs-maçons américains [Herbert Agar et ses collaborateurs] qui enfonce le clou dans un livre paru en 1940, *The City of Man. A Declaration on World Democracy* [*La Cité de l'homme. Une déclaration (statutaire) de démocratie mondiale*] :

> Tous les États doivent se soumettre aux lois d'un État mondialisé, si la paix doit régner un jour dans le monde [...] Une paix planétaire n'est possible qu'avec l'unification de l'humanité dans un seul gouvernement et une loi unique.

Vous pensez que ce n'est pas crédible ? Nous sommes sur le point d'y arriver, je dirais même que nous voilà en plein dedans. Il ne manque plus que de menus détails à régler. La vision de l'idéal des planificateurs est gravée sur les Georgia Guidestones, un mégalithe constitué de six blocs de granit, érigé sur une colline près d'Elberton en Géorgie, aux États-Unis. Construit par la firme Elberton Granite Finishing Company à compter de juin 1978, sur commande d'un anonyme s'étant présenté sous le nom de R. C. Christian, sa disposition rappelle l'alignement de pierres du site de Stonehenge, en Angleterre. Le monument affiche un message, des principes et des objectifs, gravés en huit langues modernes : anglais, espagnol (castillan), swahili, hébreu, arabe, hindi, chinois (mandarin) et russe. En voici la traduction française :

1. Maintiens l'humanité en dessous de 500 000 000 d'individus, en perpétuel équilibre avec la nature.

2. Guide la reproduction intelligemment, en améliorant la condition physique et la diversité.

3. Unis l'humanité avec une nouvelle langue mondiale.

4. Traite la passion, la foi, la tradition et toutes les autres choses avec modération.

5. Protège les personnes et les nations avec des lois et des tribunaux équitables.

6. Que les nations règlent leurs problèmes internes et les autres devant un tribunal mondial.

7. Évite les lois et les fonctionnaires inutiles.

8. Équilibre les droits individuels et les devoirs sociaux.

9. Fais primer la vérité, la beauté, l'amour en recherchant l'harmonie avec l'infini.

10. Ne sois pas un cancer pour la Terre, laisse une place à la nature.

ill. 1 : Les Georgia Guidestones.

À côté de ce monument se trouve une autre pierre de granit, sur laquelle ont été inscrits les renseignements sur la taille, le poids et la disposition astronomique de la construction. On y trouve la date de l'érection, le 22 mars 1980, et une description des commanditaires : «Un petit groupe d'Américains, dont le but est l'avènement de l'âge de raison.» L'inscription mentionne une «capsule temporelle», enterrée dans le sol. Il n'y a pas de détails sur la date à laquelle on l'a enterrée, ni sur le moment où le contenu doit en être révélé. Seule une inscription supplémentaire formule ce vœu : «Que ces pierres montrent le chemin vers un âge de raison.»

On y trouve donc les mêmes objectifs vers un avenir globalisé : une sorte de religion mondiale, une cour de justice et une seule langue pour le monde entier. L'humanité y est stigmatisée comme une tumeur cancéreuse, qu'on doit restreindre à 500 millions d'individus, pour maintenir un équilibre avec la nature. Il faut avoir à l'esprit que nous dépassons le nombre de sept milliards et demi sur la planète. Pour une population idéale de 500 millions de personnes, que fait-on des sept milliards restants, qui sont indésirables ?

Les planificateurs ont déjà la solution : il faut faire disparaître les autres. Comment ? Le cinéaste américain Alex Jones décrit le plan d'extermination dans un film, *Endgame* (2007) : c'est la dépopulation ciblée de l'humanité. Dans ce film, Alex Jones montre à l'aide de nombreux exemples comment la politique malthusienne d'élimination [limitation volontaire des naissances par abstinence] des pauvres s'est transformée en darwinisme social, avant de se muer en programme d'hygiène raciale et de conservation de l'héritage génétique, ce qui a conduit à une stérilisation de masse des citoyens américains tout au long du XIXe siècle. Jones explique comment la famille Rockefeller a importé en Allemagne la théorie de l'eugénisme, en finançant le Kaiser Wilhelm Institute for Medical Research [NdÉ : fondé en 1930 et connu depuis 1948 sous la raison sociale de Max Planck Institute for Medical Research], qui est devenu sous le Troisième Reich un pilier de l'idéologie national-socialiste. Après l'effondrement de l'État nazi, les Alliés prirent à leur charge un grand nombre de chefs de file de l'eugénisme allemand, et sollicitèrent leurs services afin de pouvoir appliquer dans leurs pays les connaissances qu'ils avaient acquises dans ce domaine. Dans le film, Alex Jones cède la parole à ces représentants de l'élite, qui exigent ouvertement l'abattage d'une grande partie de l'humanité, par des génocides ou des épidémies généralisées. Il y ajoute également les mises en garde d'Aldous Huxley, qui expliquait que la classe dominante pourrait garantir le maintien de l'humanité en une forme moderne d'esclavage, par des progrès dans le domaine médical et pharmaceutique.

Alex Jones nomme également des gouvernements qui ont fait des expériences sur leur population avec des virus mortels et des armes biologiques et radiologiques, pour faire progresser leur théorie de l'eugénisme. Il cite l'exemple d'enfants israéliens soumis à des doses radioactives par les services secrets. Il y eut 6 000 morts et beaucoup d'autres restèrent paralysés. Il évoque également le *National Security Study Memorandum 200* (NSSM 200, avril 1974), un document stratégique élaboré par Henry Kissinger dans les années 1970, qui explique qu'on doit réduire la population mondiale par des stérilisations, des guerres et des restrictions alimentaires.

Vous pensez que personne ne pourrait faire de telles choses ? Wolfgang Eggert, spécialiste des services secrets, a sa propre opinion :

> Des archives du Congrès [américain] gardées secrètes pendant des décennies, qui viennent d'être rendues publiques, montrent que le D^r [Donald] McArthur, le directeur adjoint du département des recherches au ministère de la Défense [américain], a déposé le 9 juin 1969 une demande de financement de 10 M\$. Selon ses déclarations, cet argent devait servir à développer un nouveau virus, capable d'anéantir le système immunitaire et d'empêcher toute thérapie. Le budget fut voté et les recherches furent menées dans un laboratoire de haute sécurité. Les scientifiques les plus qualifiés travaillèrent sur ce projet ; parmi eux Robert Gallo, un des pionniers de la découverte du virus de l'immunodéficience humaine (VIH). Le temps imparti aux recherches était de dix ans, et dix ans après sont apparus les premiers cas de sida aux États-Unis. La chaîne de preuves semble sans limites, surtout en ce qui concerne la recombinaison du virus. Les Américains tenaient là la première arme génétique, certes incomplète, car à l'inverse de ses successeurs, elle n'était pas en mesure de viser certaines populations précises ou certains territoires géographiques.

Revenons à Alex Jones. Dans son documentaire *Endgame*, il décrit sa vision du Nouvel Ordre Mondial : après la réduction de l'humanité, il resterait deux types d'hommes, la race des maîtres et les individus grégaires (esclaves). Cette sous-race humaine serait confinée dans des villes surveillées et coupées du monde, la caste des maîtres disposant du reste du monde et vivant dans un paradis terrestre ; elle pourrait même se transformer peu à peu en des êtres humains très développés, grâce aux nouvelles technologies. Le nouvel ordre apparaît ici sous un jour beaucoup moins attrayant...

Peut-on envisager qu'Alex Jones exagère son propos ou qu'il ait un parti pris très orienté ? Est-il impensable de sacrifier une partie de l'humanité pour que l'autre puisse vivre dans un paradis ? Qu'en pensez-vous ? Le tout est évidemment de savoir de quel côté on se situe, dans le camp des gagnants ou celui des perdants. Comme l'a dit Henry Kissinger : « Ceux qui survivront auront une vie bien meilleure ! »

Ces personnes qui visent la domination mondiale sont-elles vraiment « les méchants » ? Le nouvel ordre n'est-il pas ce qui pourrait nous arriver de mieux ? Quand on sait que ce projet est porté par les hommes les plus intelligents, les plus rusés et les plus puissants, et que ces personnes sont sans doute très raisonnables, ce ne peut donc pas être si mauvais. Ces gens sont-ils particulièrement égocentriques et dépourvus de sentiments ? Pourquoi l'opinion publique n'est-elle pas au courant de ces projets ? Hum... Mike Nichols [de son vrai nom Michael Igor Peschkowsky], un réalisateur américain d'origine allemande couronné par un Oscar, explique :

> Une poignée de gens contrôle les médias du monde entier. Ils ne sont que six et bientôt plus que quatre, et ils ont la mainmise sur la presse, les films et les télévisions. Il y a quelques années encore, plusieurs opinions différentes pouvaient s'exprimer ; de nos jours, on n'entend plus qu'une seule opinion qui met quatre ou cinq jours à se cristalliser et qui est ensuite reprise par le monde entier.

Paul Sethe, un des coéditeurs du grand quotidien allemand *Frankfurter Allgemeine Zeitung*, qui avait démissionné de son poste pour manifester sa désapprobation, le dit autrement :

> La liberté de la presse est la liberté d'environ deux cents personnes de répandre leur opinion.

Les grands médias mondiaux sont entre les mains de quelques individus : Robert Maxwell, Rupert Murdoch, Silvio Berlusconi, Haim

Saban, Boris A. Berezovsky et Vladimir Aleksandrovich Gusinsky. Ils ont été monopolisés, orientés selon leurs opinions, et censurés. Et ils ne parlent jamais des agissements des maîtres du monde. Pourquoi ? Parce qu'ils sont à leur solde et qu'ils en profitent. Ils parlent de ce qui leur est utile et ils passent sous silence ce qui va à l'encontre de leurs objectifs.

Pensez-vous qu'à l'heure actuelle il soit possible de cacher la vérité, de répandre des contre-vérités ou même de mentir de façon éhontée ? David Rockefeller, qui célébrait ses 96 ans le 12 juin 2011, avait l'audace de déclarer le 6 juin 1991, à l'ouverture de la conférence de Bilderberg, la réunion secrète des personnes les plus influentes du monde occidental :

> Nous remercions le *Washington Post*, le *New York Times*, le magazine *Time* et d'autres grands médias, dont les directeurs sont présents ici, d'avoir tenu leur promesse pendant quarante ans et d'avoir gardé le silence. Il ne nous aurait pas été possible de mettre en pratique le projet que nous avons pour le monde, si tout avait été fait sous les projecteurs de l'opinion publique. Le monde est aujourd'hui plus développé et plus apte à accepter le concept d'un gouvernement mondial, qui ne connaîtra plus jamais la guerre et qui vivra en paix dans la prospérité. Nous devons absolument favoriser la souveraineté supranationale d'une élite intellectuelle et des banques et non l'autodétermination nationale qui a prévalu au cours des siècles derniers.

Cela sonne bien. Une élite intellectuelle associée aux banques gouvernera le monde de demain. Elle le fait déjà à l'heure actuelle. Ne ressentez-vous pas une certaine satisfaction ? Nos dirigeants de banque ont fait la preuve de leur utilité ces dernières années ; sans eux, il n'y aurait pas eu la crise bancaire de 2008… Dire que le peuple américain paie pour cela.

Ce discours d'ouverture de Rockefeller date de vingt ans. Quand il disait *nous*, il parlait du groupe Bilderberg qu'il a cofondé, une organisation qui a vu le jour en mai 1954 sous l'égide du prince Bernhard des Pays-Bas [NDÉ : Bernard Leopold zur Lippe Biesterfeld, décédé en 2004, né comte de Lippe-Biesterfeld en Allemagne, prince de Lippe en 1916 et marié le 7 janvier 1937 avec la princesse Juliana – Julienne d'Orange-Nassau –, qui régna sur les Pays-Bas de 1948 à 1980], dont nous reparlons plus loin. Ces gens se réunissent une fois l'an depuis près de soixante ans, pour prendre des décisions politiques et économiques importantes. Rockefeller précise son propos dans ses *Mémoires* (2006) :

> Certains pensent que nous faisons partie d'une organisation secrète qui agit contre les intérêts des États-Unis, ils nous traitent ma famille et moi d'internationalistes qui complotent pour élaborer une structure globale intégrée, un monde en soi, si vous préférez. Si c'est une accusation, je me déclare coupable, et j'en suis fier !

De telles déclarations ne laissent aucun doute : il y a bien un complot. La question est de connaître l'état de son avancement et de savoir ce qui nous attend prochainement. Rockefeller n'en fait pas mystère :

> Nous sommes à l'aube d'un grand bouleversement, ce dont nous avons besoin c'est d'une crise mondiale, avant que les nations n'acceptent le Nouvel Ordre Mondial.
> Cette crise, elle est là devant nous, la crise de la finance mondiale ! Et ce qui a commencé en 2009 va devenir palpitant en 2011, ce sont les prémices d'un gouvernement mondial ! La précarité financière va provoquer plus de pauvreté, il va y avoir des émeutes et des violences. Les lois, les contrôles et les surveillances deviendront plus stricts, nous serons en plein dans ce nouvel ordre ! Ce n'est pas si compliqué en fait […] Le lecteur averti se dira que la crise financière n'était pas fortuite, qu'elle a été planifiée depuis longtemps […].

C'est exact. Ce que nous observons dans le domaine financier est un élément d'un plan sans scrupule, qui va écraser l'humanité sous une seule chape, avec un nouveau système monétaire, dont l'essentiel sera constitué de paiements virtuels. La crise et la récession ne tombent pas du ciel, elles font partie d'un plan beaucoup plus vaste. Elles sont une des clés qui vont nous mener vers un monde très contrôlé et très surveillé, sans que nous puissions nous y opposer. Évoquons rapidement le sujet des transactions financières virtuelles : c'est sans aucun doute la clé du Nouvel Ordre Mondial, car, évidemment, l'argent régit le monde. L'objectif est un monde dépourvu d'argent liquide, les transactions se faisant uniquement par carte de crédit et, à l'avenir, par des implants électroniques insérés sous la peau. Ces micropuces existent déjà sous plusieurs formes, pour les animaux et pour les humains. Mais accepteriez-vous qu'on vous implante une puce sous la peau ? Non ? Pourquoi pas ? Vous n'aurez plus besoin d'avoir de l'argent sur vous ou d'avoir une carte de crédit, vous n'aurez plus peur qu'on vous agresse dans la rue...

Réfléchissez bien, personne ne pourra plus vous voler, il n'y aura plus d'attaques de banque ou de station-service, personne ne pourra plus tromper le fisc, il n'y aura plus d'enlèvements avec demande de rançon, les micropuces permettront de localiser n'importe qui par satellite... Ne soyez pas trop timorés, soyez positifs. Ces puces ont déjà été présentées à la télévision, les animateurs étaient tous enthousiastes. La Bible en parle même dans l'Apocalypse :

> Et elle fit que tous, petits et grands, riches et pauvres, libres et esclaves, reçussent une marque sur leur main droite ou sur leur front, et que personne ne pût acheter ni vendre, sans avoir la marque, le nom de la Bête ou le nombre de son nom. (Apocalypse 13, 16-17)

Si c'est écrit dans la Bible, c'est un signe du destin, nous devrions l'accepter. Ou non ? Vous n'êtes toujours pas convaincu, malgré les arguments de la majorité ? Vous n'êtes pas seul. Que feront Rockefeller et ses amis si vous, chers lecteurs et lectrices, vous opposez à ces implants ? C'est là qu'intervient la deuxième clé : le terrorisme. Le sceau du Rite écossais des francs-maçons précise en toutes lettres *ordo ab chao*, ce qui veut dire «l'ordre à partir du chaos». Comme le disait Nahum Goldmann, pour instituer un nouvel ordre, il faut d'abord détruire l'ancien. Les maîtres du monde encouragent de façon sournoise le chaos, en faisant tomber les barrières nationales, en brutalisant et abrutissant la jeunesse et la société dans son ensemble, par le sexe et la violence, à la télévision, sur Internet et dans les jeux vidéo, en renversant les valeurs traditionnelles telles que la famille, la tradition, la culture, les opinions religieuses, l'honneur et la fierté. L'immigration imposée est un autre facteur important. Le mélange des cultures provoque des tensions avec les étrangers, les gens ne se sentent plus en sécurité, ils ont peur et se tournent vers ceux qui leur promettent d'agir avec force. Et nous subissons de plus en plus de contrôles, de surveillance ; nous finirons tous avec des implants sous la peau. Vous doutez de la création artificielle et ciblée du terrorisme ? Écoutez ce que disait Nicholas Rockefeller à son ami Aaron Russo : « Les implants sont déjà monnaie courante, il n'y a plus moyen d'y échapper à terme. »

Et Nicholas Rockefeller entre dans les détails : il y aura deux sortes de puces : une pour les initiés, qui leur donnera des privilèges, et l'autre pour les masses. La première est une sorte de passeport diplomatique électronique, qui permettra de franchir toute frontière et de se protéger des contrôles du fisc, par exemple. Il reconnaît que la guerre contre le terrorisme est une grosse arnaque, en éclatant d'un rire méprisant. Un de ces initiés s'en est ouvert auprès de moi dans les termes suivants :

La plupart des gens sont ignorants et paresseux ; si on les laisse faire, rien ne changera jamais. Nous devons prendre les choses en main et les guider, grâce à un gouvernement ou un leader mondial !

Un de mes bons amis, qui fréquentait le grand maître de la loge de Berlin, confirmait dès 1995 que le monde allait connaître une vague de terrorisme sans précédent. Et nous en sommes au mot-clé : franc-maçon ! Quel est donc le rapport avec la franc-maçonnerie ? Essayons de la définir précisément, avant de continuer notre enquête sur la piste du complot.

La franc-maçonnerie et sa communication

La franc-maçonnerie classique est une association éthique d'hommes libres, convaincus qu'un travail constant sur soi-même nous conduit à adopter des comportements plus évolués. Elle a cinq idéaux fonda-mentaux : la liberté, l'égalité, la fraternité, la tolérance et l'humanité, que l'on doit pratiquer dans sa vie quotidienne. Les francs-maçons s'organisent en loges : il y en a environ 35 000 actuellement dans le monde, qui fédèrent à peu près 5 000 000 de membres. Tout un chacun peut devenir un frère de loge, indépendamment de sa position sociale, de son niveau de formation ou de ses convictions religieuses. Il existe beaucoup de mythes autour de la franc-maçonnerie, causés principalement par le secret que le frère de loge doit maintenir vis-à-vis du public, le monde profane. Il n'a pas le droit de mettre sur la place publique les rituels ou les discussions auxquels il a participé. Il n'est pas question de complot à ce niveau, mais plutôt de respect de la sphère privée : «Je m'engage sur l'honneur au silence absolu sur tout ce qui me sera communiqué dans la loge !» sont les mots que l'aspirant doit prononcer à son admission dans l'Ordre. (Explication donnée dans la demande d'admission à la loge [n° 37] de Zurich «Libertas et Fraternitas»)

> Tous les membres doivent respecter une stricte discrétion vis-à-vis des non-initiés sur tous les événements propres à la loge [...] Au cours de l'admission dans l'Orient intérieur, on impose aux nouveaux membres de garder le secret même vis-à-vis d'autres membres de la loge, sur tout ce qui leur est communiqué, à moins de publication concrète ou officiellement annoncée des différentes informations. (Brochure de l'Ordre maçonnique mixte international Soleil Levant, Nuremberg, règlement interne, p. 5).

Nous savons par des documents rendus publics que lors des tenues (cérémonies en tenue), on présente des *planches* (voir plus loin), des conférences sur divers sujets, dans une ambiance d'attention méditative, quasi religieuse, suivies de débats avec les apprentis, autour d'une table, pendant les repas qu'on appelle *agapes*.

Les sujets abordés sont d'ordre politique, social, scientifique, ésotérique ou mystique. À l'extérieur, les francs-maçons n'apparaissent le plus souvent que dans le domaine caritatif ou le développement culturel ou intellectuel. Dans les brochures officielles, on lit que les objectifs et les valeurs de la franc-maçonnerie viennent de leur histoire ancienne. La maçonnerie est apparue au Moyen Âge chez les tailleurs de pierres et les bâtisseurs de cathédrales, qui lui ont légué leurs symboles et leurs

valeurs. Les francs-maçons se réfèrent dans l'ensemble au principe de création qu'ils désignent comme «le Grand Architecte de l'Univers».
Les cinq principes fondamentaux sont décrits de façon plus précise :

1. La liberté est possible quand il n'y a pas de soumission ou d'exploitation, elle permet la liberté de l'esprit et la réalisation personnelle.

2. L'égalité implique l'égalité de tout citoyen, sans distinction de classe, et l'égalité devant la loi.

3. La fraternité est possible quand la sécurité, la confiance, la co-responsabilité et la compréhension entre les individus sont assurées.

4. La tolérance est vécue comme une écoute active et une acceptation d'opinions différentes.

5. L'humanité englobe la somme des quatre piliers précédents, elle est symbolisée par le «Temple de l'Humanité», à la construction duquel travaille chaque frère.

Quand les frères se rencontrent à l'occasion des tenues, ils travaillent à l'érection du temple, ils sont initiés au fur et à mesure aux valeurs maçonniques au moyen de rituels, de symboles et d'allégories, mais il n'y a aucune obligation religieuse. Dans les débats, on évite soigneusement les polémiques politiques ou religieuses.

Il y a trois degrés fondamentaux dans la maçonnerie : apprenti, compagnon et maître. Ces degrés s'acquièrent dans les loges de Saint-Jean en Allemagne et dans les loges bleues en Angleterre. Une fois admis (les femmes ne le sont pas, bien qu'il existe des loges féminines), on débute comme apprenti. C'est l'étape de la connaissance de soi, on est mis en situation pour comprendre et accepter l'imperfection de la condition humaine, que symbolise la pierre brute. Comme on a reconnu l'imperfection de sa condition, on a besoin d'aide et on prend conscience de l'importance de la fraternité et de l'humanité. Par un travail continuel sur soi, on devient peu à peu un des blocs de pierre du Temple de l'Humanité en construction.

Si l'apprenti progresse bien, il devient compagnon au bout d'un an. Le symbole du compagnon est la pierre cubique. Le compagnon doit se perfectionner dans l'autodiscipline, la base qui permet à chacun de devenir symboliquement une pierre de l'édifice commun, c'est-à-dire de construire le monde harmonieux du Temple de l'Humanité. On l'incite à se perfectionner dans ses relations sociales.

Quand il atteint le degré de maître, le frère de loge prend conscience de la fugacité de la vie sur terre, et il s'oblige à repenser son plan de vie. La planche à dessin est le symbole du maître. Par le dessin, il communique aux autres l'exemple qu'il doit incarner. Il endosse plus de responsabilités et de devoirs, mais il n'est pas pour autant libéré du travail des degrés inférieurs.

On entre en maçonnerie par cooptation, en étant parrainé par un maître ; on peut postuler soi-même également. Chaque postulant rencontre le Vénérable Maître. Puis a lieu le passage sous le bandeau : « Le profane entre les yeux bandés, pour ne pas reconnaître les francs-maçons qui doivent statuer sur son admission, au cas où il serait blackboulé », c'est-à-dire si les boules noires (votes contre) surpassent en quantité les boules blanches (en faveur de son admission dans la loge).

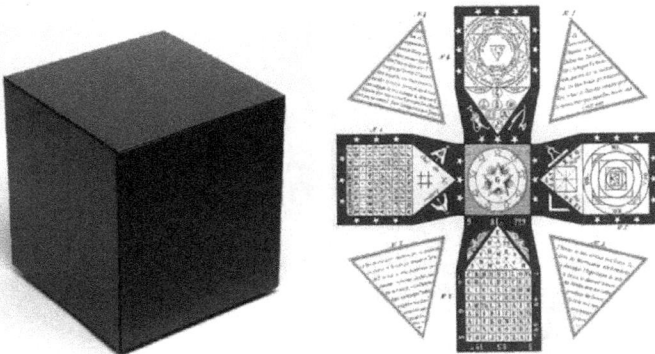

ill. 2 et 3 : La pierre cubique – fermée et ouverte.

Les francs-maçons se sentent tous égaux, indépendamment de leur grade ou de leurs responsabilités ; les décisions sont prises de façon démocratique à l'intérieur d'une loge. Une loge est encadrée par les *cinq lumières* : le Vénérable Maître en Chaire (ou chef dirigeant de loge), les premier et second surveillants, l'orateur (dans les rites d'origine française) et le secrétaire. Il existe d'autres «officiers», occupant des fonctions (offices) spécifiques. Celles-ci n'ont aucun rapport avec le grade ou le degré (hormis qu'il faille être maître depuis deux ou trois ans). Les officiers sont généralement élus chaque année par la loge. Suivant les loges, les fonctions sont reconductibles deux ou trois ans.

Les loges sont regroupées dans une obédience, une structure plus importante, la Grande Loge (appelée également Grand Orient), qui doit être elle-même adoptée et reconnue par de grandes loges plus anciennes. Tout est organisé de façon hiérarchique et pyramidale. On ne sait pas exactement depuis quand il existe des loges maçonniques indépendantes. Certains disent plus de mille ans, d'autres environ trois cents ans. La première Grande Loge est celle d'Angleterre, qui en 1717 regroupe les quatre loges anglaises existantes. Les loges de Saint-Jean allemandes sont toutes dépendantes de la Grande Loge anglaise. Le Grand Orient est né en France en 1773, c'est la deuxième grande obédience de la franc-maçonnerie.

Aujourd'hui, la franc-maçonnerie est divisée en deux branches principales, la Grande Loge unie d'Angleterre et le Grand Orient de France. C'est aux États-Unis qu'il y a le plus de frères, environ deux millions, puis viennent l'Angleterre, la France et les pays scandinaves.

ill. 4 : George Washington franc-maçon, avec l'équerre autour du cou.

ill. 5 : Une représentation des deux organisations de hauts grades, le Rite écossais à gauche et le Rite d'York à droite.

Les discussions polémiques sur la politique ou les religions sont interdites. Les règles de la maçonnerie précisent que «le frère ne doit rien dire ou entreprendre qui puisse blesser ou perturber la communication libre. Cela aurait un effet négatif sur notre concorde et nuirait à l'objectif que nous poursuivons. Il ne peut y avoir de conflits personnels et encore moins de disputes sur la religion, la politique ou la nation».

Celui qui atteint le grade de maître peut continuer à évoluer et se tourner vers les hauts grades, pour approfondir les enseignements reçus. Il n'y a qu'une partie des francs-maçons qui se décide à accéder aux hauts grades. Les hauts grades du Rite écossais vont du 4e au 33e degré. Le Rite écossais est l'obédience qui compte le plus de maçons de haut grade ; on les appelle «grades spéculatifs», c'est-à-dire philosophiques, car il n'y est fait aucune allusion à la Bible ni au fait d'être chrétien. Le Rite d'York, par contre, est tourné vers le christianisme ; il se réfère à la ville d'York, où le roi Athelstan (surnommé «le Glorieux»), selon la légende, aurait créé la première loge maçonnique, en 928. Le père fondateur en est Thomas Smith Webb (1771-1819). Le Rite d'York comprend dix degrés, appelés degrés du Temple. On y perpétue les traditions des rituels de chevalerie qui font référence à la Trinité chrétienne. Le Rite d'York est majoritaire aux États-Unis. Le Rite écossais n'a aucun rapport avec l'Écosse, son étymologie grecque, *scotus*, voulant dire *sombre*. Un haut grade ne dévoile jamais son rang à un frère de grade inférieur. En France, le Grand Orient est un système particulier strictement laïc. La communication entre les frères de grade inférieur du Grand Orient et du Rite écossais est interdite ; les représentants des degrés supérieurs peuvent par contre communiquer. Je vous ai présenté en résumé le système des hauts grades pour que vous puissiez comprendre ce qui va suivre.

De nombreux francs-maçons célèbres s'engagèrent pour leur idéal de fraternité, de liberté, d'égalité, de justice et d'indépendance, pour les droits du citoyen et contre l'esclavage. Ils furent nombreux à participer à des révolutions et à des mouvements de libération, qu'ils amorcèrent souvent eux-mêmes. Les écrits maçonniques en témoignent :

La Révolution française de 1789 est principalement l'œuvre des francs-maçons ; la majorité des grands hommes de cette époque étaient francs-maçons. Ils furent également à l'origine des révolutions de 1830 et de 1848. Tous les bouleversements politiques de l'Italie du XIXᵉ siècle à partir de 1822 sont imputables à la fraternité. Les Carbonari ne sont-ils pas leurs héritiers ? Si leur constitution préconise la soumission pacifique aux lois des États, c'est principalement pour endormir les tyrans. (*Journal maçonnique de Leipzig*, 24 décembre 1864)

Les présidents français depuis [Patrice de] Mac-Mahon furent tous des francs-maçons actifs, ainsi que les ministres et tous ceux qui avaient des postes de responsabilité. Dans l'ensemble, pour obtenir un poste important dans la République, il faut être coopté par une loge. » (Ernst Freymann, *Auf den Pfaden der internationalen Freimaurerei. Beiträge zur Geschichte der Gegenwart. Auf Grund ausländischer Logen- und Presseberichte bearbeitet. Mecklenburgischen Logenblatt* [Sur les pas de la franc-maçonnerie internationale. Contributions à l'histoire du présent. Travail sur la base des rapports de presse et de mensonges étrangers], Berlin, tirage spécial, 1917 [1931], p. 7)

Nicolas Sarkozy et Xavier Bertrand sont des francs-maçons. Sarkozy énonçait ce qui suit, dans un discours à Ryad (Arabie saoudite), en janvier 2008 :

> J'ai le devoir de garantir à tout un chacun, qu'il soit juif, catholique, protestant, musulman, athée, franc-maçon ou rationaliste, le bonheur de vivre en France, de s'y sentir libre et d'y être reconnu pour ses valeurs et ses racines.

Depuis peu, le président français ajoute trois petits points à sa signature, qui sont – selon Joseph Schauberg, un écrivain franc-maçon – une abréviation maçonnique. Il explique :

> Le chiffre trois s'est imposé en relation avec la Trinité chrétienne, avec les trois mondes, le ciel, la Terre et les enfers. Le chiffre trois est le chiffre saint parmi tous, il ordonne et guérit.

Êtes-vous surpris ? Les États-Unis sont un produit de la maçonnerie. La statue de la Liberté est un cadeau de la loge française à la loge américaine. Les pères fondateurs de ce grand pays, ainsi que la majorité de ses présidents, étaient francs-maçons : Benjamin Franklin, George Washington, Thomas Jefferson (33e degré), James Madison, James Monroe, Andrew Jackson, James K. Polk, James Buchanan, Andrew Johnson (32e degré et grand maître), James A. Garfield, William McKinley, Theodore Roosevelt, William H. Taft, Warren G. Harding (32e), Franklin Delano Roosevelt (32e), Harry S. Truman (33e degré et grand maître), Dwight D. Eisenhower, John F. Kennedy, Lyndon B. Johnson (1er), Richard M. Nixon, Gerald R. Ford (33e), James A. «Jimmy» Carter, Ronald W. Reagan (33e), George H. W. Bush Sr et son fils, George W. Bush.

Voici une liste non exhaustive de francs-maçons célèbres : Edwin (Buzz) Aldrin Jr (astronaute), Louis Armstrong, Simon Bolivar, Richard E. Byrd,

Marc Chagall, Winston Churchill, André Citroën, Leroy Gordon [dit «Gordo»] Cooper (astronaute), Charles Dickens, Benjamin Disraeli, Arthur Conan Doyle, Johann Gottlieb Fichte, Henry Ford, François Ier (empereur d'Autriche), Frédéric II (roi de Prusse), Frédéric III, Giuseppe Garibaldi, André Gide, John Glenn (astronaute), Johann Wolfgang von Goethe, Jacob et Wilhelm Grimm, Guillaume Ier (empereur allemand), Joseph Haydn, Heinrich Heine, Johann Gottfried von Herder, Charles C. Hilton, Edgar J. Hoover (chef du FBI), Victor Hugo, Alexander von Humboldt, Mustafa Kemal Atatürk [«le Père des Turcs»], Adolf von Knigge, Gotthold Ephraïm Lessing, Charles Lindbergh, Franz Liszt, Wolfgang Amadeus Mozart, Carl von Ossietzky, le prince Philip (duc d'Édimbourg), James Rothschild, Heinrich Schliemann, Gustav Stresemann, Léon Tolstoï (comte Lev Nikolaïevitch Tolstoï), Kurt Tucholsky, Mark Twain, Voltaire (François Marie Arouet), John Wayne et Oscar Wilde. Or, il y en a beaucoup d'autres.

ill. 6 : Emblème et structure de la franc-maçonnerie.
À gauche le Rite d'York, à droite les 33 degrés du Rite écossais
et leur interrelation. Sous l'équerre, on distingue
les trois grades de la loge bleue : apprenti, compagnon et maître.

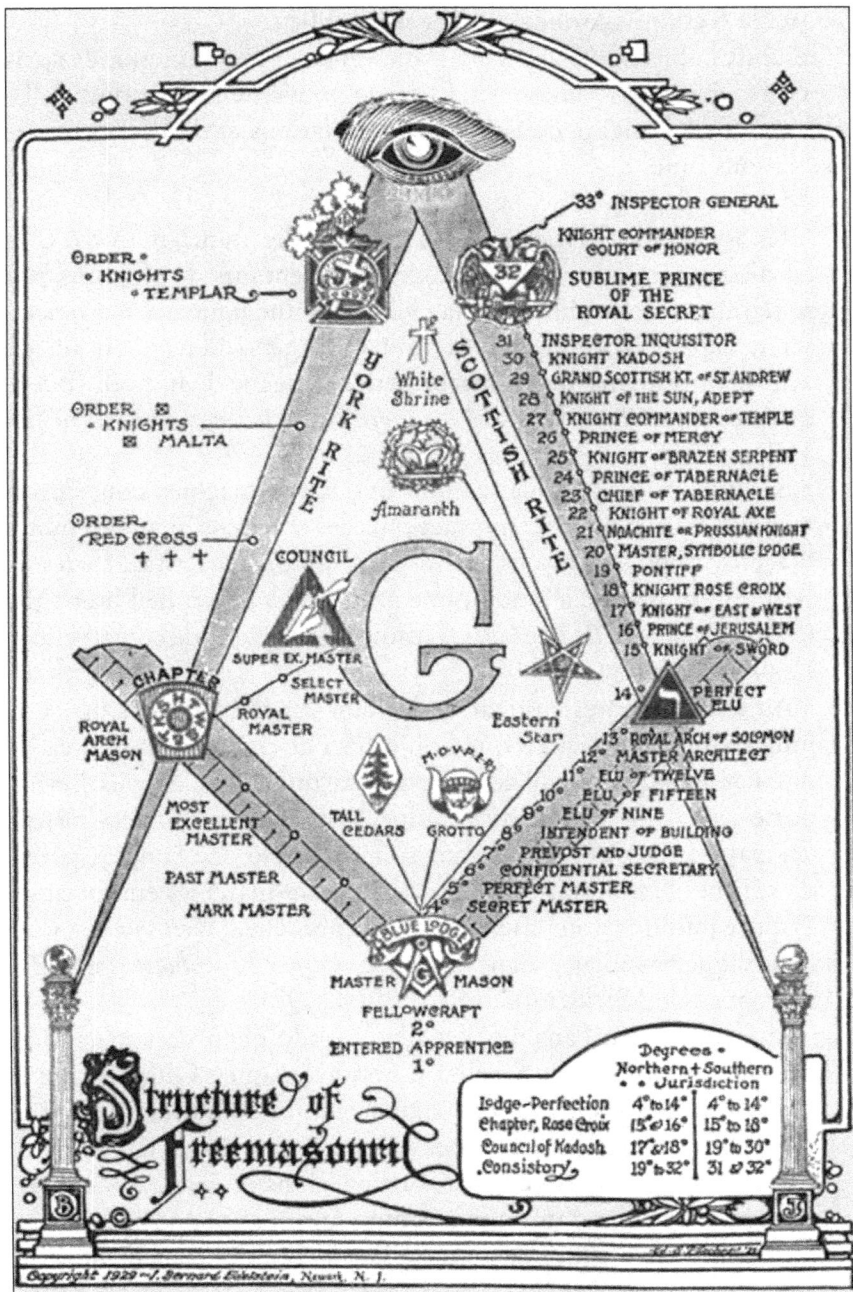

Structure of Freemasonry

ORDER · KNIGHTS · TEMPLAR

ORDER ⊠ KNIGHTS ⊠ MALTA

ORDER RED CROSS ✝✝✝

YORK RITE

White Shrine

Amaranth

SCOTTISH RITE

33° INSPECTOR GENERAL
KNIGHT COMMANDER COURT OF HONOR
32° SUBLIME PRINCE OF THE ROYAL SECRET
31° INSPECTOR INQUISITOR
30° KNIGHT KADOSH
29° GRAND SCOTTISH KT. OF ST. ANDREW
28° KNIGHT OF THE SUN, ADEPT
27° KNIGHT COMMANDER OF TEMPLE
26° PRINCE OF MERCY
25° KNIGHT OF BRAZEN SERPENT
24° PRINCE OF TABERNACLE
23° CHIEF OF TABERNACLE
22° KNIGHT OF ROYAL AXE
21° NOACHITE OR PRUSSIAN KNIGHT
20° MASTER, SYMBOLIC LODGE
19° PONTIFF
18° KNIGHT ROSE CROIX
17° KNIGHT OF EAST & WEST
16° PRINCE OF JERUSALEM
15° KNIGHT OF SWORD
14° PERFECT ELU
13° ROYAL ARCH OF SOLOMON
12° MASTER ARCHITECT
11° ELU OF TWELVE
10° ELU OF FIFTEEN
9° ELU OF NINE
8° INTENDENT OF BUILDING
7° PREVOST AND JUDGE
6° CONFIDENTIAL SECRETARY
5° PERFECT MASTER
4° SECRET MASTER

COUNCIL
SUPER EX. MASTER
SELECT MASTER
ROYAL MASTER

CHAPTER
ROYAL ARCH MASON
MOST EXCELLENT MASTER
PAST MASTER
MARK MASTER

TALL CEDARS
GROTTO
M.O.V.P.E.R.

Eastern Star

BLUE LODGE
MASTER G MASON
FELLOWCRAFT 2°
ENTERED APPRENTICE 1°

	Degrees · Northern + Southern · · Jurisdiction	
Lodge–Perfection	4° to 14°	4° to 14°
Chapter, Rose Croix	15° & 16°	15° to 18°
Council of Kadosh	17° & 18°	19° to 30°
Consistory	19° to 32°	31° & 32°

Ce que la franc-maçonnerie cache au public
En résumé, l'objectif principal des francs-maçons serait un monde apaisé et une fédération mondiale des États, le gouvernement mondial. Les maçons sont à l'origine de la Société des Nations et de l'Organisation des Nations unies :

> La Société des Nations est un concept des francs-maçons. C'est en pleine guerre mondiale que des représentants de plusieurs pays se réunirent pour réfléchir à la création d'une ligue des nations qui serait capable d'empêcher de nouveaux génocides. C'est un des acquis importants de la maçonnerie. (Eugene Lennhoff, *Wiener Freimaurer-Zeitung* [*Journal viennois des francs-maçons*], n° 6, juin 1927, p. 14).
>
> Si nous voulons évoluer en tant que francs-maçons, nous devons reconnaître que nous ne sommes plus des chrétiens, mais des francs-maçons, ni plus ni moins ! Nous devons concentrer nos forces sur ce dont l'humanité a besoin, une grande fédération de l'humanité. (M. G. Conrad, *Die Bauhütte* [L'usine sidérurgique de construction], Leipzig, 1874).
>
> Au Congrès international de la franc-maçonnerie des 16 et 17 juillet 1889, on décréta que l'objectif à atteindre était la création d'une république mondiale. La franc-maçonnerie est appelée à être le porte-voix de la volonté du peuple souverain et à modeler l'histoire des pays et de l'humanité dans son ensemble. Ce congrès permit d'exprimer l'espoir de voir s'effondrer les monarchies européennes. C'est ce jour que nous attendons, et il approche. (*Weltrepublik* [Une république mondiale], dans le *Mecklenburger Logenblatt* [Feuille de mensonge de Mecklembourg], 1889, p. 197).
>
> Mes frères ! En l'an mil, l'ancien monde plein de superstitions pensait que sa fin était proche ; il s'est avéré que sa domination ne faisait que commencer. Son combat contre la mort a débuté en 1789. Un siècle plus tard, nous vous avons invités, chers frères, à être les témoins de ses dernières convulsions et en même temps à contempler l'aube d'un monde nouveau qui annonce notre vision du monde ; c'est le monde du travail, de la science, de la justice et de

la paix. Nous sommes de meilleurs prophètes que nos adversaires et nous leur disons : **l'an 2000 marquera assurément la fin de votre monde**, les signes apparaissent de jour en jour [...].

C'est la révolution sociale qui portera le coup de grâce à notre adversaire commun, comme elle a enterré les tyrannies de l'Europe et du reste du monde. Henri Heine l'avait prévu en 1835, avec son regard visionnaire : «Vous pourrez assister bientôt à la chute de nos voisins, en comparaison de laquelle votre révolution n'était qu'un jeu d'enfant [...].

Le jour viendra où les peuples, qui n'ont pas eu de XVIIIᵉ siècle ni de 1789, verront l'effondrement des monarchies et des religions. Ce jour est proche, nous l'attendons tous. Tous les déshérités pourront s'émanciper, les injustices seront réparées, les privilèges abolis, les provinces violentées (l'Alsace-Lorraine, la Pologne, la Galicie et d'autres) retrouveront le droit à l'autodétermination. Les Grandes Loges et les Grand Orient du monde entier s'uniront dans un élan de fraternité universelle. Les schismes et les frontières qui séparent les francs-maçons auront disparu. C'est cela l'idéal resplendissant de notre avenir. Notre devoir est de tout faire pour que ce jour de fraternisation universelle vienne le plus tôt possible. Nous avons besoin d'un cri de rassemblement universel pour symboliser cet idéal à venir. Notre *Marseillaise* nous a donné la solution : «Aux armes contre toutes les tyrannies !» (Gustave Francolin au Congrès maçonnique international du centenaire 1789-1889, Paris, 1889)

Alors, vous y croyez maintenant ? Il ne s'agit pas des interprétations du théoricien du complot Jan van Helsing, mais des déclarations de plusieurs francs-maçons. Toutes les personnalités dont le nom figure sur la liste sont-elles pour autant des conjurés ? Veulent-elles toutes l'avènement du Nouvel Ordre Mondial ? Ou sont-elles, comme tous les frères des degrés inférieurs, ignorantes des décisions prises au sommet, dans les hauts grades ? Quand on parle de francs-maçons, il s'agit le plus souvent de membres des loges bleues. Qu'en est-il des hauts grades ? Y apprend-on autre chose ?

Le travail réel se fait dans les hauts grades. C'est là que se prennent les décisions qui concernent le progrès, la politique et l'histoire du monde. Nous devons maintenir le scotisme [doctrine de Jean Duns Scot, théologien écossais], qui donne la priorité de la volonté sur la raison. C'est sous son égide que nos ancêtres ont connu leur jour de gloire, qu'ils ont fait chuter les tyrans et chasser les étrangers. Toutefois, l'œuvre n'a pas encore été réalisée en Italie. C'est pour cela que nous aurons encore besoin des Écossais [du Rite écossais]. Que ferons-nous de Saint-Jean [loge allemande de Saint-Jean] ? Nous lui emprunterons son nom, symbole de paix, pour prendre nos ennemis par surprise. À quoi nous servira ce symbole ? Il sera notre bouclier le jour du combat, rien d'autre. À quoi nous serviront les loges ? À nous protéger de nos adversaires. (*Un franc-maçon napolitain dans le journal maçonnique de Leipzig*, 26 mars 1875, p. 150).

Voilà, chers lecteurs, des paroles claires. La franc-maçonnerie semble inoffensive à première vue. Elle ressemble à une association de vieux messieurs qui s'ennuient à la maison. C'est souvent l'impression que veulent nous donner les émissions de télévision qui lui sont consacrées. Comme nous le voyons dans la dernière citation, on trouve dans la franc-maçonnerie, surtout dans les hauts grades, des loups déguisés en agneaux. Cela ne ressemble plus du tout à une organisation charitable ou fraternelle. Néanmoins, les francs-maçons visent-ils tous les mêmes objectifs ? Les frères des loges inférieures savent-ils ce qui est communiqué aux frères des hauts grades ?

Les membres du Rite écossais ont la stricte obligation d'apparaître dans les loges de Saint-Jean sous le signe du maître, de ne porter que des vêtements de maître, de ne jamais montrer les tabliers et les bandeaux des hauts grades. Ils ne doivent communiquer à personne leur appartenance aux hauts grades. Les enseignements et les rituels du Rite écossais ainsi que les noms des frères des hauts grades sont souvent inconnus du frère moyen [...]. Ce sont eux qui sont les piliers de l'initiation, eux qui ont le savoir et le vrai pouvoir [...]. Il est arrivé souvent que des loges se rebellent contre la domination incontrôlée des hauts grades, mais toujours en vain ! (Konrad Lerich, *Der Tempel der Freimaurer 1-33°* [*Le Temple des francs-maçons, 1er-33e degré*], U. Bodung, Berne, 1937, p. 24)

Vous avez souvent entendu parler des bienfaits des loges. Le monde profane ne connaît des loges que cet aspect de charité, qui existe réellement, mes chers frères [...]. Mais les profanes et les frères sont dans l'erreur, s'ils pensent que c'est l'essentiel du travail des loges. La franc-maçonnerie n'a pas été instituée pour tromper l'humanité avec des dons lénifiants, elle laisse ce travail aux organisations de charité. Elle aspire plutôt, en tant qu'institution philosophique et progressiste, à éliminer l'ordre social profane, source de tout malheur, et à le remplacer par sa propre vision de la société et de la politique [...]. Mes frères, n'oubliez jamais que les loges ne sont pas un club ou une association que nous fréquentons pour des objectifs privés de second ordre, elles incarnent le système étatique [...]. Si votre cœur est adouci par toutes les souffrances que vous avez vues, et que vous êtes venus dans le cadre d'un groupe de charité pour apaiser et aider les hommes qui ont été poursuivis par le destin, et que vous pensez que votre vocation pourra s'épanouir, faites demi-tour [...]. Si c'était notre seul objectif, pourquoi aurions-nous besoin de tous ces secrets ? (Dans le journal *Kèlet*, organe de la Grande Loge de Hongrie, nos 9 et 10, juillet-août et septembre 1911, p. 252 et suiv.)

Hum, le loup sort du bois. Et qu'en est-il de l'interdiction d'aborder des sujets politiques dans les loges ?

Il y a un reproche qui surprend beaucoup de gens : la franc-maçonnerie s'occupe trop de politique, elle ne fait que de la politique. Mais, grand Dieu, comment pourrait-elle faire autre chose que de la politique ? On explique que les francs-maçons ne s'occupent ni de religion ni de politique, pour la forme. Est-ce de l'hypocrisie ? Nous nous sommes sentis obligés par les pressions des lois et de la police de cacher ce qui est notre devoir, notre seul devoir. (Gonard à voix haute au banquet du Grand Orient du 18 septembre 1886, dans le *Bulletin du Grand Orient de France*, 1886, p. 545, selon J.

Linbrunner dans *Freimaurer und Umsturz* [*Les francs-maçons et un renversement*], Ratisbonne, 1919, p. 18).

Détruisez l'ennemi, quel qu'il soit, terrassez le puissant en le calomniant, en le diffamant, mais détruisez-le le plus tôt possible. Nous devons nous tourner vers la jeunesse, il faut la séduire, elle doit être rassemblée sous les drapeaux des sociétés secrètes. Pour avancer à pas de loup, mais d'autant plus assurés, et nous rapprocher de notre objectif, nous devons respecter deux choses : nous devons avoir l'air d'être doux comme des colombes, mais rusés comme des serpents. Vos pères, vos enfants, vos femmes même ne doivent jamais connaître le secret que vous portez. Vous savez que celui qui se découvre de façon intentionnelle ou fortuite a signé son arrêt de mort. (Document secret d'une loge italienne daté du 20 octobre 1821, publié dans Jacques Crétineau-Joly, *L'Église romaine en face de la Révolution*, Paris, Henri Plon, 1859, vol. 2, p. 86).

Vous attendiez-vous à autant de clarté ? Il n'y a rien à ajouter, tout est limpide.

Beaucoup de gens célèbres déclarent être des francs-maçons, comme nous l'avons vu. Ces personnes savent-elles tout ce que nous venons d'apprendre ? Le journaliste et historien Louis Blanc, un franc-maçon, explique :

Il plaisait aux souverains, au grand Frédéric par exemple, de prendre la truelle et le tablier. Pourquoi pas ? Comme on leur avait soigneusement caché l'existence des hauts grades, ils ne connaissaient de l'Ordre que ce qu'on pouvait leur confier sans risque. (Louis Blanc, *Histoire de la Révolution française*, Lacroix, Paris, 1878, 15 volumes, 2ᵉ édition)

Vous voyez, vous ne saviez rien. Comme la plupart des cinq millions de francs-maçons dans le monde, qui n'ont aucune idée de ce qui se joue dans les hauts grades. Aujourd'hui, ce n'est pas exactement comme il y a un siècle. L'ancien président George W. Bush, en tant que franc-maçon et membre des Skull & Bones, était tout à fait conscient de son devoir et du rôle qu'il avait à jouer. Jörg Haider, le gouverneur de la Carinthie (Autriche), l'avait sous-estimé et il est tombé dans le piège… Dans les livres de théorie du complot, on parle souvent des poignées de main des francs-maçons, des signes cachés dans la presse, par lesquels les francs-maçons communiquent entre eux. Dans un texte issu d'une loge, on en apprend un peu plus :

> Les fraternités secrètes telles que les francs-maçons ont institué des signes de reconnaissance particuliers qu'eux seuls connaissent, depuis des temps immémoriaux. Ce sont le plus souvent des signes ou expressions discrets, qui peuvent être perçus par plusieurs sens, que le frère promet et jure de garder secrets, peu importent les conditions. On comprend pourquoi ces signes de reconnaissance ne sont communiqués à l'apprenti que lorsqu'on est sûr que le secret sera bien gardé, ou comme disent les francs-maçons, que la loge est couverte. Avant, quand on craignait l'inverse, on se mettait en garde réciproquement en prononçant les mots «il pleut». (*Instructions d'admission de l'Ordre maçonnique mixte international Soleil Levant*, publiées par le frère Zier à Erfurt, à l'intention des francs-maçons, p. 19)

Vous verrez de ces signes secrets dans ce livre. Auparavant, nous voulons connaître le rapport de la maçonnerie avec la presse :

> La franc-maçonnerie doit détenir le pouvoir, et elle l'a : le pouvoir de créer l'opinion publique et de la guider. (*Rivista Massonica*, organe mensuel du Grand Orient d'Italie, 1892, p. 2).
> Ou bien nous sommes les créateurs et les guides de l'opinion publique, ou alors nous n'avons aucune raison sérieuse d'exister. (*Rivista Massonica*, 1889, p. 19).

Bref, qu'avons-nous découvert ? Les objectifs de la franc-maçonnerie recouvrent ce que nous avons lu sur le Nouvel Ordre Mondial et sur le gouvernement mondial. Cela veut-il dire que tous les conspirateurs sont des francs-maçons ? Ou seulement quelques-uns ? Que les conspirateurs ont emprunté les idées des francs-maçons ? Ont-ils fait front commun, la franc-maçonnerie a-t-elle été infiltrée ?

C'est ce que nous allons voir maintenant. Il y a seize ans, j'ai écrit deux livres sur les sociétés secrètes, qui ont été saisis et retirés de la circulation par les autorités en 1996, à cause de leur contenu. J'y ai expliqué sur plus de huit cents pages comment quelques familles influentes d'industriels et de banquiers dirigent une grande partie de l'économie mondiale. Dans ce contexte, le mot *franc-maçon* revenait souvent. On ne peut pas mettre sur le même plan les francs-maçons et les Illuminati, terme que j'ai utilisé pour décrire ces familles dans mes livres. Je compte parmi mes amis de longue date des francs-maçons de haut grade, et bien que je ne sois moi-même pas membre d'une loge, j'aime bien discuter avec eux, car ce sont des personnes ouvertes, cultivées et curieuses, dont la vision des choses dépasse largement celle du citoyen profane. Ce sont tous des gens intègres, loyaux, spirituels et pleins de sensibilité.

Au cours de ces discussions, j'ai pu constater qu'il existe différentes branches dans ces loges, et qu'elles ont souvent des avis contrastants, voire opposés. Franc-maçon ne veut pas dire franc-maçon. Certaines loges sont très orientées vers la spiritualité, d'autres vers le matérialisme (le pouvoir, les intérêts et les contacts politico-économiques). D'autres s'occupent plus de culture ou de charité. La mystique juive et l'Ancien Testament jouent un rôle important dans la maçonnerie classique. Dans les loges allemandes s'impose une vision du monde conservatrice et nationale. L'islam est l'ennemi n° 1 et les propos sur Israël et sur la banque centrale américaine (FED) sont très à droite de la CDU (Christlich-Demokratische Union) ou l'Union chrétienne démocrate, parti politique conservateur d'Allemagne [existant depuis 1945].

Lors d'une réunion de maîtres de loges différentes (Rite écossais, Rite d'York, Rose-Croix, Prieuré de Sion) en mars 2009, à laquelle je pus prendre part en partie, je m'entretins avec divers protagonistes. Nous parlâmes de politique mondiale, de Lucifer, du rôle des banques privées dans le monde et de l'islamisation de l'Europe. Ce que j'entendis me surprit souvent, mais je m'étais engagé à ne rien répéter et m'y tiendrai.

J'entends les critiques : « Oui, Helsing peut prétendre avoir rencontré un tel et un tel et aligner des citations. Il arrange les choses à sa façon, se construit un monde sauvage de conspirateurs et finit par voir des fantômes là où il n'y en a pas !» Je peux comprendre ces reproches. C'est pourquoi, chers lecteurs, j'ai pensé pour ce livre à une approche très particulière : au lieu d'essayer de convaincre et de prouver des choses, je vais laisser parler quelqu'un qui vous racontera de l'intérieur ce qu'ils font. Qu'en pensez-vous ? Passionnant ?

C'est ce que je me suis dit. Ce qui est clair, c'est qu'il y a un abîme entre ce qu'on lit dans les médias et ce que les francs-maçons publient eux-mêmes. Ce sont en général des libres-penseurs, des agitateurs, des révolutionnaires, qui ont l'esprit tourné vers l'ésotérisme ou l'occulte, ce qui rend les discussions avec eux très intéressantes. Les hauts grades veulent changer les choses pour obtenir un gouvernement mondial. Est-ce mal ? Ne serait-ce pas un objectif louable ? Les guerres et la dépopulation de l'humanité sont-elles des passages obligés pour atteindre ce but ? Ou est-ce le projet le plus diabolique dont vous ayez entendu parler et le Nouvel Ordre Mondial s'avère l'État esclavagiste du futur ?

C'est précisément cette question que je vais poser à un franc-maçon de haut grade. J'entends parallèlement de nouvelles critiques : « Helsing a retourné sa veste ! Est-il le nouveau porte-parole de l'ennemi ? Ou bien continue-t-il à être le chercheur de vérité ? »

C'est bien la dernière proposition qui est valable, car comme tous les systèmes de pouvoir, la franc-maçonnerie est soumise à de grands bouleversements, dont nous allons rendre compte de façon détaillée. C'est ce qui explique le titre du Livre jaune n° 2, *La guerre des francs-maçons*.

À propos de l'interview

Je voudrais donner quelques précisions sur l'interview et la personne interviewée avant de commencer. Je lui ai fait lire l'introduction que vous venez de lire, avec toutes les citations et les accusations qui y figurent. Elle prendra position. Comme on spécule depuis des siècles sur les secrets des francs-maçons, il m'apparaissait important de questionner un initié sur ces sujets. J'y suis parvenu. Nous allons donc témoigner d'une vision du monde qui peut paraître abstraite pour beaucoup d'entre vous, mais qui est pertinente, car ces personnes exercent une influence prépondérante dans le monde économique et politique. Notre ami franc-maçon va s'exprimer de façon extensive sur le fond, la spiritualité et l'aspect politique de son organisation. Je tiens à préciser que je ne partage pas cette vision du monde et des choses. Je voudrais simplement permettre à mes lecteurs de savoir ce que pensent et font les francs-maçons.

L'interview s'est déroulée sur plusieurs jours, avec quelques jours d'interruption ; elle a été enregistrée sur magnétophone. Comme vous pourrez le constater, l'entretien s'amorce sur un ton un peu sec et réservé, et peu à peu, l'ambiance devient plus décontractée. J'ai enregistré vingt-six heures de conversation et, de temps en temps, selon le degré émotionnel des questions, l'interviewé me tutoie. Je n'ai rien changé, car la version authentique de l'entretien me paraissait plus pertinente qu'une version corrigée. Ainsi, vous aurez une image plus claire de sa vie et de son expérience.

J'ajouterai pour conclure cet avant-propos que ceux qui connaissent mes livres attendent de moi que j'appuie là où cela fait mal, que je mette cette personne à nu, en lui posant des questions directes sur le Nouvel Ordre Mondial et d'autres sujets brûlants. Ce ne sera pas le cas et je vais vous expliquer pourquoi. D'abord, il n'a pas été facile de pousser un franc-maçon de haut grade à parler de sujets normalement soumis au secret maçonnique, et qui n'ont jamais été partagés avec le monde profane. D'autre part, j'avais en face de moi une des personnes les plus cultivées que j'aie pu rencontrer, qui par son âge aurait pu être mon père, et qui donnait une impression générale très agréable et positive. Cette personne mérite le respect, que je lui ai accordé. Si vous avez lu l'entretien que j'ai publié entre le journaliste canadien Benjamin Fulford et David Rockefeller, vous avez pu constater que Fulford ne s'y est pas non plus pris comme un bûcheron. Notre entretien a débuté dans la prudence, je voulais lier connaissance, savoir à quel genre de personne j'avais affaire, comprendre le cheminement intellectuel d'un franc-maçon de haut grade, ce qui le motive et ce qui se passe réellement dans la franc-maçonnerie. Si j'avais abordé directement des sujets tels que la domination mondiale, mon interlocuteur se serait sans doute levé et aurait interrompu notre entretien. Ce n'est pas ce que je voulais.

Mon père, à qui je soumets toujours la version brute de mes livres, m'a suggéré de mettre les sujets brûlants au début de l'entretien, car c'est ce qu'attendent les lecteurs. Il m'a également conseillé de raccourcir les passages sur l'Ancien Testament et sur certains rituels, ceux-ci étant un peu longs. Mais j'y aurais perdu le fil rouge et j'ai décidé de le publier tel quel. Il me semble de première importance de bien comprendre le rôle du Temple de Salomon, des colonnes Jakin et Boaz, du dieu de l'Ancien Testament, des rituels des différentes loges et surtout de Lucifer, pour pouvoir comprendre pourquoi les tours jumelles devaient s'effondrer le 11 septembre 2001, le rôle et l'origine du Nouvel Ordre Mondial et en premier lieu pourquoi les maîtres du monde croient qu'il faut absolument réduire la population mondiale. Si on ne sait pas qui est Lucifer, on ne peut pas comprendre pourquoi le Nouvel Ordre Mondial est une « chance » pour notre planète. Pour savoir qui est Lucifer, il faut remonter loin dans l'Ancien Testament et les rituels symboliques de la franc-maçonnerie.

Pour comprendre comment on peut avoir l'idée de dominer le monde et pourquoi on divise l'humanité en deux catégories, il est primordial de faire connaissance avec notre interlocuteur. Je voulais également connaître son cheminement personnel, savoir pourquoi il est devenu franc-maçon et ce qu'il ressentit lorsqu'il fut confronté aux premiers rituels.

Il se peut que les premiers chapitres de l'entretien soient un peu âpres. J'ai insisté et suis souvent revenu à la charge pour mettre à nu et atteindre le cœur philosophique de la franc-maçonnerie. Je vous prierai de ne pas sauter ces passages, car, tout au long de l'entretien, je reviendrai sur ces aspects philosophiques. Je ne voudrais pas qu'on me reproche ultérieurement de n'avoir traité que des aspects partiels de la franc-maçonnerie, pour les interpréter de façon négative. Parmi mes lecteurs, il y aura sûrement des francs-maçons, qui seront sans aucun doute les premiers surpris d'apprendre à quoi l'on est confronté dans le monde du haut grade. C'est pour cette raison que je n'ai pas raccourci les passages sur les rituels, afin que les francs-maçons qui liront ce livre puissent être sûrs que c'est un initié qui s'exprime.

Je ne voudrais pas non plus exercer de censure vis-à-vis de mon interlocuteur. Il s'exprime de façon intense sur des sujets qui vont sans doute déranger, voire vous angoisser. Il doit pouvoir s'exprimer, s'expliquer et justifier sa position. Pour terminer, je voudrais préciser que mon interlocuteur est une bibliothèque maçonnique ambulante, et qu'en adoptant un ton trop mordant, je me serais coupé de la possibilité d'aller encore plus loin dans un entretien ultérieur.

Voilà, assez parlé : venons-en au sujet. Essayons de pénétrer ensemble dans ce monde de rituels, de serments, de secrets et de duperies ou mystifications, afin de faire connaissance avec l'atmosphère élitiste d'une confrérie. Respirez profondément, car je vous promets une chose : jamais vous n'auriez imaginé notre monde de cette façon...

Allons-y.

L'INTERVIEW

CHAPITRE 1
L'arrière-plan historique

Vous êtes franc-maçon. Depuis quand, dans quelle loge et quel est votre grade ?

Je suis membre de la franc-maçonnerie depuis vingt ans. Je fus admis dans une loge maçonnique de l'est de la Westphalie. Je suis devenu entre-temps membre de plusieurs loges dans diverses obédiences où j'ai à chaque fois atteint les plus hauts grades.

Qu'est-ce qui vous a poussé vers la franc-maçonnerie ?

Jeune, je ne connaissais la maçonnerie que par les livres, et quand je suis tombé sur une petite annonce qui était une invitation à découvrir cette confrérie, j'ai pris contact et me suis rendu à plusieurs reprises à des rencontres avec des francs-maçons. Je suis devenu au fil du temps membre d'une loge de la Grande Loge maçonnique d'Allemagne.

C'était en quelle année ?

En 1990 et 1991.

Racontez-nous plus précisément ce qui vous a motivé. Il n'est pas habituel qu'un jeune homme s'intéresse à la franc-maçonnerie et lise des livres traitant ce sujet...

Avant de devenir franc-maçon, j'avais déjà effectué, depuis l'âge de dix-huit ans, de longues recherches sur les événements qui ont construit le monde. Pendant mon service militaire dans la marine, j'eus de nombreux contacts avec des aumôniers militaires. Je voulais savoir pourquoi on considérait le Dieu de la Bible comme bon et miséricordieux, alors que la Bible dit des choses très différentes et qu'il y a des divergences profondes entre les écrits de l'Ancien et du Nouveau Testament. Pendant de nombreuses années, je fus membre de l'Ordre de la Rose-Croix et suivis le chemin habituel des différentes initiations. Mais les réponses qu'on me donnait aux questions qui m'agitaient ne me satisfaisaient pas complètement.

Quand je suis entré en contact avec des francs-maçons il y a vingt ans, j'ai compris qu'il s'agissait d'autre chose. Ces individus étaient en mesure de donner des réponses, alors qu'en fait ils ne disaient rien. Ils furent capables, au cours de ces rencontres, de me transmettre le sentiment que je détenais un savoir de sagesse ancestrale. Je suis devenu peu de temps après membre d'une loge de Saint-Jean, qui avait déjà une tradition d'une centaine d'années. Cette loge est une loge bleue appartenant à l'Ordre maçonnique. Elle transmet des valeurs qui s'appuient sur le christianisme.

Je savais déjà certaines choses sur les francs-maçons avant mon acceptation et m'étais renseigné sur les divers rituels, mais la cérémonie d'initiation me marqua et m'impressionna profondément. Je reconnaissais certains éléments du rituel décrit dans mes lectures, mais il est impossible de communiquer les sensations profondément émouvantes que je ressentis à cette occasion.

Quels étaient les éléments de rituel que vous connaissiez déjà ?
Je savais qu'on est introduit à la cérémonie les yeux bandés, qu'on vous enlève le bandeau à un certain moment, pour pouvoir «distinguer». Je savais également qu'on doit se coucher dans un cercueil. Je pensais que ce rituel avait lieu lors de la première initiation, j'ai su plus tard qu'il a lieu quand on atteint le grade de maître. Certaines choses m'étaient familières, mais il est impossible de vivre cette initiation par la lecture. Les impressions que l'on ressent quand on avance les yeux bandés et que l'on ne peut se fier qu'à son ouïe sont tout autres qu'avec le contact visuel.

C'est une méthode que l'on utilise pour des interrogatoires...
Il est pratiquement impossible de communiquer aux autres certaines sensations profondes. La franc-maçonnerie touche au plus profond de l'inconscient. Je pense que ce programme est bon et tout à fait nécessaire pour pouvoir vivre de façon harmonieuse dans la société humaine. La franc-maçonnerie défend une vérité, même si elle n'est souvent pas la bienvenue et qu'elle est difficile à supporter. La vérité est sans pitié. L'être humain aime se bercer d'illusions et n'est souvent pas prêt à substituer la réalité à ses désirs et à ses rêves.

ill. 7 : Le temple de la Grande Loge du Japon et son Pavé mosaïque.

Toutes les croyances vivent de rituels dont on ne peut communiquer le sens à d'autres. Les rituels engendrent-ils une forme de programmation ?

Chaque rituel produit des sensations profondes, parce qu'un rituel est arrangé et disposé pour produire un certain effet. Nous avons fait disposer les salles de loge pour certains rituels en fonction de la radiesthésie, afin d'obtenir ou de renforcer un effet bien précis. Je pense que dans les siècles passés, cet aspect avait beaucoup plus d'importance que de nos jours. On peut déclencher, par certains objets rituels et par certaines procédures, des résonances chez la personne, qui s'impriment avec une telle intensité dans l'inconscient qu'elles deviennent une partie d'elle-même.

Comment peut-on se représenter la cérémonie d'initiation ?

Le premier degré, l'apprenti, est le plus important et celui qui a le plus de contenu pour nous francs-maçons. Le degré de l'apprenti contient toute la sagesse de la franc-maçonnerie, à la perfection, dans le rituel d'initiation. Le seul problème est que quand on est soi-même apprenti, on ne s'en rend pas compte. Il faut traverser les différents degrés et être franc-maçon pendant plusieurs années pour mesurer combien le premier degré contient tout l'enseignement.

L'initiation au premier degré se déroule toujours de la même façon : le postulant est conduit dans une pièce sombre où on le laisse seul, assis sur une chaise. Il y a parfois une bougie, l'impétrant attend patiemment la suite de la cérémonie. L'obscurité intensifie l'apparition des pensées qui se bousculent, on ne sait évidemment pas ce qui va se passer ensuite.

Puis entre un frère qui demande au candidat de se défaire de ses objets qui contiennent du métal, puis d'enlever sa veste. On ne lui demande pas de se déshabiller complètement, mais il ne doit pas non plus être habillé. C'est pour montrer que celui qui est conduit là n'est ni habillé ni déshabillé, qu'il n'a pas de chaussures, mais qu'il n'est pas déchaussé. C'est un stade intermédiaire du développement personnel. On lui bande ensuite les yeux, on le guide par certains détours vers le centre de la loge où il est placé entre les deux surveillants. Le frère qui l'a accompagné jusque-là le quitte ; à partir de là, il est comme sur une nouvelle voie. Dans un sens cosmique, il est sur le point de poser son pied sur la Terre.

Il sort des ténèbres, d'un monde obscur qui n'appartient pas à notre Terre et sans doute pas à notre Univers. Il demande à fouler le sol de la Terre, à entrer dans la loge. La loge représente la Terre, le système solaire, l'Univers, selon les interprétations. Un autre frère intervient pour le prendre en charge, il a toujours les yeux bandés.

On parle de «voyages». Il doit faire trois voyages vers son but, qu'il ne connaît pas encore. On ne réussit pas ces voyages du premier coup. On lui lit des textes qui lui font comprendre qu'il n'a pas réussi. Au cours du deuxième voyage, il a peut-être plus de succès, et le troisième voyage lui ouvre la perspective d'être sur le bon chemin. L'impétrant est guidé de plus en plus vers l'est, ou l'Orient, lieu qu'il finira par atteindre. L'est est là où se trouve le président, le Vénérable Maître en Chaire ; c'est l'homme à l'équerre : c'est lui qui la porte. Le président pose une série de questions au candidat, puis on procède à divers actes, tels que le mélange symbolique du sang. Aucun sang ne coule, tout est symbolique, le postulant doit se défaire de son ancienne vie.

Il s'agit de mort et de naissance : une vie ancienne doit disparaître pour laisser place à une nouvelle vie. Le rituel prévoit à cet instant de lui enlever son bandeau pour lui faire partager la lumière. Il peut maintenant voir de ses yeux la salle de loge dans son ensemble et on lui donne ses premiers vêtements de franc-maçon. L'église catholique utilise le même rite lors du baptême. La personne ancienne disparaît dans l'eau et le baptisé revêt son nouveau vêtement, il est devenu un nouvel être humain. Le postulant apprenti entre dans la société comme un nouvel être, il fait vœu au pied de l'autel de se soumettre aux règles de la communauté et de respecter ses traditions. Son devoir au cours des premières années est d'apprendre à se comporter ; en tant qu'apprenti, il doit travailler et garder le silence. Il doit être à l'écoute.

Le compagnon poursuit le même travail : l'initiation est similaire, on fait des voyages, mais on n'a pas les yeux bandés, car on est déjà un initié qui voit. On nous confie d'autres responsabilités et on nous présente d'autres symboles au cours du rituel. L'initiation à la maîtrise contient le fameux rituel du cercueil, dans lequel on s'allonge, ce qui représente la mort définitive de l'être ancien. Ce qui était plus symbolique pour l'apprenti et le compagnon devient ici réalité, le maître est engagé définitivement sur une nouvelle voie, c'est un être humain différent. Quand on est couché dans un cercueil et qu'on referme le couvercle, on éprouve des sensations jusqu'alors inédites. On entend ce qui se passe à l'extérieur, les gens qui parlent et qui font des choses, mais on ne sait pas quoi. Et cela descend profondément dans l'inconscient. Ce n'est pas désagréable d'être allongé dans un cercueil, c'est une expérience puissante, très impressionnante.

N'est-ce pas une forme de lavage de cerveau ? Pour les hauts grades, est-ce la même chose ?

Chez les hauts grades, le déroulement est différent. Il y a quelques temps forts, mais aussi des rituels que je trouve assez ennuyeux. Quelques expériences sont puissantes, mais pas sous la même forme que pour les premiers degrés. Il s'agit également de se défaire des vieilles formes de pensée pour en accepter de nouvelles. Quand on fréquente une loge bleue, on a l'impression d'être chrétien, mais personne ne prononce le mot *christianisme* ou *Jésus*. Ces mots n'apparaissent pas dans les rituels. Il y a des degrés qui sont très orientés vers le christianisme et des degrés plus philosophiques dans le Rite écossais. Il y a des allusions au bouddhisme et à d'autres philosophies, c'est ce qui est formidable dans le Rite écossais. Dans ces considérations philosophiques, il importe peu qu'à la fin il y ait un dieu, un esprit ou non. Le résultat n'est pas important dans ces considérations. Dans le christianisme, on parvient toujours au Dieu chrétien, ce qui est une limitation dogmatique. Il nous aide à développer une forme de pensée, car nous avons tous été élevés dans la tradition judéo-chrétienne et beaucoup d'aspects nous sont familiers ! Il arrive qu'on ne puisse pas se situer ou qu'on se sente même étranger à ce qui se passe, c'est surtout valable dans le Rite écossais. Mais c'est également une expérience précieuse pour développer le sentiment de tolérance.

Que veut dire *tolérance* pour un franc-maçon ?

L'impétrant doit être tolérant, car, en devenant franc-maçon, il crée une relation dont il ne connaît ni les tenants ni les aboutissants. Aucun postulant ne sait ce qui l'attend. C'est leurs attentes qui poussent beaucoup de jeunes gens intelligents à franchir le pas. La franc-maçonnerie cherche des êtres humains en quête d'entreprises osées. Les francs-maçons sont des gens intelligents ayant une forte personnalité et l'audace d'affronter l'inconnu. C'est là qu'il s'agit d'être tolérant. Celui qui, sur la voie maçonnique, n'est pas en mesure de tolérer certaines visions du monde, vérités ou prises de conscience qui lui sont étrangères, échouera ou en sortira brisé. C'est pour cette raison qu'on observe et guide attentivement les frères, avant qu'ils n'intègrent les hauts grades. La mentalité d'un franc-maçon correspond à la célèbre phrase de Voltaire : «Je hais vos idées, mais je me ferai tuer pour que vous ayez le droit de les exprimer.» Il est primordial que les êtres humains aient un forum, une plate-forme où ils puissent s'exprimer.

Vous venez de décrire en détail les cérémonies d'admission. Je vous en remercie. Je voudrais savoir ce que vous en avez retiré sur le plan personnel, connaître les sensations que vous avez ressenties. Essayez de nous décrire ces événements de votre point de vue.

Après plusieurs visites de courtoisie, je reçus un jour une lettre me priant de me rendre à une date précise dans une loge. J'y fus reçu par un frère accueillant dans une petite salle sombre, où l'on me laissa seul un certain temps. Un autre frère vint me chercher, m'enleva quelques vêtements, les objets métalliques que j'avais sur moi, et me banda les yeux. Je fus ensuite conduit par de nombreux couloirs vers la salle de loge et je dus subir quelques épreuves. Je me retrouvai dans une salle où je sentais qu'il y avait beaucoup de monde. Je dus répondre à de nombreuses questions, on me guida vers plusieurs endroits et je dus entendre plusieurs admonitions.

Quelles questions ? Quelles exhortations ? Les questions sont-elles du genre : «Veux-tu devenir franc-maçon ?»

Non, elles ont un rapport avec la sagesse universelle ; je vous ai déjà dit que l'on fait des «voyages» au cours des rituels. Dans ces «voyages», il y a des étapes, où l'on communique au postulant des fragments de sagesse universelle : «Il n'y a pas de vie sans mort, pas de mort sans vie !» en est un exemple. On a le temps d'y réfléchir en continuant son parcours. Et l'on vous présente une autre citation. Au cours de ces voyages, il y a des entretiens à la discrétion de la personne qui accompagne le postulant. On y entend d'autres exhortations.

Alors que j'avais perdu toute notion de temps, quelqu'un me retira le bandeau, je me retrouvai dans une salle somptueuse, ornée d'un grand nombre d'objets symboliques. Il y avait beaucoup de frères assis là, habillés de façon très noble, et qui dégageaient une grande dignité. Le rituel continuait. Je devais accomplir certains actes, répondre à de nombreuses questions. On me demandait régulièrement si je voulais toujours être admis, on me proposait d'interrompre le rituel si je venais à changer d'avis. Mais je voulais absolument être initié et m'accrochais à ma décision de rester. Je dus prendre certains engagements, avant de subir le rituel du mélange du sang. C'est le moment où mon appartenance à la loge fut scellée, je suis devenu un frère. C'était un moment très impressionnant et émouvant pour moi. Il reste profondément ancré dans ma mémoire.

Pouvez-vous décrire précisément le mélange du sang ?
C'est un acte symbolique. Le postulant pose la pointe d'un compas sur son cœur et le maître prend un marteau pour taper sur le compas. Il ne le fait pas au point de faire couler le sang, il s'agit d'un geste symbolique. Un autre frère se tient à côté de nous, pour recueillir symboliquement le sang qui s'écoule. Voilà comment se déroule le rituel du mélange du sang.

Dans un écrit de 1935, j'ai trouvé une allusion à un rituel de mélange de sang réel. On peut y lire la description suivante : « Pour être admis au 9ᵉ degré de la Grande Loge de Prusse, le postulant doit subir le rituel du mélange du sang. On fait couler quelques gouttes de sang après avoir piqué le pouce du candidat et on le verse dans un calice. On conserve les gouttes de sang de tous les postulants qui ont atteint ce degré dans un prisme en verre. Le sang est séché. On verse du vin dans le calice, le sang se mélange, et le candidat doit en boire quelques gouttes. Il a en lui un peu de sang de tous les frères qui ont atteint ce degré. »

Cela ressemble à un rituel de l'Ancien Testament ! Qu'en pensez-vous ?
Ce rituel existe dans le système suédois, il concerne un groupe précis de frères qui ont atteint le 11ᵉ degré. Auparavant, cela se produisait au 9ᵉ, c'est exact. Le sang contenu dans le prisme remonte au baptême de Jean le Baptiste. Quand le frère prend le calice pour en boire quelques gouttes, il est relié par le sang à tous les frères arrivés au même stade que lui. On pratique encore ce rituel de nos jours.

C'est assez effrayant. Quelles promesses avez-vous dû faire pendant l'initiation ?

On promet de respecter les règles, d'accepter les autres frères et de garder le silence sur les secrets qu'on vous communique.

Vous avez expliqué qu'on doit se coucher dans un cercueil quand on est initié au degré de maître.

Le grand «secret» autour du cercueil est connu dans le monde entier, tout le monde en a entendu parler. C'est au moment de devenir maître que le candidat est confronté au rituel du cercueil. Il n'y a qu'un maître qui a le droit de se coucher dans un cercueil pour y subir une métamorphose. C'est un mystère qui requiert un processus préalable et que l'on ne peut pas comprendre hors du cadre de la maçonnerie. Un individu peut se coucher dans un cercueil autant de fois qu'il le désire. Il se demandera pour quelle raison et ne ressentira vraisemblablement pas grand-chose. Un franc-maçon traverse dans cet état un processus initiatique qu'il est difficile de décrire et que l'on ne peut expérimenter qu'en tant que franc-maçon. C'est pourquoi il est impossible de le révéler : le mystère appartient à celui qui l'a vécu. Le sens de cette initiation est de parvenir à une métamorphose vers un autre état de conscience, qui permet à l'impétrant de percevoir les choses autrement, d'une façon différente de sa perception habituelle.

Cela ressemble en effet à un programme de métamorphose comme vous le décrivez… Racontez-nous d'autres expériences de votre vie de franc-maçon.

Sur le long chemin de la franc-maçonnerie, on fait de nombreuses expériences, qui reposent principalement sur des rituels impressionnants. Les expériences que j'ai faites ont provoqué des prises de conscience qui ont toujours bouleversé et changé ma vie. Je prenais conscience du fait que la franc-maçonnerie est un système qui transforme l'être humain. Je notais les premiers changements dans ma vie peu après mon admission ; ma femme et ma famille les ressentaient de manière très positive.

Sous quelle forme ?

En tant que franc-maçon, on devient plus… conciliant sur le plan social, plus prudent et plus prévenant dans les relations de groupe, parce qu'on a pu ressentir dans la loge combien il est bon d'être prévenant. On nous rappelle régulièrement qu'il faut avoir des égards pour les autres et un comportement fraternel. Il arrive souvent qu'en loge on parle des comportements non fraternels de certains frères, pour les clarifier. On apprend à être prévenant vis-à-vis des autres, plus fraternel. Et cela se ressent dans la famille. Dans la sphère privée comme au travail, on montre de la considération, on vit de façon plus consciente.

Tout cela est très positif, si les gens arrivent à le mettre en pratique. Mais « franc-maçonnerie » ne veut pas toujours dire « franc-maçonnerie », il y a des loges très différentes : Rite écossais, Rite d'York, système suédois et ainsi de suite. Pouvez-vous résumer les différences ?

La franc-maçonnerie est faite de diversité, ce que beaucoup de gens ne savent pas. Il y a une raison à cela. Évidemment, il existe une base que l'on appelle la maçonnerie de Saint-Jean. L'ensemble des loges dans le monde vit sous le patronat de Jean le Baptiste. Il fut le premier à exhorter les hommes à changer d'état d'esprit. Le symbole de Jean le Baptiste n'est pas l'index qui pointe de façon menaçante, mais plutôt la tête décapitée. Selon la Bible, il fut décapité sur ordre d'Hérode, roi de Judée, qui voulait faire plaisir à sa femme Hérodiade et à leur fille Salomé, qui en avait exprimé le souhait. Les couleurs des loges de Saint-Jean sont le bleu et l'or. Le bleu symbolise l'infini de l'Univers et le ciel étoilé. C'est pour cette raison qu'on appelle les loges de Saint-Jean « les loges bleues » dans certains pays. Tout homme peut en devenir membre. Il existe aussi des loges pour les femmes ou mixtes, mais elles ne sont pas reconnues par la franc-maçonnerie classique. Une fraternité ne rassemble que des frères, comme son nom l'indique.

À l'intérieur de la maçonnerie de Saint-Jean, il existe plusieurs écoles. En Allemagne, les Alliés instituèrent après la [Seconde] Guerre [mondiale] le système Ancien et Accepté (Grande Loge AFuAM), qui perdure. Plus tard, on autorisa la réouverture des anciennes loges prussiennes, la Grande Loge Mère nationale aux trois globes [NDÉ : Loge aux Trois Globes fondée à Berlin en 1740 et adoptant ce nom en 1744] et la Grande Loge nationale d'Allemagne (la Grande Loge nationale fonde à Berlin, le 29 avril 1952, l'Alliance des Grandes Loges

Maçonniques chrétiennes d'Allemagne (*Bund christlicher Freimaurer – Grosslogen Deutschlands*) avec la Grande Loge aux Trois Globes.

Toutefois, elles ne purent jamais retrouver leur lustre d'antan. Les loges de Saint-Jean prennent à leur charge les trois premiers degrés que sont l'apprenti, le compagnon et le maître. Le contenu de l'enseignement varie peu dans les différentes obédiences. Elles se préoccupent de la construction du Temple de Salomon et de l'assassinat de son maître d'œuvre Hiram Abiff, décrit dans la Bible. Le système Ancien et Accepté allemand (AFuAM) s'arrête après les trois premiers degrés. Pour les hauts degrés, le frère peut ensuite choisir entre le Rite écossais et le Rite d'York. Le Rite écossais comprend trente-trois degrés qui poursuivent l'enseignement des loges de Saint-Jean, mais qui se concentrent ensuite surtout sur l'aspect philosophique.

Le Rite d'York continue l'enseignement des loges de Saint-Jean. En montant en grade, on accède aux divers degrés de chevalerie qui culminent dans les degrés du Temple.

La Grande Loge nationale d'Allemagne, aussi appelée Ordre des francs-maçons, fait partie du système suédois, dont l'enseignement provient de France. Parvenu à Stockholm par Genève, il se répandit en Allemagne où il trouva de nombreux disciples. Frédéric le Grand [Frédéric II], roi de Prusse au XVIIIe siècle, lui accorda sa protection. Sa particularité est son orientation chrétienne. L'enseignement est basé sur la parole de Jésus, et l'apprenti sait dès le début qu'il pourra intégrer les hauts grades après avoir acquis les trois degrés de la loge bleue. Il y a dix hauts grades, que le frère parcourt en douze à quinze ans.

La Grande Loge Mère aux Trois Globes a une structure similaire, mais ne comporte que sept degrés.

Pour avoir une vision globale de la franc-maçonnerie, il faut connaître le fonctionnement d'une soixantaine de degrés différents et les comparer entre eux. Pour la plupart des frères, c'est impossible, car ils n'ont pas le temps de prendre part à autant d'activités. Il est malgré tout important de pouvoir comparer les différentes obédiences, car la sagesse des Anciens fut révélée aux francs-maçons par le biais de différents systèmes, et seul celui qui possède une vue d'ensemble de ce grand puzzle est en mesure de déchiffrer le grand mystère. Les autres sont tributaires de leur maître et de son enseignement. Il n'y a pas beaucoup de maîtres, je suis du nombre. Même à ce niveau il est difficile d'atteindre la connaissance ; la franc-maçonnerie est un art, pas une science. L'Art royal, nom donné à la franc-maçonnerie au XVIIIᵉ siècle, ne peut être maîtrisé ni par la voie de la science ni par la philosophie ; il n'est pas non plus une religion.

Existe-t-il des mystères éternels ?

Même si cette description ne paraît pas très encourageante, je peux vous assurer que chaque postulant a la possibilité de découvrir le mystère. Il n'y a qu'à celui qui n'en est pas digne que le mystère ne se découvrira pas. La vérité ultime ne sera révélée à l'humanité qu'à un certain moment. Cet instant est arrivé, il y a actuellement une grande ouverture. C'est l'une des raisons principales qui ont rendu notre entretien possible…

Allez-vous nous dévoiler à quel Ordre vous appartenez ?

Je suis membre de la Grande Loge nationale d'Allemagne qui, comme je vous l'ai dit, s'appuie beaucoup sur le christianisme. Pour un philosophe, le résultat de ses réflexions n'est pas l'aspect primordial de son travail, savoir s'il y a un dieu ou un phénomène énergétique. La vision religieuse implique toujours l'existence et la présence d'un dieu. De ce point de vue, les loges à caractère religieux sont moins ouvertes que celles à caractère philosophique. Si, d'un autre côté, les gens ont souvent plusieurs sphères d'intérêt et sont attirés par des choses différentes, nous sommes au bout du compte très conditionnés par notre culture occidentale. Les gens se tournent plus facilement vers les formes de pensée à caractère chrétien ou inscrites dans la Bible, que vers des considérations philosophiques en face desquelles ils manquent de repères.

Quelle est la différence entre la franc-maçonnerie et la religion ?

Beaucoup de personnes ne font pas confiance à leur intuition, et préfèrent se reposer sur un système établi. Elles ont besoin de dogmes, d'enseignements auxquels ils peuvent faire confiance et qu'ils peuvent défendre vis-à-vis de l'extérieur. Cela n'existe pas dans la franc-maçonnerie. Les francs-maçons n'ont pas de dogmes, mais un objectif, un but précis. Beaucoup de gens ont du mal avec ces concepts, à les mettre en pratique. C'est fondamental pour un maçon et son désir de tolérance. Celui qui veut devenir franc-maçon doit être tolérant vis-à-vis des francs-maçons, car ils font des choses mystérieuses qui ne sont révélées que lorsqu'on devient membre.

Celui qui devient maçon saute dans l'inconnu. Il postule, demande à être admis, mais ne sait rien de ce qui l'attend. Et beaucoup de gens sautent le pas, beaucoup de jeunes, surtout ceux qui sont cultivés et intelligents. Les personnes moins dotées sur le plan rationnel ne viennent pas à nous.

Ne viennent chez les francs-maçons que les individus ouverts, qui se posent de bonnes questions, veulent évoluer et comprendre le fonctionnement du monde, l'action de l'énergie, l'interaction de la vie, et ce qui relie le monde au plus profond. Toutes ces considérations ne font pas partie du débat public. La franc-maçonnerie peut donner des réponses, mais elle ne veut pas les révéler. C'est l'erreur que font la plupart des gens. Dans la franc-maçonnerie on peut tout apprendre, mais on ne peut pas poser de questions telles que : « Écoute, comment est ceci ou cela ? Qu'en est-il de Dieu et du monde des esprits ? » Il n'y a pas de réponses toutes faites, on doit en trouver soi-même. La maçonnerie est comme une gigantesque bibliothèque avec des rayons différents, et, de degré en degré, on gagne le droit de pénétrer dans d'autres rayons. Ce que l'on obtient, c'est l'aboutissement de ses propres recherches, de ses propres efforts.

Celui qui ne se donne aucun mal ou qui n'a pas les capacités n'en tirera aucun avantage. Il dira au bout du compte : « Oui, je connais les francs-maçons, j'ai traversé tous les degrés, mais je vous l'assure, tout cela est vain. » Il devrait plutôt dire : « Je n'ai rien trouvé. »

Oui, c'est le côté élitiste. Parlez-nous un peu plus des hauts grades.
Depuis que je suis devenu frère, le chemin était tracé vers les hauts grades. Notre système est fait de dix degrés, que l'on franchit en environ quinze années. D'autres systèmes ont de hauts grades qui sont séparés des loges bleues. Un membre de la franc-maçonnerie ancienne et acceptée allemande (AFuAM) ayant atteint le grade de maître peut estimer son apprentissage terminé et se contenter de son grade.

Quand je fus admis comme maître dans ma Loge de Saint-Jean, le Vénérable Maître frappa à la fin de la cérémonie à une porte dissimulée et fit pour moi une demande symbolique d'adhésion à la Loge de Saint-

André. Cette loge, appelée aussi Loge Verte, est une section de trois degrés qui mènent à la loge du chapitre, ou Loge Rouge. Les trois degrés de Saint-André sont comme un voyage symbolique dans le monde souterrain : on trouve sur son chemin une grande diversité de symboles, que l'on mettra des années à déchiffrer. On tombe sur des symboles égyptiens, mais surtout sur un enseignement axé sur le peuple d'Israël et sur l'Ancien Testament. Le roi Salomon et Jéhovah en sont les personnages centraux. Il faut toujours avoir à l'esprit que la franc-maçonnerie a pour but de construire le temple immatériel de l'humanité.

Comme je fus, dans mon parcours, membre de différentes loges dans différentes obédiences, j'ai une vision globale.

Quelle est votre activité actuelle dans la franc-maçonnerie ?

J'ai de multiples activités dans différentes loges où je suis membre. Je suis conférencier dans une loge de Saint-Jean et dans une loge de hauts grades. Je suis également secrétaire dans d'autres systèmes de hauts grades. Je donne des conférences dans des groupes de rencontres de frères de hauts grades. Je collabore à la commission des rituels, je suis un bon connaisseur des différents rituels. Je connais la littérature et les légendes qui les entourent. Au fil des ans, j'ai rassemblé beaucoup de documents ; je possède des actes maçonniques très anciens et très rares. Cet ensemble représente un savoir secret, qui ne peut être décodé que d'une certaine façon.

Ces livres, peut-on les trouver dans le commerce ? Ou y a-t-il une littérature qui n'est pas accessible à tout le monde ?

Il y a beaucoup de livres que l'on ne peut pas acheter. Vous ne les trouverez pas dans les librairies, vous les découvrirez si vous adhérez, ou peut-être par hasard chez les bouquinistes. Ces livres ne sont pas disponibles pour le public.

Les écrits rituels ?

Les écrits rituels, non. Vous pouvez les télécharger sur Internet. Il y a très peu de documents utilisés de nos jours que vous ne pouvez trouver sur Internet. De ce point de vue, la discipline de l'arcane dans les rituels devient caduque. La loi de l'arcane défend de parler de certains dogmes devant les infidèles, voire devant les catéchumènes, pour ne pas les exposer à la moquerie ou à la profanation. Aujourd'hui, on peut trouver tous les rituels sur Internet et les télécharger.

La tête de mort revient souvent en relation avec les francs-maçons. Quelle est son importance ?

La tête de mort nous pousse à la réflexion et nous rappelle que l'existence humaine est limitée. Elle symbolise l'obligation de renoncer à toute forme de vanité dans la vie, car la mort est la fin des apparences. La tête de mort est donc un rappel de la brièveté de la vie et de sa valeur. Si l'existence était illimitée, elle n'aurait pas cette qualité.

Quel est le sens de l'échiquier qu'on trouve dans une loge ?

C'est ce qu'on appelle le *Pavé mosaïque* (*voir ill. 7*, p. 39), qui représente le Temple de Salomon. Dans les formes géométriques de ce parquet, on trouve des triangles et des losanges, pas des carrés comme sur un échiquier. Ils sont assemblés en structures mathématiques et géométriques secrètes, telles que le nombre *pi* et d'autres.

L'usage du tablier remonte-t-il aux maçons qui y mettaient leurs outils ?

Dans le domaine opérationnel, là où les francs-maçons suivent volontiers les traditions, on dit que les tailleurs de pierres portaient des tabliers pour se protéger, dans lesquels ils posaient leurs outils. Le tablier est également le vêtement d'Adam et Ève, après la prise de conscience de leur nudité. Le tablier de l'apprenti est blanc, il symbolise la pureté de l'homme (voir *ill. 48*, p. 208).

Il existe des loges de recherche dans la franc-maçonnerie. Que font-elles ?

Ce sont en Allemagne les loges Quatuor Coronati et Frédéric le Grand. Leurs membres remettent des rapports, des pensées, des écrits que l'on publie une fois l'an sous forme de livre. Si on part du fait que la franc-maçonnerie est l'instrument d'une puissance supérieure, on s'intéresse aux effets que produit l'appartenance à la franc-maçonnerie. Avez-vous reconnu quelque chose ?

La franc-maçonnerie conserve les vérités et les secrets ultimes de l'humanité. Est-ce que les francs-maçons en sont conscients ? C'est un autre sujet. Quand on observe les publications des loges de recherche, on peut évaluer le nombre de francs-maçons qui en ont pris conscience. Cela repose sur la vanité et une certaine envie de communiquer, le frère est fier de voir ses idées publiées et de savoir que tous les frères recevront un exemplaire du livre. Le liront-ils ?

Ce qui compte pour moi, c'est que les personnes qui utilisent et guident la maçonnerie en connaissent les contenus spirituels et la manière de les intégrer, et sachent si cela vaut vraiment encore le coup de guider, d'avoir la fraternité sous son contrôle. Si trop de frères atteignent ce degré de connaissance et comprennent de quoi il s'agit réellement, je pense que cela n'a pas beaucoup de sens.

On peut donc retenir que dans l'ensemble des loges, seuls les hauts grades connaissent réellement les tenants et les aboutissants, et que ce sont eux qui décident du moment où ils communiquent.

C'est vrai. C'est ce que disait Albert Pike [NDÉ : fondateur du Klu Klux Klan (1867) ; dirigeant mondial de la franc-maçonnerie dans les années 1870 ; grand prêtre de l'Église satanique entre 1859 et 1871, il aurait mis sur papier les détails du plan en vue d'établir le Nouvel Ordre Mondial]. Pour le dire crûment, c'est ce qu'il faut, car la masse des francs-maçons est aussi stupide que la masse des êtres humains. Ils doivent être un peu stupides et très malléables pour qu'on puisse les contrôler et les guider. Les francs-maçons se prennent pour l'élite du monde, on les incite aussi à le penser, ce qui est une bonne chose. C'est le moyen de contrôler le simple franc-maçon comme le simple catholique. Les mêmes mécanismes sont à l'œuvre. Le niveau d'un catholique n'est pas comparable à celui d'un franc-maçon, parce que le franc-maçon est beaucoup plus critique, il va puiser plus en profondeur ; il a quand même besoin d'être guidé. Les grands hommes ont aussi besoin d'être contrôlés. C'est la raison d'être des différents degrés. On peut ainsi jauger le potentiel spirituel d'un frère, pour le placer au bon endroit. La franc-maçonnerie remplit des tâches politiques internationales, avec beaucoup de succès. Les francs-maçons occupent en général des positions sociales dirigeantes, et non des emplois subalternes.

Oui, je connais le commentaire d'Albert Pike sur les premiers degrés, je le cite dans mon *Livre jaune n° 1*. Il date d'une lettre du 11 janvier 1970 à Giuseppe Mazzini, le chef des Illuminati de Bavière : « Nous devons autoriser toutes les fédérations à continuer à exister à l'intérieur de leur système, dans leurs organisations centralisées, avec leurs différentes façons de correspondre entre hauts grades. Nous devons mettre en place un rite supérieur qui doit rester secret et dans lequel nous laisserons entrer les hauts grades que nous aurons choisis. Ces hommes doivent garder le secret absolu. Ce rite supérieur nous permettra de diriger la franc-maçonnerie dans son ensemble. Il sera notre centrale internationale qui aura d'autant plus de pouvoir que son existence sera un secret. »

Ce sont des principes très clairs. On ne peut utiliser que des maçons de haut grade.

C'est exact. Les loges bleues sont une forme de collecteur, tout un chacun peut y pénétrer. Puis on les prépare à devenir des hauts grades. On peut faire la demande pour devenir haut grade. Après avoir passé le vote des boules (blanches pour l'adhésion et noires pour un refus), on accorde ou on refuse la demande. On ne peut pas postuler pour les très hauts grades. On reçoit un jour une lettre dans laquelle on nous convie à participer. On peut accepter cette proposition. Si on ne réagit pas, on n'entendra plus jamais parler de l'Ordre.

Et, évidemment, on est invité parce que la loge pense en tirer un avantage...

Exactement. On nous demande d'une façon particulière de faire vœu de garder le secret, ce qu'on doit prouver. On doit faire ses preuves par un travail spirituel et la participation à l'élaboration du Temple de Salomon. Cette construction n'est pas assez clairement définie pour pouvoir la distinguer sans effort, il faut vraiment y mettre du sien ! La majorité des frères aspire à monter de grade en grade, à recevoir des décorations et d'autres signes extérieurs ; ils passent à côté de l'essentiel, ils oublient qu'ils peuvent aller plus loin. Je regrette cette situation, mais souvent leurs besoins ne vont pas beaucoup au-delà.

Qu'est-ce que la discipline de l'arcane ?

Quand on atteint un degré supérieur, on doit faire le vœu de ne pas communiquer aux frères de grade inférieur le savoir reçu. Dans l'ensemble, c'est pour ne pas précipiter l'acquisition des enseignements, ce qui me semble une bonne chose.

Il y a le vœu de ne rien dire du tout…

C'est exact. Cela commence au degré de l'apprenti. On se passe la main droite en travers de la gorge, ce qui veut dire : « Je me laisserai couper la tête avant de révéler les secrets de la franc-maçonnerie. » (voir *ill. 15*, p. 62) C'est ainsi que le franc-maçon est éduqué. Il ne doit pas communiquer ce qu'il voit et apprend à l'intérieur de l'Ordre. On fait tellement de vœux dans notre progression que tous ne peuvent pas être respectés. Quand on est franc-maçon, on est entraîné à être convaincu de ne rien laisser transparaître : « Je ne dois rien dire de ce que je sais ! » Et cette capacité à garder le silence s'imprègne profondément en nous, cela devient une seconde nature. C'est une qualité qui présente de l'intérêt aussi dans le monde extérieur. Il y a, à l'heure actuelle, environ cinq millions de francs-maçons dans le monde. Beaucoup ont des postes très importants dans l'économie et la politique. Quand, en tant que patron, je peux recruter un collaborateur membre d'une loge, je sais que cette personne sera plus sûre et plus discrète qu'une autre. Si je suis moi-même franc-maçon, je préfère engager un autre franc-maçon, parce que je sais comment je peux le manipuler.

Pourquoi ne peut-on pas partager ces secrets avec d'autres personnes ?

Le savoir que nous détenons est multiple, complexe et souvent sensible. Il contient les vérités fondamentales de l'humanité et il donne des explications sur les mystères les plus profonds de l'être humain. On ne peut confier certaines choses (missions, mandats, dossiers, objets) qu'à certaines personnes soigneusement préparées, seules capables de bien les gérer. Même des gens très intelligents et très cultivés doivent être guidés et conseillés. Le cercle de ceux qui protègent ces connaissances ne permettrait pas que des personnes inappropriées accèdent à ce trésor. La majorité des gens dans le monde ne s'intéresse pas à ce genre de choses, la curiosité n'est pas suffisante pour participer aux mystères. C'est également le cas pour la majorité des frères qui sont membres de l'Ordre. Ils ne savent pas ce qui fait l'essentiel de la franc-maçonnerie. Il y a aussi le savoir qui est accumulé, mais pas réellement compris. Comme ils ne peuvent déchiffrer les textes, ils pensent en savoir beaucoup. En réalité, ils suivent une fausse piste.

Vous parlez de vérités fondamentales et des mystères les plus profonds de l'être humain. Pourriez-vous les résumer en trois phrases ?
Il n'est pas possible de les résumer en trois phrases. J'ai mis quinze ans à arriver à ce degré de connaissance, c'est difficile à résumer.

Peut-être en cinq phrases ?
Les vérités fondamentales ressemblent aux lois hermétiques : en haut comme en bas, le monde est en résonance, le monde matériel est en résonance avec le monde de l'esprit. Le meilleur outil est l'arbre de vie de la kabbale avec ses Sephiroth. Quiconque s'est intéressé de près à la kabbale, qui est la tradition mystique juive, et en maîtrise les clés, sait que l'arbre de vie part de la couronne en haut, qu'on appelle Kether, qu'il descend vers le royaume de Malkouth [NDÉ : dans le nombril de la terre, donc la réalité physique, associée à la Terre], qu'il remonte vers la cime, et qu'entre les deux, il y a huit stades d'évolution que l'on traverse dans sa vie. Cela fait partie des vérités fondamentales. Il y en a d'autres.

Le fondement de la tradition kabbalistique est la recherche d'une relation directe avec l'Éternel. Selon la kabbale, tout ce que le Créateur a créé dans le monde, Il l'a créé dans l'homme. D'où le symbole qui dit que ce qui est en haut est comme ce qui est en bas.

L'explication du fonctionnement de l'arbre de vie prendrait déjà trop de temps. C'est un sujet qui exige de nombreuses années d'étude. Apprendre à penser selon la kabbale est une des clés pour atteindre la maîtrise. Quand on dit *la franc-maçonnerie acceptée*, cela veut dire que les frères ont accepté la tradition kabbalistique. Ce sont les francs-maçons de l'ancienne tradition, la pensée kabbalistique s'est imposée assez tardivement en Europe. Son influence sur la théosophie a permis de mettre en lumière l'action de l'esprit sur la matière, et inversement le développement de la matière vers l'esprit.

Le terme *accept*é ne veut donc pas dire que le système a été accepté en Allemagne.

Non, cela signifie que leur façon de penser s'appuie sur la kabbale. Et l'Ordre des francs-maçons est pétri de tradition kabbalistique. Il y a un degré qui s'appelle le *Cabaliste*. Sans la pensée kabbalistique, on ne peut comprendre ni la franc-maçonnerie ni la Rose-Croix.

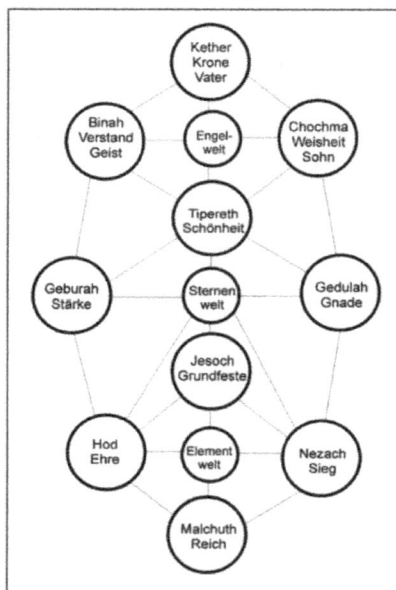

ill. 8 : L'arbre kabbalistique des 10 Sephiroth.

Revenons à mon cheminement dans la franc-maçonnerie. Je suis devenu apprenti, et j'ai commencé à suivre les préceptes et à garder le silence. Un apprenti travaille, obéit et apprend à se taire. C'est quand il devient compagnon qu'il commence à regarder autour de lui et à se rendre utile. Le compagnon commence à faire des voyages, ce qui veut dire qu'il rend visite à d'autres loges en compagnie d'un Vénérable Maître. Je garde un bon souvenir de ces voyages. Après avoir découvert les loges de mon obédience, je pus avoir un aperçu de ce qui se passait dans d'autres obédiences. Leurs rituels et symboles me paraissaient assez étranges. Aujourd'hui, je sais que les différences se limitent aux apparences. La symbolique et les rituels des francs-maçons expriment la même logique saisissante, en dépit des différentes apparences. Maintenant que je suis un haut grade avec de l'expérience, je peux rapidement identifier et interpréter les symboles qu'on montre aux informations télévisées sur des sujets politiques ou économiques. J'ai dû suivre un long cheminement pour arriver à cette connaissance.

Quels sont les effets de la franc-maçonnerie dans la société et dans la vie quotidienne ?

La franc-maçonnerie comme institution et organisation n'exerce aucune influence sur l'extérieur. Chaque frère par contre agit dans son entourage proche et dans sa profession, et de façon très efficace. Les francs-maçons ont des liens et des réseaux internationaux très forts et très soudés. Ronald Reagan, l'ancien président américain, répondait à un journaliste russe un jour : « Quand on a besoin d'une aide rapide et informelle pour résoudre un conflit où que ce soit dans le monde, on peut toujours compter sur l'appui des loges maçonniques. » Je viens d'expliquer que les francs-maçons ont une forme bien précise et particulière de communiquer. Ce que déclarait le président américain peut vous donner des indices dans votre réflexion sur les résultats concrets qu'une telle déclaration induit. Tous les jours, s'échangent des missives et des nouvelles sur le mode maçonnique.

Comment peut-on les reconnaître dans l'économie, en politique ? S'agit-il des fameuses poignées de main, de la façon de se serrer la main ?

Les poignées de main sont une des méthodes. Je pense plutôt aux informations, aux messages transmis à un frère, par l'intermédiaire de la presse ou de la télévision. À la télévision, on voit les poignées de main (*ill. 9-14*, p. 62), quand deux frères se serrent la main (*ill. 23*, p. 63). On peut déchiffrer également le placement des pieds.

Ce qui a davantage d'importance, c'est le texte d'une information, la façon d'enchaîner les mots, la formulation. Quand un texte est formulé de telle façon qu'il rappelle le passage d'un rituel, en tant que franc-maçon, on tend l'oreille, parce qu'on a entendu ce texte d'innombrables fois. Il s'agit exclusivement de rituels de loges bleues. On entend ou on lit l'information, on y découvre un message maçonnique, on relit ou réécoute la même information d'un point de vue maçonnique. C'est ainsi qu'on détecte les signaux cachés et le sens réel du message que l'expéditeur a voulu transmettre au destinataire initié. Celui-ci peut en tirer des conclusions, par exemple qu'il doit agir et se mettre en relation avec d'autres frères. On passe un coup de téléphone : «Écoute, tu as entendu ce qu'ils ont dit au journal télévisé de 20 heures ? As-tu compris de quoi ils parlaient, en fait ?»

De tels appels débouchent sur une dynamique qui mène à un résultat précis. Parfois, on veut informer les frères de décisions politiques qui viennent d'être prises.

Pouvez-vous nous donner un exemple concret, une phrase qui apparaît dans une information ? Faut-il la présence d'un compas ?
Non, pas obligatoirement. Si dans le journal vous trouviez la phrase suivante : «Hier, il a beaucoup plu au Vatican», cela voudrait dire : «Hier on a dévoilé de grands secrets au Vatican.» Vous iriez voir ce qui s'est passé la veille au Vatican, en consultant les articles qui en parlent dans la presse. On a dévoilé des secrets dont la révélation nous avait échappé la veille, et en y regardant de près on finit par comprendre ce qui s'est réellement passé. On peut s'y connecter, parce qu'on sait maintenant que les choses vont suivre leur cours. Si un secret a été dévoilé, l'Église fera tout pour minimiser l'événement, d'autres institutions appuieront là où cela fait mal. Il faut donc intervenir.

Le mot-clé dans ce cas était la *pluie* ?
Oui. Quand les frères se réunissent et qu'ils échangent des paroles sur les secrets, les rituels ou d'autres sujets maçonniques, et que quelqu'un dit soudain : «il pleut !», il faut arrêter les conversations. On regarde autour de soi, parce qu'il est très probable que quelqu'un dans l'assistance ne soit pas un frère ou soit de grade inférieur, c'est-à-dire qu'il n'a pas le droit d'entendre ce qui se dit. On change de sujet de conversation ou de façon de parler, on adapte son expression de telle façon que le profane, le non-initié ou même l'apprenti ne comprenne pas de quoi il s'agit. On parle prudemment.

On peut dire également que j'ai dit quelque chose *sub rosa,* c'est-à-dire sous la rose. «Parler sous la rose» signifie que ce qui se dit ne doit pas être colporté. Les interlocuteurs savent à quoi s'en tenir. On peut être sûr que rien de ce qui a été dit *sub rosa* ne sera divulgué. Les mots-clés apparaissent dans la presse et aux informations télévisées.

Merci, cela recoupe ce qui est dit dans le *Dictionnaire de la franc-maçonnerie* : «Soyez prudents quand vous parlez en public, afin que personne, même l'étranger le plus malin, ne puisse entendre des choses qu'il n'a pas à entendre. Vous devrez être capable de faire dévier une conversation et la conduire en l'honneur de votre honorable confrérie.»

Qu'en est-il des poignées de main, quand un homme politique les utilise par exemple ? Je me souviens d'une dépêche de presse avant les élections législatives de 2005, que l'on pouvait trouver dans tous les grands magazines de société. Je savais par un initié que les élections déboucheraient sur une grande coalition, mais le public n'en savait encore rien. Angela Merkel et Franz Münterfering, les leaders des deux grands partis politiques allemands, apparaissaient sur une photo avec la même position de la main en dessous du cou, alors que le troisième candidat de la droite libérale (FDP) était représenté autrement.

Le mouvement de la main droite en travers de la poitrine, de gauche à droite, le bout des doigts passant à trois ou quatre pouces au-dessous du menton est le signe commun de la loge. C'est un signe que pratiquaient sans doute déjà les Esséniens. Il déboucha sur le signe de l'apprenti, dans lequel on lève la main et on la retire par la droite. Tous les signes maçonniques ont un rapport avec l'angle droit, l'équerre, et le sous-entendu que l'on préférerait se faire couper la tête que de révéler un secret (voir *ill. 15*, p. 62).

Il existe une multitude de signes, mais, en public, on se contente de mettre la main sur le cœur lors d'événements solennels. C'est le signe de l'apprenti qui dévoile l'appartenance à l'Ordre, le signe près du cou est déjà plus précis. L'exemple d'Angela Merkel ? Cela voulait dire que, pour la franc-maçonnerie, le résultat des élections était déjà décidé.

Je pensais que le signe près du cou était le signal de détresse.
Non, le signal de détresse est tout autre. On met les deux mains pliées au-dessus de la tête, on retourne les paumes et on lève les mains vers le haut (voir *ill. 22*, p. 62).

C'est difficile à présenter dans la presse. J'ai réuni quelques photos ces dernières années où l'on voit des hommes politiques, ou le pape, qui ont été photographiés avec les mains en forme de triangle au-dessus de la tête. Est-ce le signe que la situation est difficile ?
C'est possible. Il faut que je voie la photo ou l'article qui correspond à ce signe.

Y a-t-il un autre exemple ?
On peut être assis dans un fauteuil et soudain étirer les jambes de cette façon. On a l'air de se détendre. C'est, en fait, un signe maçonnique. Il existe une autre forme de signal de détresse, on dit la phrase suivante : «À moi le fils de la veuve de [la tribu de] Naftali !» J'ai assisté à une conférence de thérapeutes et de naturopathes à la fin de laquelle l'orateur a dit au public, après avoir parlé assez longtemps : «Je voudrais rencontrer les enfants de la veuve près de la colonne dans la salle d'entrée.» Le public n'a pas entendu le message, mais les frères dans la salle se sont tous rendus près de la colonne : ils avaient compris le message.

J'ai vu un médecin me serrer la main d'un signe maçonnique, alors que j'étais allongé sur un lit d'hôpital (voir *ill. 21* et *23*, p. 62 et 63). Il faisait cela à tous les patients. Il appuyait son pouce sur la jointure de l'index, le signe de l'apprenti. Celui qui reçoit le salut, moi dans ce cas, supporte la main, la tient un instant et passe au signe suivant.

C'est donc la jointure de l'index...
Oui, c'est cela, c'est le signe de l'apprenti. Et le médecin, quand il aura fini sa visite, reviendra pour s'entretenir un petit moment. C'est une façon de se rapprocher, d'échanger, de faire connaissance, de rencontrer un frère. C'est ainsi que cela marche. Comme vous pouvez le constater, les choses sont simples, il n'y a rien de mystérieux. On est content, c'est un collègue, un frère de loge. C'est amusant, même. Beaucoup de francs-maçons font le signe à toutes les personnes qu'elles rencontrent. De temps en temps, ils tombent sur un frère.

ill. 9 : Tony Blair et Mouammar Kadhafi ; ill. 10 : le pape Benoît XVI
et Tony Blair ; ill. 11 : le duc de Kent ;
ill. 12 : le prince Charles et Shimon Peres ;
ill. 13 : Barack Hussein Obama II ; ill. 14 : Michael Gorbatchev.

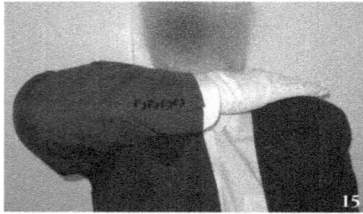

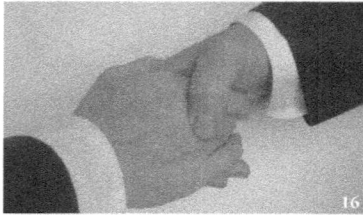
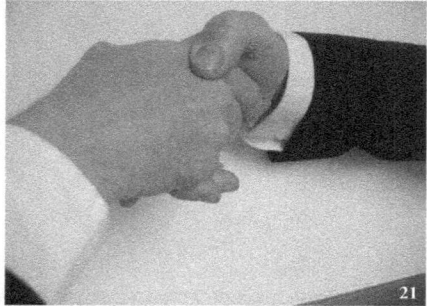
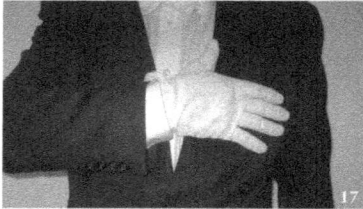

ill. 15 : le signe de l'apprenti ; ill. 16 : le signe du compagnon ;
ill. 17 : le signe du compagnon ; ill. 18 : le signe du maître ;
ill. 19 : le geste du maître ; ill. 20 : le placement des pieds du maître ;
ill. 21 : le signal de l'apprenti ; ill. 22 : le signe de détresse.

THE BOAZ

THE GRIP OF AN ENTERED APPRENTICE

23

The Grip of the Entered Apprentice is made by pressing the thumb against the top of the first knuckle-joint of the fellow Mason; the fellow Mason also presses his thumb against the first Mason's knuckle.

THE SHIBBOLETH

PASS GRIP OF A FELLOW CRAFT

23

The hand is taken as in an ordinary handshake, and the Mason presses the top of his thumb against the space between the first and second knuckle joints of the first two fingers of his fellow Mason; the fellow Mason also presses his thumb on the corresponding part of the first Mason's hand.

THE JACHIN

REAL GRIP OF A FELLOW CRAFT

23

The Mason takes the fellow Mason by the right hand as in an ordinary handshake, and presses the top of his thumb hard on the second knuckle; the fellow Mason presses his thumb against the same knuckle of the first Mason's hand.

THE TUBALCAIN

PASS GRIP OF A MASTER MASON

23

The Mason places his thumb on the space between the second and third knuckles of the fellow Mason's right hand, while the fellow Mason moves his thumb to the corresponding space on the first Mason's hand. The thumb is pressed hard between the second and third knuckles of the hands.

THE MA-HA-BONE

REAL GRIP OF A MASTER MASON

23

The Mason firmly grasps the right hand of a fellow Mason. The thumbs of both hands are interlaced. The first Mason presses the tops of his fingers against the wrist of the fellow Mason where it unites with the hand. The fellow Mason at the same time presses his fingers against the corresponding part of the first Mason's hand and the fingers of each are somewhat apart.

MASONIC SYMBOLS

3rd Degree

Compass over Square

1st Degree

The five points of fellowship 24

ill. 23 : diverses poignées de main ;
ill. 24 : salut maçonnique avec les pieds ;
ill. 25 : l'impétrant, avec et sans chaussures, habillé et déshabillé.

Est-il possible de prendre des photos de ce rituel de reconnaissance ?
C'est difficile à décrire, car cela va souvent très vite. Le toucher est rapide.
On passe du signe de l'apprenti à celui de compagnon, on continue pour
savoir à quel grade appartient celui qu'on rencontre. Cela prend quelques
secondes. Il arrive qu'on prenne l'avant-bras ou le coude de la personne
dans sa main. On pourrait le filmer, avec des photos, c'est moins bien.

Ces signes sont-ils employés dans les affaires ?
Bien sûr ! Quand je suis dans une ville que je ne connais pas, si quelqu'un
me salue de cette façon, je sais que je pourrai compter sur lui : « Je
travaille dans tel et tel domaine, peux-tu me mettre en relation, y a-t-il
des frères qui peuvent m'aider ? » Et on est mis en relation. On ne se
rencontre pas dans les bureaux, mais en loge. Il ne s'agit pas d'encourager
les affaires entre frères, mais il est courant de faire des affaires dans les
loges. Ce n'est pas mauvais et, entre frères, on a un tout autre rapport
de confiance qu'avec des inconnus. En revanche, s'il apparaît qu'un frère
en a escroqué un autre, cela peut être très désagréable pour celui qui l'a
fait. C'est comme pour la mafia. Il existe un code d'honneur. Selon cette
perspective, la maçonnerie est en fait très utile dans la vie des affaires,
en politique de toute façon. La politique impose des nécessités : pour
faire carrière, il faut impérativement être franc-maçon. C'est obligatoire
aux États-Unis, en Angleterre et en Scandinavie.

Indépendamment de l'obédience à laquelle on appartient ?
En général, oui. On se reconnaît mutuellement, même si les formes
d'enseignement sont différentes.

**Parlez-nous encore des poignées de main. Pourquoi existent-elles ?
Quel en est le sens ?**
Chaque degré a ses signes et mots de reconnaissance. Ils sont là pour
sensibiliser le frère sur son chemin, pour qu'il ne divulgue pas ce qu'il
vient d'apprendre à des frères qui n'ont pas encore atteint son grade.
Ce serait les empêcher de vivre eux-mêmes cette aventure. Après de
nombreuses années de pratique, on reconnaît dans les hauts grades
l'importance d'avoir appris à se taire. Les personnes qui savent tenir
leur langue et garder des secrets sont très appréciées dans la vie publique
et dans le monde des affaires. Quand on postule pour un travail qui

requiert de la discrétion et de la fiabilité et qu'on peut faire valoir une longue pratique dans la franc-maçonnerie, on a éventuellement un grand avantage. On peut se faire reconnaître aussi dans le monde profane de diverses façons. La confrérie est beaucoup plus répandue qu'on ne le pense. Dans la vie de tous les jours, on peut croiser des frères et entrer en contact en toute confiance.

Il ne faut pas rompre le silence…
Tout le monde sait que les francs-maçons ne doivent pas dévoiler leurs secrets et qu'ils sont condamnés s'ils le font. Il y a toujours eu des exécutions publiques, mais rien ne peut le prouver.

Pourquoi parlez-vous de tout cela ? Vous brisez votre serment.
J'aimerais répondre à cette question après avoir fini mes explications. Je vous répondrai longuement et vous dirai pourquoi il n'est pas souhaitable pour l'instant que je vous donne mon vrai nom.

Vous savez entretenir le suspense ! Donnez-moi encore quelques détails sur votre cheminement dans les hauts grades.
Après avoir franchi les trois degrés de la Loge de Saint-Jean, je franchis les trois degrés suivants de la Loge de Saint-André et devint chevalier du lever du soleil d'Orient et de Jérusalem. Puis chevalier d'Occident, puis conseiller de la Loge de Saint-Jean et enfin conseiller de la Loge de Saint-André. Cela correspond au dixième degré. C'est la fin de la formation maçonnique. Puis j'ai changé pour le Rite d'York. Comme les loges de Saint-Jean sont reconnues dans toutes les obédiences, je pus commencer directement au chapitre, je franchis tous les degrés pour finir comme maître de l'Arc Royal, qui est l'aboutissement du Rite d'York.

À l'inverse des autres obédiences, le Rite d'York est la seule où l'on construit effectivement le Temple de Salomon au cours des rituels. Dans d'autres systèmes, on ne construit jamais le Temple de Salomon. On est prêt à le faire et on finit par se rendre compte qu'on n'en est pas capable. Il s'effondre et il faut le reconstruire. Aux États-Unis, on reçoit le titre de maître de l'Arc Royal. On nous met une couronne qui a un rapport direct avec un passage de la Bible dans *Les Chroniques* et un autre dans *Le Livre des Rois*, dans lesquels le grand prêtre reçoit une couronne. En réalité, les derniers degrés se développent comme dans l'Ancien Testament, le dernier degré est celui du grand prêtre. On devient un grand prêtre israélite, ces prêtres existèrent réellement dans le peuple d'Israël. Chaque tribu donnait un grand prêtre et elle avait des obligations à des heures précises pour les services du Temple. Le grand prêtre avait le droit d'accéder au Saint des saints. Dans la franc-maçonnerie, le grand prêtre a le même droit d'accéder au Saint des saints. Il est le représentant du grand prêtre d'Israël dans toute sa symbolique, la couronne incluse. En Europe cela n'existe pas, il n'y a pas de couronne.

Il y a donc certaines différences ?

Oui, précisément. Ici, on ne reçoit pas la couronne, mais on passe à travers un arc vivant. C'est une formation de frères qui symbolisent les mystères les plus profonds de la maçonnerie, c'est-à-dire la révélation du dieu Jéhovah. Dans les loges bleues et dans la maçonnerie dans son ensemble, tout tourne autour de Jéhovah. Chaque initié trouve un jour qui est Jéhovah et le rôle qu'il joue.

Et qui est-il ?

Jéhovah est représenté dans le temple maçonnique par le vénérable maître du siège qui porte une équerre autour du cou. Jéhovah représente le principe de Lucifer.

En effet !

Oui. Dans la maçonnerie, il faut le reconnaître au sixième degré, dans le Rite d'York cela correspond au septième, et dans le Rite écossais c'est au treizième. Si on ne le reconnaît pas, il faut recommencer à zéro. Dans ce cas, on n'est pas un bon maître. Dans le rituel maçonnique, il y a un passage où le Vénérable Maître dit : « Maintenant, nous allons voir si nous sommes un maître valable ou si on doit nous chasser sans connaissance. » Ce qui veut dire que, si à cet endroit, on ne sait pas qui est Jéhovah, on doit partir.

Que se passe-t-il exactement ?

À ce degré, le postulant est confronté symboliquement au dieu Jéhovah et il doit le reconnaître.

À cet endroit, que doit exprimer le postulant ?
Il ne doit rien exprimer, il doit reconnaître.

Que reconnaît-il exactement ?
Il comprend que Jéhovah, le dieu de l'Ancien Testament, ne parle pas de rédemption. Il ne peut pas être le dieu le plus haut, le père aimant, comme il est présenté par Jésus. S'il n'est pas le plus haut des dieux, le grand chef, qui est-il donc ? Jéhovah est le seigneur du monde, le maître de la matière, c'est lui qui régit le monde, mais pas celui qui correspond au rêve illusoire des hommes, du dieu miséricordieux et aimant. C'est un dieu qui fait peur, qui punit, un dieu qui se venge.

C'est ce que dit la franc-maçonnerie ?
La franc-maçonnerie ne dit rien, mais les rituels parlent de façon univoque. La franc-maçonnerie est très prudente à ce sujet, mais les rituels indiquent clairement que Jéhovah est une divinité créatrice que les francs-maçons appellent *l'Architecte trois fois grand*. Et un architecte est créatif. Une divinité créative est liée à la matière, elle ne se situe pas uniquement dans le domaine de l'esprit. Et ce n'est pas la divinité que nous recherchons. C'est ce que le postulant reconnaît à cet instant.

Le principe de Lucifer est bien l'adversaire et le maître du monde, la Bible ne laisse aucun doute sur le fait qu'il y a un maître du monde. C'est valable dans l'Ancien Testament et le Nouveau Testament, jusqu'à l'Apocalypse. Jéhovah n'est pas le principe divin tel que l'enseigne Jésus, il représente le principe luciférien. Jéhovah est le principe de domination du monde ; Lucifer est l'âme du monde, repliée sur elle-même. Elle se libère toujours et est en mesure de libérer les hommes.

Le franc-maçon doit reconnaître que le principe actif dans le monde n'est pas rempli d'amour, mais de lois. C'est l'homme à l'équerre.

Nous en reparlerons de façon plus approfondie. Je voudrais, avant de perdre le fil, revenir sur le Rite d'York pour en finir l'examen.
Aucun problème. J'ai donc été maître de l'Arc Royal. Dans le Rite d'York, commence alors ce qu'on appelle un concile, qui se réfère aux loges bleues ; il les complète. S'ensuivent une commanderie et un conclave. Ce sont les degrés de chevalerie. Et ces degrés de chevalerie dans

le Rite d'York commencent dans le conclave avec le degré de chevalier de Rome. Ensuite, il y a le degré de la Croix-Rouge de Constantin.

Il faut avoir à l'esprit qu'à cette époque, l'Empire romain n'était pas encore chrétien. Les chevaliers de Rome avaient leurs propres divinités. Peu à peu, la pensée chrétienne s'établit dans l'Empire romain. L'empereur Constantin avait commencé à intégrer les Romains chrétiens dans son Empire sans que cela ne cause de troubles. Et puis, peu avant le début de la bataille du pont Milvius [contre Maxence], Constantin eut une vision : une croix apparut dans le ciel et il entendit ou vit une inscription qui disait « *In hoc signo vinces* » (« Par ce signe tu vaincras ! »). Constantin décida de faire apposer ce symbole sur le bouclier de ses soldats, et il gagna la bataille. Il déclara à ses soldats que la croix chrétienne lui avait permis de remporter la bataille. C'est pour cette raison qu'il décida d'introduire le christianisme dans son Empire.

Ce n'est pas une légende inventée après coup par le Vatican ?

C'est tout à fait possible, mais c'est l'histoire de fond que l'on utilise dans les rituels de la franc-maçonnerie. Jésus avait ainsi perdu la partie, car celui que nous connaissons sous le nom de Jésus de Nazareth, cet homme plein d'amour, n'aurait jamais pris la tête d'une opération militaire. Il aurait préféré mourir que de devoir tuer. Mais Constantin réussit son coup, il courtisait les chrétiens selon le principe : « Si tu veux détruire une organisation, donne-lui beaucoup d'argent, elle se détruira d'elle-même. » Comme un virus ! C'était la fin du christianisme des débuts avec son enseignement d'amour. Dans les siècles suivants, des millions de gens sont morts au nom du Christ. Aucune religion n'a causé plus de victimes que le christianisme.

J'explique ceci parce que les degrés de chevalier du Rite d'York mettent en scène ce développement. D'abord, le chevalier romain qui ne connaît pas encore le christianisme, puis le chevalier romain qui détruit l'ennemi au nom du Christ. Sur ces fondements s'est ensuite développé le système du Temple. C'est un phénomène de la franc-maçonnerie qui vit le jour en France en 1740 et développa une dynamique qui devint incontrôlable. On essaya d'empêcher l'apparition de ces nouveaux grades de chevalerie, mais l'idée du Temple était si forte qu'elle s'imposa dans la franc-maçonnerie et qu'on peut encore en voir les effets aujourd'hui.

Et à partir de cette idée de chevalerie naquit l'Ordre des francs-maçons, plus précisément le système suédois. C'est un système de pensée que les rois de France et d'Angleterre favorisèrent à la fin du XVIIIᵉ siècle, car c'était également un bon moyen de contrôler et de guider les hommes. L'Ordre maçonnique d'obédience suédoise se désolidarisa de cette façon de penser qu'avait instaurée le roi Charles XII, mais cette pensée survécut jusqu'en 1880.

Je n'avais jamais entendu parler de chevaliers romains...

Vous avez raison. En 1880, quand le prince héritier Friedrich Wilhelm II von Hessen-Kassel [Frédéric Guillaume de Hesse-Cassel-Rumpenheim] devint grand maître de l'Ordre en Allemagne, apparurent les travaux de [Gustav Adolf] Schiffmann. Ce dernier était un frère qui put démontrer que ce sentiment de chevalerie était historiquement faux, que c'était une construction illusoire sans fondement historique. [NDÉ : Occupant la plus haute charge de l'Ordre, le prince affirme le 24 juin 1870 dans son discours du centenaire de la fondation de la Grande Loge nationale par Zinnendorf, en présence des représentants des trois Grandes Loges prussiennes, qu'il souhaite que soit levé le secret sur l'enseignement des hauts grades, qu'il compare à une chape de glace, et proclame qu'il n'existe qu'une seule franc-maçonnerie, alors que la Grande Loge nationale enseigne qu'elle est seule à détenir la vérité. Son discours amène la création de la revue de la Grande Loge nationale et facilite la diffusion des travaux de Schiffmann, qui en expose les résultats en conférences en 1873, et l'opposition qui en résulta force le prince à se démettre de sa charge le 7 mars 1874. S'ensuivent des écrits polémiques entraînant l'exclusion de Schiffmann le 1ᵉʳ juillet 1876, approuvée par l'empereur le 18 septembre suivant ; Schiffmann sera réintégré en 1882, une fois reconnue l'exactitude de ses travaux historiques. Le prince continue néanmoins à assumer les fonctions de protecteur suppléant de la maçonnerie prussienne jusqu'à la mort de son père. À la suite de ces attaques, le prince héritier doit renoncer à son titre de grand maître.]

On laissa de côté ce sentiment de chevalerie, mais à l'heure actuelle on essaie de réintroduire cette idée du Temple dans la franc-maçonnerie et de donner une énergie à cette forme de pensée pour contrebalancer la puissance de l'islam. Il faut savoir que les États islamiques possèdent un potentiel dans leur guerre avec le reste du monde contre lequel nous n'avons aucune idée concrète à opposer.

Je pense personnellement que le Vatican encourage cette façon de penser en Europe et aux États-Unis pour faire contrepoids à l'islam dans le domaine spirituel. Tous les êtres humains qui s'identifient à l'idée du Temple soutiennent le pape et s'opposent à l'islam.

La réputation des Templiers est pourtant tout autre…
Les Ordres du Temple qui existent à l'heure actuelle essaient de maintenir ses rites dans les églises et les cathédrales pour pouvoir présenter l'Ordre du Temple comme le défenseur de la foi chrétienne. Les Templiers avaient un rapport particulier avec Jésus. Ils étaient des machines à tuer. Mais l'être humain manque d'esprit critique. Il en manque tellement qu'il est prêt à participer à n'importe quelle bêtise. Et on prend peur quand on essaie de révéler cette vérité évidente. La masse des ignorants vous réduit au silence.

Vous êtes allés au terme de tous les degrés du temple ?
Oui.

Comment cela a-t-il continué ? Êtes-vous membre du Rite écossais ?
Non, mais grâce à mon rang, je peux rendre visite à toutes les loges du Rite écossais et participer à tous les rituels des trente-trois degrés. C'est ce que j'ai fait pendant des années. C'est un autre monde. Ici aussi, on fait référence à la chevalerie, il y a le chevalier de la Rose-Croix et le chevalier Kadosch, mais on y fait seulement allusion, on ne le vit pas vraiment. Là, il y a une différence entre les francs-maçons anglais et français. Les Anglais ne veulent pas vivre ces grades de chevalerie, parce qu'ils ont toujours combattu violemment cette idée.

Il y a donc toujours des guerres et des discordes entre la France et l'Angleterre ?
Oui, mais la collaboration entre la France et l'Écosse fut toujours bonne. C'est pour cela que l'idée du Temple est encore vivante en Écosse et en France. Les Anglais furent toujours hostiles à cette idée. La pensée maçonnique anglaise n'aime pas s'identifier à ce concept. Les

Anglais représentent la majorité dans la franc-maçonnerie mondiale. Ils dominent l'Ordre par leur nombre.

Ce qui veut dire que l'idée du Temple est représentée essentiellement dans les loges françaises ?
Oui, elle est née en France en 1750, et s'est répandue en Suède, puis en Allemagne. Frédéric le Grand l'adopta, puisqu'il était très francophile. C'est le roi Charles XIII qui l'introduisit en Scandinavie.
On peut donc affirmer que l'idée du Temple renaît après une veille de deux siècles. Et elle trouve beaucoup de disciples, pas seulement dans la franc-maçonnerie. Évidemment, il faut y regarder de plus près pour comprendre s'il s'agit du savoir des Templiers ou si ce ne sont que des réminiscences de sentiments liés à l'époque des Templiers.

Je voudrais savoir ce qu'il en est des visites aux autres loges. Pouvez-vous nous en parler plus précisément ?
Je suis franc-maçon et membre du Rite d'York. Dans les deux obédiences, je suis parvenu aux hauts grades. C'est pour cette raison que je peux rendre visite aux hauts grades d'autres obédiences. Il y a des conventions de visites officielles entre les différentes obédiences, mais nous pouvons nous rencontrer également en dehors de ces conventions, parce que nous nous connaissons. Je peux avoir accès à tous les écrits à propos des rituels. Mais la lecture ne suffit pas pour les comprendre, il faut les vivre et connaître les éléments qui les accompagnent. Les rituels sont tous conservés par écrit ; on peut les télécharger par Internet, mais on n'a pas accès aux éléments qui les accompagnent. Ces éléments et les questions subsidiaires sont une partie essentielle de la formation et du cheminement maçonnique. Ils ne sont pas distribués officiellement et on ne peut pas les acheter. Si l'on se donne du mal, on reçoit dans la franc-maçonnerie tout ce que l'on veut. Et on peut en tirer des conclusions sur ce que l'on doit comprendre.

Le rituel ne se révèle pas parce qu'on l'a vécu ou qu'on l'a regardé, mais par une répétition régulière. En revivant régulièrement le rituel, on comprend des choses que l'on n'avait pas remarquées la première fois. C'est comme la lecture de la Bible. Elle est pleine de contradictions, en apparence ; en réalité, il n'y en a pas. Mais, pour s'en rendre compte, il faut l'étudier régulièrement, c'est-à-dire poursuivre des études. D'un autre côté la religion, la Bible et la franc-maçonnerie sont faites pour des êtres humains qui veulent être bons, vivre l'amour du prochain. Pour eux, la Bible est le livre adapté ; pour la franc-maçonnerie, c'est un forum approprié. C'est un côté de la franc-maçonnerie, surtout des loges chrétiennes.

En est-il autrement chez les hauts grades ?

Oui, d'autres êtres humains qui cherchent plus profondément et veulent savoir pourquoi la franc-maçonnerie fait bouger le monde, pourquoi elle le domine, trouveront une réponse à leurs questions dans les hauts grades. Ils comprendront pourquoi c'est ainsi, comment cela fonctionne et comment il est possible pour quelques hommes de guider et d'influencer des millions d'autres êtres humains, leurs pensées et leurs sensations. Ils comprendront comment une majorité d'êtres humains est capable d'accepter quelque chose d'impensable il y a une ou deux générations. Comment est-il possible que des peuples entiers modifient leurs conceptions et leurs idées de tolérance ? Comment se fait-il que des structures anciennes et établies deviennent soudainement obsolètes ? Ce n'est pas simplement la conséquence du développement de la dynamique personnelle, on évolue et on régresse ; c'est dû essentiellement à un programme énergétique qui guide les pensées et les sensations.

On guide donc consciemment ?

Exactement. C'est possible grâce à des mécanismes de guidage que les francs-maçons connaissent depuis toujours et qui fonctionnent. D'autres institutions savent aussi comment cela marche. Il n'y a pas que les francs-maçons qui exercent une influence sur l'humanité. Dans les dictatures, la franc-maçonnerie est le plus souvent interdite et il existe des groupes capables de guider des peuples entiers. Sous le Troisième Reich, nous avions les SS et les sociétés secrètes allemandes. Ils utilisèrent les mêmes ressorts que les confréries maçonniques.

Pour quelles raisons ?

Parce que cela ne fonctionne que de cette façon. C'est le seul moyen de libérer les énergies. Le chercheur anglais Rupert Sheldrake, qui découvrit et expliqua les champs morphogénétiques, doit faire face à une grande résistance. Il démarra un projet de recherche qu'il ne put mener à bien à cause des obstacles mis sur son chemin. Son travail révèle les différentes façons d'influencer, d'hypnotiser les masses ou de laver le cerveau des peuples, et la façon de s'en protéger.

Laissez-moi expliquer aux lecteurs en quoi consistent les champs morphogénétiques : « Le docteur Rupert Sheldrake, biologiste anglais, a développé une théorie complémentaire et propose une explication non matérielle de la génétique, de l'évolution de la mémoire dans les systèmes hybrides organiques-inorganiques.

Sa vision morphogénétique du monde ne remet pas seulement en question la vision actuelle, elle donne à la parapsychologie de nouvelles impulsions. Selon cette théorie, l'Univers n'est pas figé dans un modèle fixe et immuable, il s'adapte à de nouveaux comportements qui se répètent. Toute forme de comportement est basée sur un champ morphogénétique, qui en est la mémoire et assure que le déroulement sera toujours le même. Plus il y a de répétitions, plus le champ est fort.

Les champs morphogénétiques contiennent la mémoire de tous les événements qu'une forme de vie a expérimentés durant son existence. Les informations conservées dans cette mémoire permettront à des membres de la même espèce de profiter de cette mémoire collective. Plus il y a d'êtres humains qui apprennent à conduire une automobile, plus il sera facile aux futures générations d'apprendre à conduire. Les informations mémorisées dans le champ morphogénétique se diffusent chez les autres êtres vivants par résonance morphique, leurs effets perdurent dans l'espace-temps. Ainsi, nous sommes capables de faire appel à des informations qui concernent nos ancêtres.

Pour le formuler plus simplement, on peut dire que « tout est information ». Si tout est fait d'information, on peut tout échanger par des informations. Prenons l'exemple du diapason. Bien que chaque diapason soit un système autonome, comme le montrent les recherches, il échange des informations avec d'autres diapasons. Ils s'influencent mutuellement à l'intérieur de ce champ d'information. Le champ morphogénétique est semblable à une mémoire collective qui alimente la forme et le comportement d'organismes vivants. C'est un peu la mémoire de la nature.

On représente l'action des champs morphogénétiques de plusieurs façons. On peut citer le comportement des rats qui, d'une génération à l'autre, trouvent plus rapidement la sortie d'un labyrinthe. Après avoir appris et maîtrisé cette faculté, les rats d'autres continents peuvent développer les mêmes qualités. Les informations étaient disponibles pour les rats dans le monde entier après qu'un certain nombre de rats eut été capable de maîtriser ce processus d'apprentissage. À partir d'un certain seuil, on peut considérer que l'étincelle s'est répandue pour toucher toute l'espèce. Les oiseaux sont un autre exemple : on a observé en Angleterre des mésanges qui avaient appris à percer les bouchons des bouteilles de lait déposées devant les portes d'entrée des maisons. On a pu observer ce phénomène au même moment dans diverses régions. Quelques années plus tard, on modifia l'emballage de la bouteille de lait et les oiseaux durent trouver une nouvelle source de nourriture. Les générations qui avaient appris à ouvrir les bouteilles disparurent. Plusieurs années plus tard, on réintroduisit les bouteilles avec un bouchon métallique, et peu de temps après, les oiseaux redécouvrirent la façon de les percer. Cette fois-ci, ils mirent moins de temps à en comprendre le mécanisme.

À côté de ces exemples actuels, il existe des traditions millénaires qui se servent de ce champ d'énergie éthérique. Dans l'Inde antique, on l'appelle la chronique de l'Akasha (ou les annales akashiques) ; la théosophie et l'anthroposophie le savent depuis des décennies. En Occident, on connaît ces champs énergétiques depuis longtemps. Plotin, Paracelse (né Philippus Theophrastus Aureolus Bombastus von Hohenheim), Éliphas Lévi (né Alphonse-Louis Constant) et Eduard von Hartmann y font allusion, Rudolf Steiner appelait cela la mémoire du monde. Elle fait même partie de la tradition chrétienne, par exemple pour la «Grande messe des morts» (*Missa pro defunctis*), extraite du *Missel romain* (*Missale Romanum*).

Dans l'ésotérisme sérieux, le monde astral représente cette mémoire intemporelle, indépendamment de la façon contradictoire de représenter ce monde. Tous ces exemples ne peuvent s'expliquer que par une capacité de mémoire intelligente, mise à notre disposition, que nous nourrissons tous, de façon positive comme négative.

Dans une espèce animale, les connaissances se transmettent entre membres de l'espèce à partir d'un nombre atteint ou bien d'un certain potentiel d'énergie ; c'est aussi valable pour l'espèce humaine. Si l'on trouve assez d'êtres humains qui intérieurement prennent leurs distances avec l'esprit guerrier, cela aura une incidence sur le reste de l'humanité. Même des connaissances spirituelles se transmettent à partir d'un certain nombre de personnes qui ont vécu ce processus vers d'autres êtres humains. Cela vaut aussi pour les inventions. Quand quelque chose est découvert dans une partie du monde, on remarque qu'au même moment, à un autre endroit, on a fait la même découverte. » **On ne peut expliquer cette réalité que par une capacité de mémoire intelligente mise à notre disposition, que nous alimentons tous de façon positive ou négative. Qu'en pensez-vous ?**

Exactement. Et il ne revient pas aux puissants de dévoiler ce mécanisme aux êtres humains. L'objectif est de contrôler les foules, même si elles ne sont pas contentes et qu'elles n'ont aucune perspective, comme la jeunesse d'aujourd'hui. Les jeunes générations n'ont actuellement aucune perspective d'avenir, ces jeunes sont souvent en dépression. Malgré tout, les gens restent calmes. On les divertit avec des jeux vidéo et en tolérant les drogues. C'est là qu'ils trouvent des perspectives, dans un monde qui n'en est pas un, le monde virtuel, le cyberespace. C'est un autre monde, qui existe malgré tout réellement. C'est là que je vois le danger.

Quelqu'un qui tue un ennemi dans un jeu vidéo vit les émotions qui s'ensuivent. L'émotion de la haine est réelle, cette énergie se libère et se manifeste dans le champ morphogénétique. C'est pareil dans les films d'horreur ou la musique magnifiant la violence.

Exactement. Le jeu vidéo comporte deux aspects très intéressants : les images de la mort virtuelle et les émotions qu'elle procure entrent dans le champ morphogénétique. Ce dernier ne distingue pas une mort réelle d'une mort virtuelle. C'est pareil pour notre inconscient. On devient cru et brutal quand on passe son temps à tuer sur un écran vidéo. La conscience ne ressent plus rien, comme un pilote de chasse assis dans son habitacle, qui déclenche une bombe et qui, par le contrôle au moyen de l'écran, cherche à atteindre la cible. Le pilote n'a pas le sentiment d'avoir tué des gens, il n'y a pas participé. Avant, on formait les soldats à tuer au corps-à-corps, de leurs propres mains, sans éprouver de problèmes de conscience. Et les soldats n'en souffraient pas. Ils n'avaient pas l'impression d'être en tort ou d'avoir commis un péché. Ils n'étaient pas coupables alors qu'ils avaient tué de leurs propres mains.

C'est ce qu'on appelle ne pas avoir de scrupules ?

Oui, l'homme qui déclenche une bombe de son cockpit n'a aucun scrupule, il a été formé pour cela, il ne se sent pas coupable. L'injustice est une expérience subjective. Objectivement, on ne peut rien dire, car cela ne change rien. Ce n'est pas un impératif catégorique qui serait valable partout et à tout moment. La justice et l'injustice sont une vue de l'esprit, une expérience subjective. Et cela reste compliqué, même pour la justice actuelle. Il faut peser le pour et le contre, les circonstances et l'état d'esprit de la personne mise en cause.

Surtout quand il n'y a aucune conscience ou qu'on l'a occultée par une programmation à long terme.

Oui, cela fait partie de la formation et du développement maçonnique. On ne forme pas un franc-maçon, on se développe pour devenir un franc-maçon. On n'est pas franc-maçon parce qu'on a été accepté dans une loge : nous le sommes réellement quand nous avons été reconnus comme tels par nos propres maîtres. Aucun franc-maçon ne devrait pouvoir prétendre l'être. Il pourrait dire *je suis membre d'une loge maçonnique*, ce n'est pas un problème, mais ne dirait pas : «Je suis franc-maçon.» Aucun homme n'est parfait. C'est pour cela qu'on projette toujours une image de Dieu dans la société qui correspond à un idéal. Un idéal, c'est comme une étoile : on peut la voir, on sait qu'on ne l'atteindra jamais, mais on peut s'orienter à partir d'elle. Et cette orientation est importante. Elle l'est aussi en relation avec Jésus de Nazareth, si on veut pousser quelqu'un à un certain niveau moral ou éthique. On a besoin d'un modèle. L'importance du modèle est prépondérante.

Vous avez déclaré que la franc-maçonnerie est une sorte de bibliothèque. Cela veut-il dire qu'au 5ᵉ degré on ait accès à certains livres, à certains rituels et à certaines sagesses, et au 32ᵉ à d'autres, très différents ? Pouvez-vous nous donner un exemple de ce qui occupe les gens au 5ᵉ et ensuite au 32ᵉ degré ?

Après avoir été formé pendant plusieurs années et avoir franchi tous les degrés, je me suis rendu compte que tout est inclus dans le premier degré, avec la multitude de symboles et de corrélations.

On comprend qu'il faut de la tolérance pour être franc-maçon. Les francs-maçons attachent beaucoup d'importance à la tolérance du postulant. Il peut ne pas être tolérant simplement parce que personne ne lui explique ce que nous pensons, ressentons ou faisons. Nous attendons de lui qu'il soit tolérant et qu'il prenne le risque de s'engager sur une voie inconnue. Dans les hauts grades, on tombe sur des structures sans le moindre rapport avec le christianisme habituel. Il s'agit d'autres formes de pensée. C'est le moment de prendre conscience qu'il faut être tolérant envers ces nouvelles formes de pensée, même si on ne les accepte pas au début.

Pourquoi ?

Parce que nous n'avons pas l'habitude de penser ou d'agir de cette façon. Nous avons une capacité de tolérance avec laquelle nous prenons acte et soupesons ensuite. On nous confronte à une vérité allant à l'encontre de tout ce que nous avons appris depuis notre enfance. Beaucoup refusent de l'accepter, malgré tout, c'est la vérité.

Une des vérités de la franc-maçonnerie est que nous nous imaginons, au moyen de l'enseignement de Jésus-Christ, un Dieu plein d'amour et miséricordieux. Mais le dieu de l'Ancien Testament est tout le contraire. Quel est ce dieu présenté dans l'Ancien Testament ? Est-ce le dieu que Jésus appelle son père ? Est-ce le Dieu que nous adorons ? Est-ce le dieu que vénère la franc-maçonnerie ?

On devient très critique. On commence à avoir des doutes dans une situation qu'on qualifierait de satanique ou de luciférienne dans la vie profane. On ne l'accepterait pas.

À cause de notre éducation, nous refusons normalement tout ce qui a un rapport avec Satan et Lucifer. Nous tournons le dos, nous ne voulons pas y prendre part et nous pensons : «C'est le mal, et je ne peux pas encourager le mal.» On ne parle pas, on ne réfléchit pas vraiment à ce qui est diabolique. On esquive.

L'ancienne traduction hébraïque de Satan était bien *l'Accusateur*.
En réalité, on en sait très peu sur Satan. On ne sait pas que dans l'Ancien Testament il est présenté de façon tout à fait positive. Il est même accepté, reconnu, comme dans le livre de Job. Les enfants de Dieu se rassemblent autour de Lui, assis sur son trône. Satan est convié à ce rassemblement. Dieu lui parle, il traite avec lui, il l'accepte comme faisant partie du tout. Il doit faire partie de l'ensemble, car il est l'opposant, l'accusateur public. C'est ce que nous avons dans tout procès normal : il y a le procureur, l'avocat, la partie adverse et, évidemment, le juge. C'est comme cela que fonctionnent la société humaine, le système et la communauté divine, le macrocosme et le microcosme ; on ne peut pas en enlever une partie. Satan ne représente qu'un pôle de l'ensemble. Et si nous voulons comprendre l'ensemble, il ne faut pas s'occuper que d'un pôle, il faut considérer la partie adverse également.

C'est ce à quoi se trouve confronté un franc-maçon, un membre de loge, tôt ou tard ?
On le confronte de la façon suivante, en lui disant : « Écoute, ici il y a un opposant. Ce qui pour toi était Dieu n'est pas le véritable Dieu, c'est tout autre chose. C'est peut-être le diable et peut-être as-tu toujours vénéré le diable ! » On ne le lui dit pas ainsi, mais c'est ce qu'il doit comprendre. Il doit lui-même dire : « Là, il y a quelque chose qui ne va pas. » C'est ce que lui montrent les rituels. Quand on franchit les différents degrés, il y a un moment où l'on doit s'éveiller et dire : « Écoutez-moi bien, messieurs, je pense que vous abusez de moi. Tout ce que vous m'avez présenté est un tissu de mensonges. Tout n'est pas aussi magnifique que je me l'imaginais. »

On le guide sciemment vers ce point ?
Oui, c'est un passage obligé. S'il n'en est pas conscient, s'il ne réussit pas cette épreuve, il ne peut pas monter en grade. Le système des grades est conçu de cette façon. Ce n'est pas une invention, ce n'est pas de la méchanceté. L'homme qui veut devenir franc-maçon est à la recherche de la lumière et de la vérité. Il veut connaître la vérité. On le confronte soudainement à la vérité et il répond : « C'est effrayant, ce n'est pas ce que je voulais. »

Une des vérités de la franc-maçonnerie est donc que le dieu de l'Ancien Testament n'est pas bienveillant, qu'il n'est pas le Dieu dont parle Jésus ?

Je ne dirais pas que le dieu de l'Ancien Testament n'est pas bienveillant parce qu'il est terrifiant, qu'il a tué beaucoup de monde et réclame toujours plus de victimes et d'obéissance. Il est la nécessité, pour la matière et pour l'homme. En face de la nécessité, l'homme doit choisir entre deux chemins, le bien et le mal. En fait, ces deux principes opposés n'existent pas réellement. Mais dans tout acte, l'être humain doit prendre une décision pour arriver à son but. Il y a plusieurs façons d'atteindre son objectif. La première, plus rapide, suscitera des victimes ; d'autres êtres humains seront maltraités. La deuxième façon est plus douce, plus miséricordieuse et pleine d'amour. Ce chemin est peut-être plus long, mais tous les chemins mènent au but. Et il y a sans doute un chemin intermédiaire.

Le devoir d'un franc-maçon en formation est de reconnaître qu'il doit se décider entre la nécessité et la possibilité de mettre en application ses capacités, afin de réaliser ce qui est nécessaire, avec une certaine miséricorde, mais qui n'est pas obligatoire. C'est le libre arbitre de l'être humain. Quelqu'un qui agit sans scrupule pour atteindre son objectif dans son métier, sa famille ou sa communauté, parviendra à son but. Il n'est pas très apprécié, mais a du succès. Une personne plus douce aura plus de mal à atteindre son objectif. Elle sera exploitée et obtiendra moins de succès, malgré son intelligence. On n'a pas de succès parce que l'on prend le chemin de l'amour. On connaît le commandement divin : « Aime ton prochain comme toi-même ! » Il faut avoir aussi l'amour de soi.

Est-ce une des lois qui permettent de régir l'univers ?

Il faut être attentif, c'est ce que le franc-maçon appelle « évoluer entre le possible et le nécessaire, entre le compas et l'équerre ». L'équerre représente la justice et le droit, mais aussi le côté impitoyable de cette vérité, représenté par Lucifer. Les lois physiques et chimiques sont impitoyables. On peut s'accorder avec ces lois, on aura du succès et personne ne pourra nous reprocher d'avoir agi légalement, mais de façon impitoyable. Un franc-maçon ne devrait pas agir comme cela.

Lucifer représente le symbole de cette loi divine. Selon moi, Jéhovah représente ce principe impitoyable, celui de la loi pure et dure. Jéhovah n'est pas Lucifer, mais il fait partie du principe impitoyable de Lucifer, qui s'avère une nécessité. Il faut le reconnaître et, en quelque sorte, le respecter à cause de sa puissance. Il ne faut pas l'adorer et s'y perdre. Si on se soumet à ce principe, on ne peut pas évoluer.

Je pense que c'est une partie de l'enseignement de Jésus qui disait : «Vous pourrez appeler ce dieu votre père, vous pourrez lui parler directement, vous n'aurez pas besoin de prêtres à qui vous devez donner de l'argent pour qu'ils fassent des sacrifices pour entrer en contact avec lui et à qui vous donnerez encore de l'argent pour savoir ce qu'il a dit. Ce n'est pas possible, car ce dieu n'est pas dans un temple, il n'est nulle part, il est là quand tu lui parles personnellement. Et il t'aidera. Et si tu lui fais confiance, tout ira bien.»

Et ceci est vrai, je pense que c'est exactement le but des rituels, des symboles et des légendes de la franc-maçonnerie. C'est ce que j'ai appris, après un long cheminement d'expériences différentes. Je ne suis pas le porte-parole de la franc-maçonnerie, car chaque maçon a une expérience personnelle; personne ne peut parler au nom de la franc-maçonnerie et personne ne dira : «La franc-maçonnerie vénère Lucifer ou un quelconque principe sombre.» La franc-maçonnerie ne vénère personne, elle permet simplement de comprendre et de prendre conscience de la réalité.

La tolérance de la franc-maçonnerie propose-t-elle plusieurs vérités sur lesquelles le frère trébuche un jour ou l'autre ?
La franc-maçonnerie propose une seule vérité, la vérité : qu'on est dans l'erreur en ce qui concerne Dieu; que le dieu que nous désirons n'est qu'une illusion. Le véritable dieu régnant, le prince du monde, qui est une divinité ou une apparition, indépendamment du nom qu'on lui donne, a le pouvoir sur les hommes, car des millions de gens vénèrent les dieux et leur font confiance. Et quand tu ne vas pas bien, tu cherches un dieu, un interlocuteur dans le monde de l'esprit, que tu ne vois pas, dont tu ne peux pas prouver l'existence. Et ce dieu, ces divinités, ces sensations existent.

La vérité maçonnique révèle donc que le dieu de cette planète est Lucifer et qu'il a plusieurs noms ?

C'est vrai, il a plusieurs noms. Lucifer est une expression à ce point marquée de façon négative que la plupart des gens refusent d'en parler.

Quels sont les autres concepts ?

Dans notre société actuelle, on parle d'un principe énergétique dans l'interaction. Comme Goethe le fait dire par Méphistophélès dans *Faust* : « Une partie de cette force qui tantôt veut le mal et tantôt fait le bien. » Et nous sommes tous une partie de cette force, nous vivons avec elle, nous en avons besoin, nous devons vivre avec ces structures énergétiques que nous appelons Dieu et le Diable. Parce qu'elles ont une influence sur nous, comme le Soleil et la Lune ont une influence sur nous. On ne peut pas faire comme si la Lune n'existait pas. Elle existe et elle agit.

Conclusion maçonnique : il y a un être énergétique, le chef de cette planète, le prince du monde. Y en a-t-il d'autres ?

Oui, il y a le principe libérateur, qui peut libérer de son esclavage, c'est-à-dire de la matière. C'est pour cette raison que nous cherchons le sauveur, le libérateur ; celui qu'on appelle Jésus dans le christianisme. Jésus est le sauveur, le libérateur. Du point de vue chrétien, il est le fils de Dieu ; il contient un troisième élément, le Saint-Esprit qui agit sur la Terre. Quand Jésus quitta notre monde, il promit d'envoyer un Esprit saint qui puisse guider l'humanité après le miracle de la Pentecôte. Mais l'humanité ne le comprit pas. Il est possible que le Saint-Esprit existe sur terre sous la forme d'un principe de Jésus et qu'il attende d'être perçu par les hommes. Mais nous n'arrivons pas à le saisir, donc à nous libérer.

Nous pouvons nous libérer nous-mêmes. Cette notion de libération n'est pas l'apanage du christianisme, elle existe dans toutes les religions et tous les systèmes philosophiques, car l'être humain a besoin de rédemption. C'est pour cela que les êtres humains vont à l'église. Lorsqu'ils ne trouvent pas ce sentiment de libération, ils changent parfois de confession ou intègrent une secte.

Toutes les religions proposent le salut et la rédemption. Par le baptême, on devient une nouvelle personne, l'ancienne disparaît. La nostalgie d'une renaissance est programmée profondément en nous, fait partie de notre façon de penser et de ressentir ; et nous cherchons toujours un appui. Et plus l'être humain est profond et intelligent, plus son questionnement est critique. Il cherchera à s'associer à ses semblables qui partagent son sens critique. Plus il est intelligent et cultivé, plus il aura de doutes et se posera de questions. C'est ce qui fait que des êtres humains d'une couche sociale bien précise se retrouvent dans la franc-maçonnerie. C'est une loi naturelle, la loi de la résonance : *qui se ressemble s'assemble.*

Dans la franc-maçonnerie, on trouve des gens qui pensent et ressentent les choses d'une certaine façon, qui peuvent en parler et s'entendent très bien. Ce n'est pas une force supérieure ou un guide qui choisit les gens ; les choses se font naturellement, selon la loi de la résonance. C'est comme cela qu'il faut considérer l'état d'esprit et la puissance des institutions maçonniques. Elles développent une dynamique propre dans un champ morphogénétique, dans un espace de pensée où l'on va à la rencontre de l'autre et où l'on peut arriver à certains résultats par le biais de certaines énergies.

Tout dépend de notre façon de penser.
On a une idée, qui se manifeste et se répand, on peut la diriger, la manipuler. On peut lui donner une certaine impulsion et savoir la direction qu'elle va prendre. Les Rose-Croix l'avaient compris il y a plus de mille ans, ce n'est rien de neuf, c'est un savoir ancestral. On y fait allusion dans la Bible, dans l'histoire du roi Salomon. Il était sage et on se demande aujourd'hui comment il a pu diriger un peuple aussi grand et accumuler autant de richesses. Mais la possibilité que ce roi n'ait pas existé est encore plus envisageable. Il semble même qu'il n'ait jamais existé et, pourtant, des millions de gens acceptent la Bible comme la parole de Dieu. On vénère la Bible sans comprendre réellement son contenu. C'est sans aucun doute l'un des livres les plus extraordinaires qui aient été donnés à l'humanité.

En résumé, on peut dire que dans la franc-maçonnerie se développe un état d'esprit, un processus d'éducation et de développement socialement acceptable. C'est cela, le *nouvel ordre mondial.*

Même si les gens ont encore l'esprit critique vis-à-vis de ce Nouvel Ordre Mondial, parce qu'il annule les frontières entre les peuples et les nations, nous ne sommes qu'une seule et même humanité ; le Nouvel

Ordre Mondial sera une bénédiction pour le monde. La résistance qui se manifestait en petits groupes dans les nations apparaît maintenant dans le monde entier. C'est pour cela que les guerres ont pris de nos jours une autre forme. On ne fait plus la guerre pour un territoire ou pour faire des prisonniers et les mettre au travail. Il y a désormais beaucoup trop de monde. On faisait des guerres pour agrandir un pays et pour nourrir son peuple. Celles d'aujourd'hui se font autour des drogues, pour pouvoir contrôler et contenter les gens, ce qui m'apparaît une bonne idée. Le plus important, c'est que les gens soient satisfaits. Seul l'abus est dangereux, rend malade. C'est pareil pour l'alcool : il peut détendre, nous rendre gais, comme il peut nous détruire. C'est à chacun de nous de le décider.

Vous avez dit qu'on peut trouver le secret de la franc-maçonnerie au premier degré de la loge. Il semble que le postulant qui voudrait être admis dans la loge est conduit à travers le Temple de Salomon, aux colonnes Jakin et Boaz inversées. Est-ce un des secrets ?
Pendant le rituel d'acceptation, le postulant est comme un symbole vivant, mais il n'en est pas conscient. Le rituel est ainsi fait que le postulant se trouve au centre, et à la fin il est admis comme franc-maçon. C'est très solennel et le nouveau frère est heureux d'avoir été admis. En réalité, le rituel d'admission au premier degré est le superlatif de toute la franc-maçonnerie, car c'est le seul rituel qui marque une différence. Il contient quelques éléments complémentaires.

Cela veut dire en détail qu'on sort d'une chambre sombre où l'on attendait les yeux bandés. Il y a très peu de lumière et on est guidé, en passant entre les colonnes Jakin et Boaz, vers le Vénérable Maître en Chaire, qui ne représente pas Dieu, mais Lucifer. Voilà l'histoire. On dit au postulant : « Tu sors de l'ignorance, tu seras guidé vers la vérité, mais la vérité ne ressemble pas à ce que tu pensais jusqu'à maintenant. » On le guide vers Lucifer, le seigneur du monde, on lui explique les lois qui régissent le monde et on lui confirme qu'il peut être lui-même son propre sauveur. Tout cela est inclus dans le premier degré.

Mais n'importe quel franc-maçon récuserait l'assertion suivante : « Le Vénérable Maître en Chaire représente Lucifer. »

Est-ce le cas ?

Évidemment que c'est ainsi. Le maître qui siège est l'homme à l'équerre, c'est lui qui la porte. Et le diable réside dans cette équerre. Cela mérite quelques explications : le postulant vient de Dieu, il sort de la chambre noire du Temple de Salomon. Dieu repose dans l'obscurité, à l'ouest, car Dieu a dit « Je souhaite reposer dans l'obscurité », autrement dit dans l'inconnu. Le postulant sort du domaine de l'inconnu, tantôt habillé tantôt déshabillé, chaussé et puis déchaussé, libéré de tout objet métallique. Il ne porte plus d'objets métalliques sur lui, ce qui signifie qu'il ne peut plus être séduit par quelque objet ou décoration. C'est l'image symbolique de la pureté absolue. Et s'il sort du domaine divin, quand il vient de l'ouest, du royaume des cieux, et qu'il se rapproche de l'est, de l'Orient, il n'est plus dans le domaine des dieux. Ce n'est pas possible. Le Vénérable Maître en Chaire représente le pôle opposé, c'est lui l'opposant. Et c'est là que réside la véritable maîtrise : « Je sors de l'esprit pur, du royaume des cieux, mon âme est tombée sur la Terre ; la plus brillante étoile du matin est tombée. »

Le soleil se lève à l'est, c'est lui le porteur de lumière.

Là où est la lumière se trouve le porteur de lumière. Et le principe de lumière est le principe de Lucifer. Si Dieu a dit « Je suis dans l'obscurité », il ne peut pas se trouver dans la lumière. Il n'y a pas que dans la franc-maçonnerie que c'est ainsi. Chaque église est construite sur ce modèle. On entre dans la basilique par l'ouest et on se dirige vers l'est, là où c'est plus clair et plus solennel. Le prêtre se trouve devant le grand autel de lumière, serti d'or (voir *ill. 31*, p. 87). Mais Dieu ne peut se trouver là, Il a dit souhaiter reposer dans l'obscurité. Quand on se rapproche de la lumière, on va dans la direction opposée. Nous ne sommes plus chez Dieu, mais chez le porteur de lumière.

Le postulant réfléchit et reconnaît : « J'ai toujours vénéré ce qui se trouvait sur l'autel, là où sont l'or et les cierges. » C'est le lieu saint que seul le prêtre peut approcher. Le postulant reconnaît que les colonnes Jakin et Boaz du Temple de Salomon sont inversées, au contraire de la description biblique. **Et il s'aperçoit qu'il ne vient pas de pénétrer dans le temple de Dieu, mais qu'il vient de le quitter !** Il pénètre donc dans le Temple de Salomon, se rapproche de l'autel, qui est à l'est, où le Soleil se lève. Et là lui vient également la lumière, c'est-à-dire qu'il se trouve devant l'homme à l'équerre, le porteur de lumière, le maître de la matière.

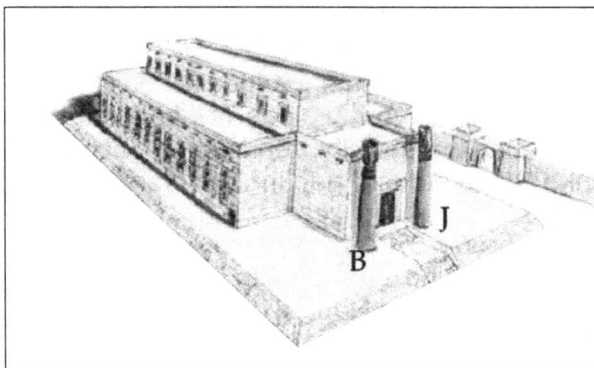

ill. 26 : Le Temple de Salomon avec les deux colonnes appelées Jakin et Boaz.

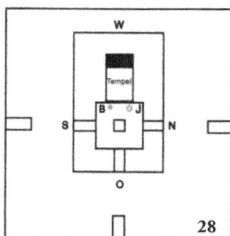

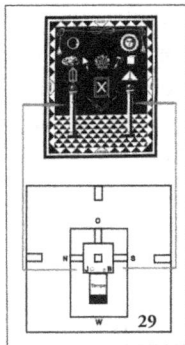

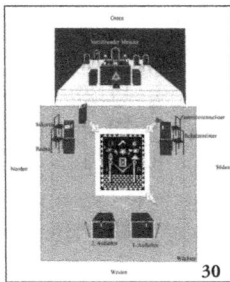

Tous ces tableaux se réfèrent au rite d'York.

ill. 27 : un tableau de Loge du compagnon. ill. 28 : Jakin et Boaz dans le temple. ill. 29 : le temple et tableau de Loge.
ill. 30 : description d'une loge.

Et il doit se poser cette question : « Pourquoi les prêtres font-ils cela ? Pourquoi la religion et le clergé abusent-ils de nous ? »

C'est exactement de cela qu'il s'agit ! On reconnaît avoir été trompé pendant toute sa vie. La franc-maçonnerie montre ici la vérité. Le postulant dit : « Non, ce n'est pas la vérité que je voulais. » On se retourne et on part en courant. Mais on est venu pour trouver la vérité. Quand on l'a trouvée et reconnue, on part en courant en disant : « La vérité est effrayante, c'est le mal. » Évidemment qu'elle est le mal. Elle est sans pitié, mais le fait est que le désir de connaître la vérité a été exaucé. Et c'est là que commence le changement. En tant que frère, on amorce la transformation et on pense : « Je ne leur porterai plus la même vénération et mon esprit sera plus critique. » Mais on ne peut pas communiquer cette expérience à son entourage, car les personnes mettraient beaucoup de temps à comprendre. Quand on dit à quelqu'un : « Écoute, celui que tu prends pour Dieu n'est pas Dieu ; en réalité, c'est le Diable », il répond : « Oui, tu es complètement fou. Et les francs-maçons sont comme ça, ils vénèrent le Diable. »

Il n'est pas vrai que nous les francs-maçons vénérons Lucifer. Nous ne vénérons personne, mais nous connaissons la vérité. La connaître et vénérer quelque chose sont deux notions différentes. Essayez de faire comprendre cela à la masse des gens. Je me demande même si c'est nécessaire. Peut-être vont-ils nous tuer, car cette vérité, ils ne veulent pas la connaître, comme toi qui es venu ici pour la trouver. La différence est donc que le franc-maçon a fait un long chemin pour connaître cette réalité, et qu'il a pu se développer. Alors que celui à qui on dit les choses de façon directe ne saura qu'en faire, cela le mettra en colère. N'est-ce pas vrai ? Là, je ne suis pas d'accord. Je ne trouve pas que la vérité soit effrayante ou mauvaise, elle est, tout simplement. Le succès de mes livres montre bien que la révélation de certaines vérités correspond à l'esprit de l'époque. Les gens savent à quoi s'en tenir !

Je voudrais approfondir le thème de Lucifer. Revenons au début, aux sources. D'où vient la franc-maçonnerie ?

Gotthold Ephraim Lessing écrit : « La franc-maçonnerie a toujours existé ! » Elle est un état d'esprit libertaire, qui a toujours existé. Le nom de franc-maçonnerie a été ajouté ultérieurement.

La source de toute franc-maçonnerie est le moment où l'homme a commencé à se libérer du joug de l'esclavage de l'esprit. Mon opinion personnelle, qui ne rallie pas la majorité, est que Lucifer était le premier franc-maçon, et qu'il s'est révolté contre le diktat de sa création. Il reste à savoir si c'est bien ou mal. Il y a toujours eu des hommes épris de liberté qui voulaient penser de façon autonome et se réunissaient. Ils ont toujours été minoritaires et on les a toujours regardés de travers. C'est pour cela qu'ils se sont retirés dans le monde souterrain, qu'ils gardent le silence envers l'extérieur. La majorité des gens est lâche et servile vis-à-vis de la hiérarchie. C'est une réalité dont on doit toujours tenir compte et qui permet aux hauts grades d'avoir un tel pouvoir.

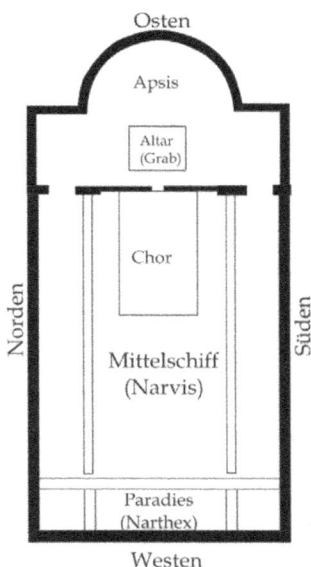

ill. 31 : Des églises érigées selon le modèle du Temple de Salomon.

Qu'en est-il de l'enseignement des Rose-Croix en la matière ?
Il y a eu des époques où il n'y avait pas de différence entre les francs-maçons et les Rose-Croix. La Rose-Croix perpétue une tradition chrétienne et égyptienne qui n'a pas été reprise par la franc-maçonnerie. Le chemin alchimiste des Rose-Croix est beaucoup moins présent aujourd'hui dans la franc-maçonnerie qu'il y a deux cents ans.

Vous avez été vous-même, comme vous l'avez dit, un Rose-Croix.

Oui, j'ai été membre de la Rose-Croix et de l'Ancien et Mystique Ordre de la Rose-Croix (AMORC), j'ai été jusqu'aux degrés du Temple, j'ai tout vécu et tout étudié. La seule chose qui me dérangeait était que les hommes et les femmes participaient ensemble aux rituels. Je préfère la façon de faire des francs-maçons, qui séparent les deux sexes et où les loges ne sont pas mixtes. La Rose-Croix a été un enrichissement pour moi, dans l'application pratique de considérations mystiques. Chez les francs-maçons, l'approche est plus théorique. Chez les Rose-Croix, on peut expérimenter de façon pratique les effets de l'esprit. Cela m'a aidé plus tard dans la franc-maçonnerie. Chez les francs-maçons, on apprend les lois, la théorie, et on s'aperçoit que les deux organisations sont complémentaires.

En quoi la théorie des Rose-Croix est-elle différente, quel est pour eux le rôle de la réincarnation et de Lucifer ? Y a-t-il des sujets qui les différencient complètement ? Qu'ont-ils en commun avec vous ?

Non, il n'y a pas de différence, leur approche est différente. Leurs priorités sont ailleurs : les rosicruciens sont formés pour exercer dans un domaine thérapeutique ; les francs-maçons pas du tout, ils ne s'intéressent pas à ce genre de choses.

Vous dites *formés à l'exercice*. Comment peut-on décrire cela, y a-t-il des cours ?

Oui, les Rose-Croix organisent des réunions et proposent des cours à l'aide de monographies expédiées de façon régulière par la poste. On peut se développer et s'instruire ; dans les premières années, on s'occupe d'initiations personnelles ; on doit obtenir des résultats dans le monde matériel, dirigé par la seule volonté. Dans l'une de ces initiations, par exemple, on pose devant soi un récipient d'eau. On y verse trois gouttes d'huile et on doit essayer de les faire bouger dans l'eau par la force de la pensée. Un autre exercice consiste de même à mettre quelques allumettes dans l'eau et à essayer de les faire bouger par la force mentale. Quand on réussit, on doit en faire part à l'organisation, et on peut accéder à l'initiation suivante.

Qui ressemblerait à quoi ?
Toujours un degré vers l'avant.

L'exemple du récipient d'eau est passionnant.
Il s'agit, en fin de compte, d'essayer d'entrer en contact avec les autres de façon télépathique, d'être capable dans une grande salle, par exemple, de fixer son attention sur une personne et de la pousser à tourner la tête ou de lui faire faire ce que l'on désire. C'est cette influence, ce travail mental, que nous apprenons chez les Rose-Croix.

Il y a des livres sur ce sujet…
Il y a beaucoup de livres qui en parlent, les exercices qui peuvent conduire à un tel résultat sont très bien expliqués et utiles à mettre en pratique.

Encore une question à propos de Lucifer : les Rose-Croix étaient très liés à Alice Bailey, qui dirigeait la maison d'édition Lucis Trust. Elle a beaucoup écrit sur Lucifer et son action.
En ce qui concerne Alice Bailey, je peux dire qu'on lit et utilise ses écrits chez les Rose-Croix, mais ils ne les diffusent pas officiellement. Les monographies éditées par l'organisation ne font aucune référence à elle.

Et quelle est la position des Rose-Croix vis-à-vis de Lucifer ?
Comme dans la franc-maçonnerie, il faut se forger une image personnelle de Lucifer chez les Rose-Croix. Il est proposé à l'initié un savoir et des éléments qui lui permettent de tirer lui-même des conclusions. Ces éléments sont univoques. Il peut être dangereux pour ces organisations de montrer qui est réellement Lucifer, car on peut avoir des problèmes. Mais les rituels sont dirigés, comme dans la franc-maçonnerie, de telle façon que l'on puisse reconnaître le principe de Lucifer. Il faut accepter celui qui fait bouger le monde et son action.

Quelles sont les conséquences de croire que Lucifer est le maître et le prince du monde ? Qu'est-ce que cela veut dire pour le frère ? Et pour vous-même ?
Je ne suis plus aussi confiant et naïf à me dire : « Dieu mettra tout en ordre. » Car le dieu auquel je fais confiance, celui qui régit le monde, n'est pas le père miséricordieux et plein d'amour qui pardonne tout et brosse dans le sens du poil. Le monde ne pourrait pas fonctionner

si Dieu était comme nous l'imaginons, comme le décrit Jésus-Christ, celui qui nous prend dans ses bras avec amour. Dans l'ensemble, c'est vrai, ce Dieu miséricordieux existe, les francs-maçons l'appellent *l'Être suprême*. Mais ce Dieu est un dieu de l'esprit, et surtout il n'est pas seul. Sur terre, dans la matière, il y a un autre maître.

En tant qu'initié, je ne suis plus assez naïf pour ne m'appuyer que sur Dieu. J'ai appris à faire confiance à mes capacités, je suis conscient à chaque instant de la présence du principe du mal et du bien, et je dois en tenir compte. C'est cela qui importe, et c'est ce que dit la Bible. Jésus en était conscient. Quand il rencontra Satan dans le désert, il savait qui était devant lui : le maître du monde. Jésus n'entama pas de discussions avec lui, car il savait exactement à qui il avait affaire. Il fut soumis à la tentation et résista. Nous-mêmes sommes soumis à la tentation tous les jours, nous devons en être conscients. On retrouve cela dans l'histoire de Job. Si Job fut un homme si extraordinaire et bon comme le décrit la Bible, comment un dieu aimant put-il tolérer qu'un Satan blasé puisse le torturer à ce point ? Satan était avec les enfants de Dieu et se plaignait de Job devant Dieu : «Job est en pleine forme parce que tu exauces tous ses désirs. Mais si tu commences à le torturer, à le mettre en colère, il finira par te cracher au visage, il n'aura plus de respect pour toi.» Dieu lui répondit : «Tu peux toujours essayer, tu peux tout faire avec lui, mais tu n'as pas le droit de le tuer.» Et Satan tua ses enfants, lui prit ses biens et sa santé, se joua de lui, le tortura. Un dieu miséricordieux permettrait-il tout cela ? D'après ce que nous savons, ce n'est pas possible. Mais, dans la Bible, il est écrit que Dieu joua à ce jeu avec Satan, qu'Il le laissa faire.

Le *Zohar* (*Sefer Ha Zoar* ou *Livre de la Splendeur*), qui est un des livres fondateurs de la kabbale juive, explique comment cela fut possible. Job faisait des sacrifices tous les jours, au cas où lui-même ou ses enfants devraient commettre des péchés. Il servit le bon côté et négligea le côté obscur. En conséquence, celui-ci se manifesta à lui et réclama son attention. Il n'avait pas été attentif.

Qu'en est-il de cette injustice apparente qui se manifeste dans le monde ? On abuse, on torture et on tue des enfants. Le Dieu de Jésus pourrait-il tolérer cela ? S'il avait le pouvoir, il ne tolérerait jamais ces violences. Mais comme ces choses arrivent tous les jours, sans cesse, c'est une preuve qu'il n'est pas tout-puissant. C'est un fait, c'est la vérité impitoyable. Le maître de la matière des hommes, c'est Lucifer. Il faut en tirer des conclusions et adapter son comportement.

Désolé, mais je ne suis pas de cet avis. Moi aussi, en tant que père, j'ai le pouvoir de résoudre les problèmes de mes enfants, mais en faisant cela, je ne les aide pas dans leur développement. Le principe du libre arbitre n'a un sens que si on l'accorde à l'être humain. Pour moi, il est évident que celui qui nous a créés, le Bon Dieu, a le pouvoir, mais quel serait le sens du libre arbitre s'il était là pour résoudre nos problèmes ?

En effet, c'est une question de point de vue. Les francs-maçons ont tiré les conclusions que je vous ai décrites et ils ont développé une vision du monde qui tient compte de tout cela. Et cette vision du monde est établie de façon que le monde entier puisse l'accepter. Que beaucoup de gens meurent est une réalité. Cela en fait partie. Mais ce n'est pas la façon de penser des francs-maçons, c'est le résultat d'une réflexion profonde. Toute personne qui réfléchit profondément arrive à ce résultat, il n'est pas nécessaire d'être maçon. Je vous répète que ce n'est pas l'enseignement de la franc-maçonnerie, mais que cela en fait partie.

Cette déclaration est violente. Je ne voudrais pas être responsable de la vie des autres… En Occident, Lucifer n'est pas considéré comme celui qui aime la liberté.

Lucifer a une connotation très négative dans notre société, et celui qui n'est pas de cet avis est rejeté par la société. Lucifer veut dire étoile du matin ou porteur de lumière. La Bible donne Chérubin, un des anges les plus nobles que Dieu ait créé, comme l'étoile du matin. À cause de son orgueil, Dieu l'a fait descendre sur terre, et il l'a banni du royaume des cieux. Dans la Bible, selon le livre d'Ézéchiel, il devient Hiram, le roi de Tyr.

Tout le monde sait que les francs-maçons veulent et doivent construire le Temple de Salomon. Ce temple est une construction de l'esprit, les francs-maçons sont les pierres vivantes de l'édifice. Les rituels et les légendes des francs-maçons font constamment allusion à l'édification historique du Temple. Hiram se rappelle qu'il était en bons termes avec le roi David, quand le fils de celui-ci, Salomon, commença la construction du Temple. Il proposa son aide à Salomon et lui donna les matériaux de construction. C'est ce qui est écrit dans la Bible. Mais si le roi de Tyr est Lucifer, l'étoile du matin, celui que Dieu exila sur terre, alors le lecteur critique de la Bible se pose des questions. Nous savons que les francs-maçons sont des gens cultivés, qu'ils ont l'esprit critique et réfléchissent sérieusement à ce qu'ils font. Nul doute qu'ils connaissent le sens profond du Temple de Salomon. Selon la tradition biblique, le Temple fut construit sans que l'on entende le bruit des outils, tout était déjà prêt à la livraison. Il fut construit comme par une main invisible. C'est là le cœur du problème.

Tout a donc un rapport avec le Temple de Salomon ?
Le Temple de Salomon est le centre de la pensée et de l'action des francs-maçons, il est au cœur de tous les rituels jusqu'aux hauts grades. Le Temple de Salomon contient le secret intérieur et extérieur de la franc-maçonnerie. Ce temple représente le mystère de l'humanité. Il faut savoir que les chevaliers du Temple s'appelaient eux-mêmes « chevaliers du Temple de Salomon ». Celui qui comprend ce mystère est parvenu au cœur de la connaissance humaine. Chaque initié fait un long chemin de plusieurs années pour parvenir à cette connaissance.

Qui était ce fameux roi Salomon, que les francs-maçons vénèrent tant ?
Dieu lui avait donné la sagesse suprême, donc elle surpassait celle de tous les hommes. Quelle était donc cette sagesse ? Le fait qu'il veuille couper en deux l'enfant d'une prostituée ? La Bible dit que Salomon parlait aux animaux et aux plantes, ce qui n'est pas spécifiquement un signe de sagesse. Le Coran est déjà plus explicite. Il y est écrit que le prophète Soulayman parlait aux animaux et aux fleurs, que ceux-ci donnaient des conseils qu'il mettait en pratique avec succès. Soulayman est celui qui a l'ascendant sur les djinns, qui sont les démons dans les pays arabes. Salomon les a forcés à construire ce temple. Dans ce cas, il est vraiment remarquable. Et comme les francs-maçons ont en général plus de savoir que les autres, ils ont leur propre raison pour construire un tel temple.

Qui était Hiram Abiff, le bâtisseur du Temple de Salomon ? Quel est son rôle dans la franc-maçonnerie ?

Le maître d'œuvre Hiram Abiff, né autour de 900 av. J.-C., est un personnage central de la franc-maçonnerie. On peut dire que les loges de Saint-Jean, les loges bleues, n'existeraient pas sans lui. Il est considéré comme le bâtisseur du Temple de Salomon. Il fut assassiné par trois compagnons rebelles. Ces compagnons voulaient lui extorquer son secret pour pouvoir être payés plus que ne le permettait leur rang. Le maître ne dévoila pas son secret, il se perdit. Depuis ce jour, l'humanité est à la recherche de ce secret. Beaucoup de degrés maçonniques se consacrent à cette recherche. La Bible nous dit que son père venait de Tyr et sa mère était originaire de Naftali. C'est elle qu'on appelle « la veuve de Naftali ». Hiram Abiff est un sujet de littérature tellement vaste que les livres qui lui sont consacrés rempliraient des salles entières.

Au sujet d'Hiram Abiff, j'ai trouvé cette histoire passionnante : il s'agit de la *légende du Temple*, appelée aussi la *légende d'Adon-Hiram*. *Adon* signifie « maître » en hébreu. Adon-Hiram est l'autre nom donné à Hiram Abiff. Ce n'est pas n'importe quel mortel, car Caïn était son ancêtre ; or, selon la légende, Caïn descend directement de Lucifer. La mère de Caïn s'appelait Ève, son père n'était pas Adam, mais l'ange Iblis, Lucifer. Selon la légende, Dieu était jaloux du génie que Lucifer avait réussi à transmettre à ses descendants ; c'est pour cela qu'il chassa Adam et Ève du paradis. La différence entre Abel, engendré par Adam et Ève, et Caïn, le fils de Lucifer et d'Ève, réside dans l'âme d'esclave de la lignée d'Adam, alors que les descendants de Lucifer étaient libres. Le père d'Hiram Abiff est mort avant sa naissance, c'est pour cela qu'Hiram est appelé « le fils de la veuve ».

C'est exact, cette légende existe, de façon légèrement différente. Elle n'est connue que par certains hauts grades. Même si personne ne sait si elle est vraie, elle est très importante dans la franc-maçonnerie. Et là aussi, on voit l'importance de Lucifer. Dans les légendes maçonniques, il y a deux Hiram. Il ne faut pas les confondre. Il y a Hiram, le roi de Tyr, et Hiram Abiff, le bâtisseur du Temple de Salomon. Le roi de Tyr donna au roi Salomon les matériaux de construction et Hiram, le maître d'œuvre, est celui qui les assembla. Il faut savoir qui était réellement Hiram, le roi de Tyr. Il s'agissait en fait de l'ange déchu, créé par Dieu, Lucifer.

Le roi de Tyr, Lucifer donc, est prêt à donner au roi Salomon les matériaux pour construire le Temple, parce que Salomon, pour certaines raisons, est incapable de le construire avec son propre peuple. S'il s'agit d'un temple de l'esprit, on peut comprendre qu'il se soit adressé à de tels êtres comme le roi de Tyr, qui était un ange déchu, donc connaissait l'original du temple dans le ciel, pour l'avoir vu lui-même. Lucifer, le roi de Tyr, n'allait évidemment pas effectuer le travail lui-même. C'est pour cela qu'il envoya quelqu'un ayant les capacités pratiques de le réaliser. C'est Hiram Abiff, le maître d'œuvre.

En fait, Hiram, le roi de Tyr, était Lucifer lui-même, et le maître d'œuvre, Hiram Abiff, était un descendant de Caïn, le fils de Lucifer. C'est donc, en quelque sorte, un projet familial.

Exactement. C'est pour cela que la franc-maçonnerie réagit de façon allergique lorsqu'on aborde le sujet. On retrouve la légende d'Iblis dans le Coran, où Dieu exige de tous les anges qu'ils s'agenouillent devant Adam, qui est sa créature. Le seul à s'y opposer est Iblis. Dieu le rejette. Dans l'islam, Iblis est appelé Scheitan ; c'est l'opposant, c'est Lucifer.

Iblis-Lucifer était tombé sous le charme d'Ève, ensemble ils avaient engendré Caïn. L'âme de Caïn contenant une étincelle de Lucifer, elle était beaucoup plus élevée que celle d'Abel. Pourtant, Caïn était bienveillant envers Adam et Abel. Dieu chassa Caïn du paradis par jalousie. Adam et Ève en voulaient à Caïn, car ils en avaient été chassés à cause de lui. Ève ne donnait plus son amour qu'à Abel, et celui-ci devint orgueilleux, méprisant l'amour que lui témoignait son frère. C'est la raison pour laquelle Caïn le tua. Dieu déclara que ce geste était impardonnable.

Caïn, le noble fils de Lucifer, voulait adoucir la peine d'Adam et Ève : il se mit au service de leurs enfants. Il leur enseigna la culture de la terre. Hénoch, le fils de Caïn, leur apprit les secrets de la vie sociale. Son descendant Mathusalem enseigna aux enfants d'Adam les premières écritures, Lamech leur apprit la polygamie, et son fils Tubal à travailler le fer et l'airain.

Revenons à Hiram Abiff, le bâtisseur. Le roi Salomon voulait épouser la reine de Saba, elle avait donné son accord. Quand elle vit la magnificence du Temple, elle voulut faire la connaissance de son bâtisseur. Celui-ci vivait retiré, ne révélant à personne sa haute naissance. Elle tomba amoureuse de lui. Elle était si ravie de ce temple qu'elle lui demanda de lui présenter son armée de travailleurs. Le roi Salomon, jaloux, lui répondit que ce n'était pas possible. Hiram Abiff prit un crayon et traça une ligne sur le sol. Au milieu d'elle, il traça une ligne perpendiculaire pour former un grand « T » mystique. Aussitôt, les apprentis, les compagnons et les maîtres accoururent et se mirent en ordre, selon leur rang. Plus de 100 000 hommes se retrouvèrent ensemble, indépendamment de leurs origines, et après un signe de la main d'Hiram Abiff, tous se raidirent et se mirent au garde-à-vous.

La reine de Saba comprit qu'elle n'avait pas affaire à un homme ordinaire. Cette scène, celle de la construction du Temple, les difficultés qui émaillèrent cette aventure, le maître d'œuvre assassiné par trois compagnons, tout cela fait partie des rituels maçonniques. La raison en est très profonde, car on ne doit jamais perdre de vue que les francs-maçons justifient leur état par leur volonté de reconstruire le Temple de Salomon, ce temple de l'Esprit. C'est cela que nous appelons le Nouvel Ordre Mondial.

Merci beaucoup. Parlez-nous du Rite écossais. À quoi ressemble le rituel du 33e degré ?

Dans ce rituel, on met le candidat en situation réelle, on lui fait comprendre qu'il doit considérer toutes les religions du monde au même niveau ; il n'est pas primordial de savoir quels dieux on vénère, c'est l'être humain qui est important, c'est lui qui est au centre. C'est un message clair, l'être humain est la couronne de la Création, quel que soit le véritable Créateur. Nous ne sommes pas en mesure de déterminer ce Créateur, notre rationnel n'est pas capable de définir l'infini et l'éternité. L'être humain doit se contenter de savoir qu'il y a un être qui nous influence, qui nous créa un jour, que nous l'appelions « Dieu », « l'Esprit » ou autrement.

Le franc-maçon comprend pendant son cheminement dans les degrés qu'il existe un être divin, un être spirituel qui a créé le Tout, mais que Lucifer est le maître de ce monde, le maître de la matière.

C'est vrai. Il y a un principe, *l'Être suprême*, que l'homme ne peut saisir ; c'est le Dieu véritable, la force qui a créé le Tout. Mais la force des esprits, les éléments qui nous régissent, que nous appelons *le Grand Architecte,* le maître du monde, c'est Lucifer. C'est le principe luciférien, il faut l'accepter.

Au-dessus de lui, il existe l'Être suprême ?

Oui, celui que nous ne pourrons jamais connaître.

C'est, en quelque sorte, le grand patron, le symbole du bien ?

C'est le miséricordieux, celui qui est au-dessus de tout.

À quel moment avez-vous senti que la franc-maçonnerie est différente de ce que l'on imagine à l'extérieur ?

Je m'en suis rendu compte lors de mon admission, quand on m'a enlevé le bandeau et que j'ai vu sur le tapis, devant moi, des symboles qui ne m'étaient pas du tout agréables. Là, je me suis dit : «Mon Dieu, tu as atterri là où tu ne voulais pas du tout aller. »

Quels étaient ces symboles ?

Il y avait, entre autres, un pentagramme inversé, la pointe vers le bas. Et ce pentagramme (l'étoile à cinq branches) était pour moi un symbole satanique. Je ne connaissais que ce sens et n'en voulais pas.

Cependant, j'avais déjà pris ma décision et me trouvais au milieu du rituel. J'ai donc continué et, au cours de ma formation maçonnique, j'ai appris à considérer ce symbole différemment. Dans la franc-maçonnerie, ce symbole n'est pas un pentagramme, mais l'étoile flamboyante. Le pentagramme habituel n'a pas de flammes dans les angles, ni un G majuscule au centre. Il a une autre signification que celle que l'on trouve dans la littérature ésotérique habituelle. Le pentagramme a une multitude de significations. Il représente le numineux, tout ce qui est esprit, le sacré, le divin, mais également les démons, quand il agit sur la matière. Inversé, il représente l'effet de l'esprit sur la matière ; quand il est droit, la pointe orientée vers le haut, l'esprit quitte la matière, l'homme est livré à lui-même.

C'est comme la quadrature du cercle. Le cercle représente toujours le divin, le carré symbolise la matière. Quand le cercle devient carré, quand le divin se matérialise, Dieu se fait homme. À chaque fois que l'esprit se matérialise, il devient son propre fils. C'est sous cet angle qu'il faut voir le christianisme. Le Père, le Fils et l'Esprit sont une unité. Si le père est l'esprit et que l'esprit veut agir sur la matière, il doit devenir son propre fils. Le père s'engendre lui-même dans la matière. C'est la quadrature du cercle. Dans chaque église, chaque bâtiment sacré, il y a un endroit où le divin entre en contact avec la matière, où la quadrature du cercle se réalise. Dans une basilique chrétienne, cet endroit est à l'ouest, là où devraient se trouver les fonts baptismaux et où se trouvait jadis le baptistère.

On traverse l'église vers l'est en respectant des changements de rythme précis et on se retrouve dans la quadrature. Dans les édifices chrétiens, la quadrature représente le Saint-Sépulcre. Le mystère du Saint-Sépulcre se produisit le dimanche de Pâques, les femmes qui se rendirent sur la tombe de Jésus constatèrent qu'elle était vide. La quadrature dans une église chrétienne doit toujours être vide, sinon elle ne représente pas le tombeau du Christ. C'est le mystère : à cet endroit, la quadrature devient cercle, le divin quitte la matière. C'est le pentagramme droit. La liturgie développe une force qui permet au croyant de se transcender par le rituel. Puis le divin se retire, le croyant est fortifié, il doit continuer son chemin seul. La quadrature redevient cercle. Le pentagramme droit, c'est le symbole de la libération spirituelle de l'être humain. C'est le symbole de la liberté.

Les gens pensent à tort que le pentagramme droit représente la liberté individuelle poussée à l'anarchie, et que le pentagramme inversé est le principe du mal, de Satan. Ce n'est pas vrai, mais il est difficile de l'enlever de la tête des gens. C'est l'un des secrets de la franc-maçonnerie dont on ne peut pas parler dans le monde profane...

ill. 32 : Le tablier maçonnique du musée de la Grande Loge d'Écosse, avec l'étoile flamboyante.

Quand avez-vous entendu parler pour la première fois du Nouvel Ordre Mondial ?

C'est en étudiant la symbolique du billet de un dollar que j'en entendis parler pour la première fois (voir *ill. 40*, p. 203). Tout au long de mon appartenance à la maçonnerie, j'ai entendu parler de la stricte observance, des Illuminés de Bavière et des familles qui possèdent les plus grandes banques du monde. Évidemment, les francs-maçons contestent cela en public. Dans la franc-maçonnerie, on en parle jusqu'à un certain degré et on explique aux frères qu'il existe un lien d'une manière ou d'une autre. Dans l'introduction de votre livre, vous citez des hauts grades de la maçonnerie qui corroborent mes explications présentes. L'objectif de la franc-maçonnerie a toujours été de réaliser le Nouvel Ordre Mondial.

Jusqu'à quel degré maçonnique récuse-t-on cette réalité ?

Dans les loges bleues, on n'aborde pas ce sujet. Les membres de ces loges savent qu'il fait partie de la franc-maçonnerie, les apprentis et les compagnons posent des questions sur les Illuminati et la stricte observance. On leur fait comprendre que ces choses ne font pas partie de la franc-maçonnerie, qu'ils doivent être patients et en entendront parler plus tard. Cela ne fait pas partie de l'enseignement du premier degré, ils doivent faire preuve de patience.

Quand on atteint les loges rouges...

On en parle ouvertement, on explique les contextes historiques, pourquoi les choses sont ainsi dans la franc-maçonnerie et depuis quand on évite d'aborder ce sujet en public. On s'exprime de façon très prudente pour ne pas avoir d'ennuis.

Si je vous ai bien compris, l'objectif de la franc-maçonnerie est la construction du temple imaginaire de Salomon ?

C'est exact. Ce temple, c'est le Nouvel Ordre Mondial. De toute évidence et sans équivoque, le Temple de Salomon est une construction de l'esprit et non un bâtiment en pierre.

Que pensent les hauts grades de ce Salomon biblique, qui n'a peut-être jamais existé ?

Salomon devait construire le temple pour son Dieu. C'est ce qu'il fit. Salomon emprunta au principe de Lucifer. Il en devint le maître par son savoir-faire. Salomon était un magicien, il commandait aux démons. Il sut s'allier à Lucifer et prendre sa place comme régent. Non pas comme un régent à qui l'on transmet le pouvoir, Salomon se battit pour obtenir ce droit, ce pouvoir. On pense à Faust et au Méphisto de Goethe, c'est toujours de cette façon qu'il est représenté dans la littérature. Goethe voulait sans doute démontrer que ces choses sont possibles, mais on ne peut les dire en public.

Le roi Salomon, qu'il ait existé ou non, fut capable de ravir le pouvoir au principe qui règne sur la matière. Cela ne convenait pas au maître du monde, Jéhovah ou Lucifer, c'était la preuve qu'il n'était pas invincible.

Quelle est la différence entre le Rite écossais, le Rite d'York et le Grand Orient de France ? Quels enseignements y dispense-t-on ?

Dans le Grand Orient, il y a des courants qui appartiennent au rite *rectifié*, ils se sont détournés de la stricte observance. Le rite rectifié se considère comme l'héritier principal de l'Ordre des Templiers, c'est plus une maçonnerie de chevalerie. Il se développa à partir de 1740 en France. Cette direction ne convenait pas aux Anglais. La franc-maçonnerie européenne connut un schisme. Les Français se concentrèrent sur l'idée du Temple, les Anglais s'orientèrent vers le domaine opérationnel.

Nous abordons un sujet passionnant, les chevaliers du Temple. Les Templiers, par le concept du Temple, ont refait surface dans la franc-maçonnerie ?

Oui, l'idée du Temple fut réintroduite par la franc-maçonnerie dans les loges au moyen de l'Ancien Testament, mais il faut faire la différence entre les Templiers, qui se réfèrent aux valeurs éthiques de la chevalerie et n'appartiennent pas à la franc-maçonnerie, et la franc-maçonnerie, qui, dans ses structures, contient des degrés du Temple. En 1868, les frères prirent leurs distances avec cette idée du Temple, car il était impossible de prouver une filiation directe, un héritage de l'ancien Ordre des Templiers. Cela ne fonctionnait pas, et ne marche que par les légendes.

Jacques de Molay, le grand maître du Temple, initia son neveu, François de Beaujeu ; il lui transmit le secret de l'endroit où se trouvaient les actes du Temple, quand il fut emprisonné en 1314 en attendant son exécution. Après sa mort, Beaujeu trouva les documents et les mit en sécurité quelque part en Écosse. Dans des documents anciens, on trouve la description de l'endroit et la façon dont ces documents furent cachés.

Vous pensez aux découvertes archéologiques de Jérusalem, n'est-ce pas ?

Tout ce qui appartenait aux Templiers fut acheminé à Chypre. À partir de Chypre, les Templiers décidèrent de rejoindre la France et d'instaurer leur propre État dans le sud du pays. Ils furent emprisonnés par milliers, exécutés et l'Ordre fut dissous.

La volonté de créer leur propre État fut la cause de leur chute. Cet élément n'est pas très connu.

C'est compréhensible. L'Ordre des Templiers fut fondé par Bernard de Clairvaux, mais pas vraiment.

Donc par les Cisterciens ?

Pas du tout. Les Templiers et l'Ordre cistercien furent créés à la même époque. Robert de Molesme fonda les Cisterciens, Bernard de Clairvaux en prit la direction quelques années après, de force, avec trente compagnons. Cela ne convenait pas à l'abbé Étienne Harding, mais il n'avait pas les moyens de s'y opposer. Ces trente gentilshommes étaient issus des familles Montbard et Fontaine. Le père de Bernard était un Fontaine [NDÉ : le chevalier Tescelin le Roux ou Tescelin Sorrel (de Saur), seigneur de Fontaine – près de Dijon – et vassal du duché de Bourgogne], la mère une Montbard [NDÉ : Alette ou Aleth de Montbard]. Les Montbard voulaient développer l'Ordre cistercien, ils financèrent la construction des premières abbayes. C'était une affaire de famille dirigée par André de Montbard, l'oncle de Bernard. Bernard avait une personnalité charismatique, mais les tribunaux le condamneraient pour génocide, tellement il était brutal. Ce qu'il obtint fut une injustice flagrante, mais il réussit. Son oncle, André de Montbard, fut aussi l'un des fondateurs de l'Ordre des Templiers.

Quand l'Ordre fut officiellement reconnu en 1128 au Concile de Troyes, il faisait jeu égal avec les Cisterciens ; ils étaient en quelque sorte des ordres jumeaux. En quelques décennies, les Templiers se retrouvèrent à la tête d'une fortune considérable. Bernard de Fontaine, abbé de Clairvaux, les considérait comme des soldats moines. Les Cisterciens, à l'inverse, étaient plutôt des moines soldats. On peut considérer les premiers comme des chevaliers en prière, les seconds comme des moines combattants. Ils n'avaient aucune obligation religieuse, ils étaient seulement des soldats de Dieu. Ils étaient les soldats du Christ, tel que le répand un chant de louanges : « La vie est belle, la renommée apporte les honneurs, mais il vaut mieux mourir comme des soldats du Christ » ; enfin, le soldat du Christ tue sans souci, sans souci il meurt, telle était leur devise.

On peut les comparer au jihad islamique, ces fous de Dieu. Bernard de Clairvaux voulait instituer un État théocratique, défendu par des guerriers de Dieu. C'était l'idéal de l'époque. Les moines vivaient de leur travail, de leur foi et de l'amour du prochain. Ils vivaient modestement, ils étaient assidus et on pouvait leur faire confiance. Cette reconnaissance les avait rendus riches, mais cette richesse engendra également une forme de décadence, qui provoqua la chute et la disparition de l'Ordre.

Les Templiers étaient les maîtres du commerce européen, qui se concentrait autour du bassin méditerranéen. Leur habileté dans le commerce et les affaires politiques leur permit de devenir des acteurs incontournables de l'échiquier politique. Dans ses meilleures années, l'Ordre comptait plus de neuf mille comptoirs.

La configuration des deux ordres jumeaux offrait un certain avantage : les Templiers dépensaient l'argent que les Cisterciens récoltaient, le patrimoine restait toujours dans la famille. Les moines pouvaient demeurer purs dans leur pauvreté, les Templiers dépensaient l'argent.

Les couvents cisterciens sont tous construits de la même façon. À l'intérieur de la clôture, au centre, le cloître et le puits, un grand jardin carré autour duquel s'organisent des galeries. L'église est construite à côté, et tout autour se distribuent les ateliers, la forge, le moulin, l'hôpital et un système très organisé de traitement des eaux. On rassemblait l'eau des cours d'eau et des pièces d'eau aux alentours, que les moines avaient creusées. L'eau entrait par une canalisation dans le couvent, passait par la cuisine, les ateliers et les toilettes, et ressortait de l'autre côté. Tout était toujours propre. Mais avait-on vraiment besoin de construire toutes ces pièces d'eau ?

Ce système cachait-il quelque chose ?

Les couvents cisterciens disposaient d'entrepôts très spacieux, de grandes forges, d'hôpitaux, de moulins, mais peu de moines y vivaient en continu. Ces moines n'avaient pas le droit de missionner, de baptiser, de quitter le couvent, et la population n'avait pas le droit de pénétrer dans le domaine. Les Cisterciens possédaient des abbayes gigantesques, bien organisées. Imaginons maintenant les Templiers. Les forges leur permettaient de réparer leurs armes, leurs cuirasses et leurs véhicules. Les hospices recevaient les malades. Dans les étangs, le poisson était abondant, il y avait du bétail, donc assez de nourriture. Les couvents nourrissaient les pauvres… En réalité, l'abbaye était un relais logistique pour les troupes de templiers en voyage. Et le système fonctionnait à merveille. Le couvent était divisé en deux : une partie était réservée aux moines travailleurs ; au milieu, il y avait la croix du triomphe ; à l'est, se trouvait le domaine réservé à la prière. Les travailleurs vénéraient la croix de Jésus ; les moines n'en avaient pas, ils ne vénéraient pas la croix ; les Templiers non plus. Ils crachaient même sur cette croix.

Pourquoi ?

Les Templiers pensaient que la croix était l'outil du martyre de notre Seigneur, de notre Dieu. Jésus est mort sur cette croix, nous ne pouvons pas la vénérer ! Nous la maudissons, nous la piétinons, elle ne fait pas partie de nos prières. Leur conviction intime les poussait à mépriser ce symbole. Vu sous cet aspect, moi non plus je ne pourrais pas vénérer la croix. La volonté de l'Église est d'inciter tout bon chrétien à vénérer la croix portant un Jésus crucifié. Est-ce qu'on cherche à fourvoyer le croyant ? Y a-t-il un sens à vénérer une personne crucifiée avec l'outil qui lui a fait souffrir le martyre ? Cela correspond-il à l'enseignement de saint Paul ?

On a interprété cet acte à l'envers. On a dit : « Vous crachez sur la croix parce que vous êtes des antéchrist ! » Alors que c'était tout à fait l'inverse.

C'est exact, on a cherché des arguments pour dissoudre l'Ordre. Les Templiers étaient les maîtres de l'Europe, ils étaient riches et le roi Philippe IV de France, dit Philippe le Bel, était très endetté auprès d'eux. Jacques de Molay, le grand maître, avait dû quitter la Palestine, qui était perdue, et se réfugier sur l'île de Chypre, puis à Malte. On le considère comme le dernier grand maître connu, même s'il existe encore aujourd'hui des grands maîtres. Il avait proclamé qu'il voulait revenir dans sa patrie, la France, pour y établir dans le sud un État indépendant. Mettons-nous à la place de Philippe le Bel : cette troupe composée de milliers de soldats formés pour tuer n'avait qu'un seul objectif : liquider l'opposition. C'était leur mission, leur métier, leur art. Leur présence en si grand nombre ne pouvait que créer des problèmes graves, de l'anarchie. Aucun pays ne peut tolérer et intégrer ce genre de tueurs. Le roi voulait faire disparaître ces revenants. Et il le fit. Ils furent tués par centaines, mais seulement en France. Les Templiers du Portugal agirent différemment. Ils déclarèrent : « Nous ne sommes plus l'Ordre des Templiers, nous sommes un Ordre chrétien. » Et il ne se passa rien. En Allemagne et en Écosse, il ne leur arriva rien. L'Ordre des Templiers dominait toute l'Europe ; pour l'éradiquer, il ne suffisait pas d'en tuer mille ou deux mille en France : il aurait fallu en tuer des dizaines de milliers. On ne le fit pas.

L'Ordre disparut de la scène européenne et, selon la légende des francs-maçons, les secrets furent mis à l'abri sur une montagne d'une île de l'Écosse, à Kilwinning d'Heredom. Les recherches sur Internet sur Heredom n'aboutissent pas à grand-chose ; du moins, sur un lieu particulier ; néanmoins, différents endroits de la planète, particulièrement en Europe, s'appellent Heredom. Et ce sont toutes des places où l'on conserve une parcelle de savoir.

L'Ordre Heredom de Kilwinning, à l'origine rattaché à la Grande Loge de l'Ordre royal d'Édimbourg, aurait, selon la tradition, été fondé en 1314 à Kilwinning, une bourgade d'Écosse dans le comté d'Ayr, par le roi Robert Ier. L'on rapporte qu'une loge y fut fondée par des architectes maçons venus de l'étranger pour édifier l'abbaye locale, fondée en 1140 par des moines français originaires de Tiron, une ville d'Eure-et-Loir.

Cette autorité, réelle, subsista jusqu'en 1736, et ce n'est qu'en 1808 que la loge de Kilwinning cessa de distribuer des chartes. Cette loge, appelée *immémoriale*, porte le n° 0 de la Grande Loge d'Écosse.

En fait, la dénomination Heredom fait allusion à tout endroit sur terre où l'on conserve le savoir et les secrets des Templiers. À chacun de nous de comprendre ce que cela signifie. Ce savoir n'est pas accessible à tout franc-maçon, même s'il est de haut grade.

Plus tard, on divisa la franc-maçonnerie en quatre chapitres indépendants, pour que le savoir retourne sur le continent, dissimulé sous le masque de la franc-maçonnerie.

Les abbayes cisterciennes utilisèrent leur puissance et leur rigueur pour dissimuler ce savoir magnifique, pour le faire revenir sur le continent et qu'il ne soit pas conservé en un seul endroit. Chaque chapitre gardait un quart du savoir, chaque obédience détient donc une partie du secret.

Les quatre chapitres réunis constituent le savoir dans son ensemble. Au cours des siècles, chaque pays se tourna vers un type d'enseignement particulier, l'AFuAM, la Grande Loge Mère nationale aux Trois Globes, le Rite écossais ou le Rite d'York. Ils n'ont pas d'accords réciproques. Ils se considèrent comme différents. Le savoir dans son ensemble ne peut pas être transmis, alors que la franc-maçonnerie en dispose.

C'est différent en Allemagne ?
Oui, c'est l'Allemagne qui possède la clé. Il s'est passé quelque chose d'unique après la Seconde Guerre mondiale. Les loges maçonniques étaient interdites sous le Troisième Reich. Les Alliés établirent leurs propres loges quand ils occupèrent l'Allemagne après la guerre. Chez les Français, les Canadiens, les Anglais et les Américains – chacun son obédience et son enseignement –, les officiers étaient en majorité des francs-maçons. Il faut toujours avoir à l'esprit que la franc-maçonnerie est un système de contrôle qui vaut pour le monde entier. Quand les troupes d'occupation diminuèrent leurs effectifs, on garda les loges, on admit des Allemands ; un jour, on traduisit les rituels en allemand. Il se passa une chose rare : les francs-maçons des différentes loges commencèrent à se rencontrer, de manière illégale. Ils purent observer les différents rituels et constater que les questions soulevées dans une obédience trouvaient leur réponse dans les rituels des autres obédiences. Cette pratique se développa et attira l'attention des autorités alliées et des responsables maçonniques. On essaya d'empêcher ces pratiques en interdisant les rencontres et en modifiant ou falsifiant les rituels. La Seconde Guerre mondiale était terminée, mais c'était maintenant la guerre entre les loges des Alliés et celles des Allemands. Les Alliés, sans le savoir, donnèrent les clés du grand secret aux loges allemandes.

Avons-nous là l'exemple de la force qui veut le mal et qui fait le bien ?
Oui, on pourrait le dire ainsi. Nous avons la chance en tant qu'Allemands de détenir le savoir dans son ensemble, dans une même langue. Non seulement dans la même langue, mais avec les mêmes rituels ; il est très important de vivre soi-même les rituels. Les textes sont connus, on peut les comparer, mais on ne peut pas les déchiffrer sans connaître les rituels et les légendes qui s'y réfèrent. Ce sont les symboles, les légendes et les rituels qui permettent de déchiffrer les secrets des francs-maçons.

L'ensemble révèle le secret. Et quand on connaît tous les rituels, les légendes et les symboles des différentes obédiences, comme moi, quand on les compare, on comprend ce qui se cache derrière. On saisit que derrière le savoir de la franc-maçonnerie, se cache celui, très ancien, des Templiers, qui est en fait celui de la fraternité des chevaliers du Saint-Sépulcre. Les Templiers protégèrent et défendirent les chevaliers du Saint-Sépulcre. Les chevaliers du Saint-Sépulcre tenaient leur savoir des sept chrétiens de Syrie.

Et là, on touche au christianisme des premiers temps, de la communauté de Jésus de Nazareth. C'est une organisation qui réussit à sauvegarder son savoir à travers les siècles, qui trouva dans l'église du Saint-Sépulcre [NDÉ : également appelée basilique de la Résurrection] à Jérusalem un refuge où elle fut protégée pendant deux siècles par les Templiers, et après 1314 par les francs-maçons.

La franc-maçonnerie internationale actuelle n'a plus aucun rapport avec les bâtisseurs de cathédrales et n'a plus le pouvoir de protéger ceux qui ont des opinions différentes. Elle s'est réfugiée sous terre, elle a pris le masque, celui de la symbolique des bâtisseurs de cathédrales, de la symbolique chrétienne, égyptienne. Cette multiplicité a engendré une certaine confusion, même parmi les frères, qui ne pouvaient plus reconnaître le véritable secret. Ils voyaient le secret dans les masques, ils avaient déchiffré les masques en pensant : «Voilà le vrai secret !»

Le secret, le grand mystère, est très simple. Il est écrit dans la Bible, mais on ne peut le déchiffrer sans la clé.

Ce secret est-il la domination de l'humanité ? Comment contrôler la majorité des gens ?

C'est exact. Sous cet angle, les loges maçonniques et l'ensemble de la franc-maçonnerie sont une partie du système de domination internationale. On peut contrôler l'esprit étroit et rigide de la majorité des citoyens par la religion. Celui qui n'a pas un besoin très développé de connaissance et de savoir vénère une divinité ou cherche la protection d'un dieu miséricordieux ; il trouvera dans les églises ou les mosquées la paix de l'âme et une réponse à ses aspirations. Mais toute société comprend des personnes à l'esprit critique, qui pensent par elles-mêmes, qu'on ne peut contenter avec des considérations religieuses, parce qu'elles sont toujours curieuses et disent : «Je remets en question ce qui est écrit dans la Bible. Les choses ont été falsifiées, ce n'est pas la vérité, on ne peut pas interpréter les choses de façon symbolique et négliger la dimension historique, il ne s'agit que de concepts éthiques et moraux.»

C'est vrai, mais dans toute société il y a des esprits libres et indépendants, qui ne veulent pas se lier, avoir d'attaches.

Oui, ni parti politique ni religion : ils sont trop libres, simplement trop libres. Ces personnes ont envie de s'organiser ; elles s'organisent dans la franc-maçonnerie, elles considèrent que les francs-maçons pensent librement et ont des secrets. Personne n'a jamais trahi ces secrets, les francs-maçons sont éduqués avec beaucoup de discipline à les garder. Ils ne sont pas bêtes, ils appartiennent aux couches sociales supérieures ; ils se vivent comme une élite, ce qui correspond tout à fait à leurs idées. Ils ont une certaine influence dans leur vie professionnelle, on peut sentir l'influence maçonnique dans la vie politique et économique, mais pas à travers la franc-maçonnerie, ou par l'action de chaque franc-maçon dans son domaine d'activité. Il y a un système de contrôle qui gouverne tout cela, qui voudrait organiser et contrôler les derniers libres-penseurs.

Ils veulent contrôler ceux qui veulent et peuvent encore penser par eux-mêmes.

Oui, et quand on construit un système à l'échelle mondiale, on s'en sert, par le savoir, par les rituels et la compréhension maçonnique. On peut diriger et mener des hommes d'un haut niveau intellectuel et spirituel, des êtres qui pensent par eux-mêmes, sans qu'ils s'en rendent vraiment compte. Ils pensent avoir beaucoup de liberté, ils ne se soumettent qu'à une divinité qu'on ne peut pas réellement invoquer ; ils se contentent d'un concept, «l'Être suprême», une entité supérieure, une divinité créatrice qu'on peut accepter comme dieu, même si ce n'est qu'un phénomène énergétique : «Derrière toute physique, derrière toute chimie, il y a un principe, un principe d'énergie que l'on ne peut pas expliquer et que l'on peut qualifier de divinité.»

Et nous avons une organisation mondiale de libres-penseurs, bienveillants, tolérants, qui ont en commun un système de contrôle dont ils ne sont pas conscients. La question est : qui contrôle ?

Le savez-vous ?
Hum, oui, mais je… ne peux pas donner de noms.

J'imagine, mais le contrôle fonctionne. Et qui sont les sept chrétiens de Syrie ? De quoi s'agit-il ?
Selon les écrits des Templiers, les sept chrétiens de Syrie furent retrouvés dans une grotte après une grande bataille perdue. Leurs noms apparaissent dans ces écrits. On les confia aux bons soins des chanoines du Saint-Sépulcre, à qui ils révélèrent peu à peu leurs secrets, après une période de mise en confiance. Ces sept chrétiens étaient issus d'une communauté fondée par Jacques, le frère de Jésus, à la mort de celui-ci. Pierre et Jean furent des membres de cette communauté.

À l'origine, c'est saint Paul qui lança le projet de contrôle et de domination du monde. Il ne faut pas sous-estimer l'influence de cet homme. Paul de Tarse était un persécuteur du christianisme des origines, il ordonna l'exécution d'un grand nombre de chrétiens. Ils étaient considérés comme des rebelles, et Paul ne pouvait pas ne pas voir que plus il en tuait, plus leur nombre augmentait. Un jour qu'il était sur le chemin de Damas, il vit une apparition lumineuse ; Jésus lui apparut et lui demanda : « Paul, pourquoi me persécutes-tu ? » Paul devint aveugle après cette rencontre. On le transporta à Damas, son état d'esprit changea complètement. Il réussit à convaincre les communautés chrétiennes que la rencontre avec Jésus l'avait transformé, qu'il était désormais l'un des leurs. Il devint rapidement un des leaders du mouvement chrétien. On sait que si on ne peut pas lutter contre une organisation de l'extérieur, on peut l'infiltrer et la détruire de l'intérieur. Considérant le degré de vénération qu'atteint saint Paul à notre époque, je n'en dirai pas plus. Les disciples de Paul font partie des chrétiens des origines. Après la mort de Jésus, un grand nombre de communautés chrétiennes virent le jour, mais seule celle autour de Jacques peut revendiquer la primauté de l'origine. Dans la chrétienté occidentale, très marquée par l'influence de Paul, on interdisait les écrits qui venaient des premiers groupes de chrétiens, jusqu'à leur reconnaissance au XIIᵉ siècle. Les sept chrétiens étaient les conservateurs des secrets et des vérités fondamentales. Ces révélations furent protégées par les Templiers pendant deux cents ans et le sont toujours, mais par les francs-maçons. Voilà ce dont il s'agit.

Existe-t-il une lignée qui remonte aux chrétiens des origines ?
Non.

Comment ces secrets se mettent-ils au service du pouvoir ou deviennent-ils même le pouvoir ?
Il ne s'agit pas de paroles, d'écrits. Le secret des Templiers, des Illuminati, n'est pas un secret que l'on peut déchiffrer sur un parchemin; c'est un mécanisme qui agit, une fonctionnalité.

Il faut comprendre le fonctionnement de la vie, de l'univers. Il y a sûrement des secrets sur l'histoire, les origines extraterrestres, la lignée de Jésus, mais le secret autour de la structure de la vie, des âmes, de la force de l'esprit et du savoir est plus important. La question fondamentale est de comprendre comment utiliser ce savoir pour mener les êtres humains.

C'est Rupert Sheldrake qui a donné l'explication la plus actuelle touchant ce phénomène, qu'il appelle les champs morphogénétiques. Une pensée crée un champ d'énergie, le champ morphogénétique. Cette pensée est partagée; reprise par d'autres personnes, elle crée une dynamique autonome. On ne peut pas déterminer à l'avance la façon dont elle se développera ni combien de temps le processus prendra, mais on sait qu'elle se développera. Des mécanismes de contrôle permettent de comprendre comment l'idée s'est répandue, si elle est restée pure, et de la corriger éventuellement.

Permettez-moi de vous interrompre. Vous dites : *champs morphogénétiques*. Cela ressemble à l'ancien principe hindouiste de la substance immatérielle.
C'est exact. Aujourd'hui, on parle un autre langage, celui de la physique, mais on peut dire aussi «esprit». C'est ce que Wallace D. Wattles décrivait il y a un siècle comme la substance immatérielle qui remplit la matière et tous ses interstices.

Qu'entendez-vous par le mot *substance* ?
D'un point de vue physique, c'est difficile à expliquer. C'est à mi-chemin entre la matière et l'esprit, ce n'est plus complètement de la matière et ce n'est pas encore de l'esprit. Je pense que l'expression *champ morphogénétique* est tout à fait appropriée pour exprimer le tétragramme YHWH, Jéhovah. Jéhovah est un champ morphogénétique capable de

contrôler l'humanité, si on lui donne assez d'énergie. S'il n'en reçoit pas assez, s'il n'est pas accepté, il a perdu la partie. Il est dépendant des êtres humains, qui dépendent moins des dieux que les dieux ne dépendent d'eux. Et il y a le principe de Lucifer qui agit sur un plan énergétique. On l'appelait la divinité à quatre lettres, YHWH. Dans l'Ancien Testament, c'est une divinité qui soumet l'homme en faisant régner la peur et la terreur. C'est un dieu qui punit, exerce du chantage : « Si vous ne vous soumettez pas à mes commandements, je vous punirai ; si vous obéissez, vous serez récompensés. »

C'est pour cela que je vous pose à nouveau la question : comment est-il possible de contrôler et de mener les gens ?
Il très important pour les dirigeants politiques que les gens obéissent, qu'ils acceptent la direction et la tendance souhaitée par les gouvernements, par les gouvernements divins, par Jéhovah. C'est très bien expliqué dans la Bible. Mais ce dieu peut être vaincu par les êtres humains, il est souvent plus faible que l'homme.

Dans la Bible, il y a un passage inouï dans lequel Jacob se bat et gagne contre ce dieu en l'obligeant à le bénir : « Cette même nuit, il se leva avec ses deux femmes, ses deux servantes et ses onze enfants, et passa le gué du Jabbok. Il les prit, leur fit passer le torrent, ainsi qu'à tout ce qui lui appartenait.

Jacob resta seul ; et jusqu'au lever de l'aurore, quelqu'un lutta avec lui. Voyant qu'il ne pouvait le vaincre, cet homme le frappa à l'articulation de la hanche ; et l'articulation de la hanche de Jacob se démit pendant qu'il luttait avec lui. Il dit : « Laisse-moi aller, car l'aurore se lève. » Et Jacob répondit : « Je ne te laisserai point aller que tu ne m'aies béni. » Il lui dit : « Quel est ton nom ? » Et il répondit : « Jacob. » Il dit encore : « Ton nom ne sera plus Jacob, mais tu seras appelé Israël ; car tu as lutté avec Dieu et avec les hommes, si bien qu'à la fin tu l'as emporté. » (Gn 32, 22-28)

Il faut s'imaginer la scène : un homme lutte à bras-le-corps avec un esprit, un ange ou un démon incarné. Celui-ci dit à Jacob : « Laisse-moi aller, car l'aurore se lève ! » On ne voit cela que dans les films de vampire : ils craignent la lumière du jour. Et Jacob répond à cette entité : « Je ne te laisserai point aller que tu ne m'aies béni ! »

Cette bénédiction est à l'origine de la domination du peuple d'Israël sur ses frères.

Qu'entendez-vous par Israël ou les Israélites ? Qu'entendez-vous par juif, par sioniste ?

Depuis plus d'un siècle, on entend cette rumeur : «Les juifs nous contrôlent, ils contrôlent les médias, la finance, la politique !» Mais qui sont donc ces juifs à qui l'on attribue ces pouvoirs ? Qui est ce peuple d'Israël, quel est cet État d'Israël, quand on entend Benyamin Netanyahou ou Shimon Peres dire que le peuple de Juda vit dans les frontières et dans la nation d'Israël ? Israël est l'enveloppe, le territoire dans lequel vit le peuple de Juda.

Oui, comme les Bavarois vivent en Allemagne.

Oui, parce que Juda n'est pas un peuple ; les Bavarois ne sont pas plus un peuple, c'est une tribu. Juda est une des douze tribus d'Israël. Mais que signifie Israël aujourd'hui ? C'est la forme politique d'un État, mais à l'origine c'était une seule personne, Jacob. Jacob était Israël !

Mais pourquoi Israël ? Cela vient-il du dieu El, qui régna deux mille ans avant Jésus sur tout le Moyen-Orient ?

Parce qu'El est le véritable Dieu. Et les syllabes qu'on adjoint sont les attributs de cette divinité.

Mais de Jacob à Isra ?

Il dit : «Ton nom ne sera plus Jacob, mais tu seras appelé Isra-El, car tu as lutté avec Dieu et avec les hommes, si bien qu'à la fin tu l'as emporté.» Sa signification étymologique est «celui qui combat Dieu». Il a vaincu l'Esprit, la matière a vaincu l'Esprit. Nous devons en tenir compte. La matière dominera toujours l'Esprit ! Elle est plus forte que l'Esprit. Et nous voudrions tellement que l'Esprit soit plus fort que la matière, qu'il domine tout. L'Esprit ne domine rien.

C'est une illusion. Est-ce réellement le point de vue de la franc-maçonnerie ?

Oui, la matière est plus forte que l'Esprit, Lucifer est le maître du monde. L'être humain fait partie de cette matière, il doit en accepter les principes.

Il doit l'honorer, mais pas la vénérer. Quand il commence à vénérer la matière, il se perd et ne peut plus libérer son esprit.

L'être humain est fait de chair, d'esprit et d'âme.

Oui, nous nous identifions à notre corps, à notre âme ; l'âme est ce que nous ressentons. Mais l'esprit, cela ne nous dit rien ; notre rationnel, notre façon de penser sont ancrés dans la matière. C'est le corps. Le raisonnement, ce n'est pas l'esprit. L'esprit, c'est différent.

C'est l'un des secrets majeurs de la franc-maçonnerie – et des Templiers. Comme il va à l'encontre de ce que professent les religions, la spiritualité et l'ésotérisme, nous le gardons secret. Il n'est pas bon pour les êtres humains de savoir ces choses. S'ils en prennent conscience, ils vont se révolter. C'est ce qu'ils ne doivent pas faire. La masse des profanes ne doit pas bouger, elle doit continuer à aller tranquillement à l'église, à la mosquée, et travailler…

Je compare volontiers l'esprit à l'électricité qui fait marcher les machines ; l'esprit, c'est l'électricité qui meut l'âme dans le corps. Il s'agit d'énergie.

Oui, il doit y avoir un principe mental, énergétique.

La lumière – le Soleil – le culte du Soleil. Is-RA-el comprend *Ra*, qui est le principe de lumière, donc le Soleil. Les cultes du Soleil ont précédé les religions.

L'esprit est la force sans laquelle rien n'existerait. Et le sommet hiérarchique des forces de l'esprit réside dans le mental. Cependant, il semble que le côté ludique de la vie se trouve dans la matière. Les anges disent toujours : « Tu dois décider si tu suis ton propre chemin ou si tu acceptes les forces de l'esprit comme inspiration de tout ce que tu fais. » Ce qui revient à dire qu'en général, on prend ses décisions soi-même. Maintenant, est-on heureux ? Cela reste à débattre. On se situe parfois à la limite du refus de suivre, préférant faire ses propres expériences. Je peux aussi me laisser pénétrer par ces forces, négatives ou positives, et les laisser agir par mon intercession. Il semble malgré tout que cette force, appelons-la Satan ou Lucifer, ait une position rigide dans le monde de l'esprit et ne puisse agir que d'une certaine façon. Elle fait partie d'une hiérarchie, d'une structure à laquelle elle est liée. Si cette force peut s'exprimer dans la matière, elle peut agir.

Quand la force s'incarne, elle a un grand terrain de jeu... Dans la matière, l'esprit ne peut plus agir. Il est prisonnier de la matière.

Après votre présentation, on pourrait aussi dire : l'"esprit a besoin de l'homme, l'esprit a besoin de la matière.
C'est bien notre problème. Nous devons différencier l'esprit de la matière. Le rationnel appartient à la matière. Ce sont les impulsions qu'on donne au corps. Le rationnel est là pour le corps, les instincts, le bien-être des êtres humains. Mais il y a un principe, celui de l'esprit, que l'être humain ne perçoit que par les sensations : «Il y a un Dieu, quelque chose de supérieur que je ne peux expliquer, que je ne peux concevoir. Mais cela me touche, c'est l'esprit.»

L'esprit n'est pas en mesure de contrôler la matière. Le rationnel le peut, pas l'esprit. La matière se situe dans le domaine entre la compatibilité sociale et l'épanouissement personnel, entre l'égoïsme et l'intégration sociale. Chez l'enfant, ce n'est pas pareil. Le *Zohar*, la kabbale secrète, explique que l'être humain, dès la naissance, est lié au principe du mal. Un nourrisson et un jeune enfant crient jusqu'à obtenir la satisfaction de leurs besoins. Ils crient sans aucune considération pour leur mère, serait-elle malade ou n'ayant pas dormi depuis trois jours. Sans cela, l'enfant ne pourrait pas survivre. C'est vers l'âge de dix à treize ans qu'il intègre le principe du bien. Les problèmes de la puberté apparaissent, puis viennent les idéaux : les jeunes sont prêts à se sacrifier pour une idée. À cet âge, ils sont influençables et reconnaissent peu à peu qu'il existe un principe supérieur, un idéal qui se situe en dehors de leur ego, de leur moi. Ils rencontrent des problèmes. Le *Zohar* dit qu'il s'agit du deuxième ange. L'être humain passe sa vie accompagné de deux êtres, un sombre et un lumineux. J'évite par exprès de dire *bon* ou *mauvais*.

Non, mes enfants ne font pas partie du principe du mal. C'est une bêtise !
C'est ce que dit le *Zohar*. Vous voulez savoir comment les puissants de ce monde parviennent à influencer la jeunesse ? Ce que je viens d'expliquer est l'arrière-plan. Les puissants le savent et s'en servent, même si cela ne vous plaît pas...

Vous parlez d'idéaux à partir de treize ans ; le mot *religion* veut bien dire *être relié* ?

C'est pour cela qu'on reçoit la confirmation à cet âge : elle donne de la force. On a besoin de force pour recevoir les choses de l'esprit ; une jeune personne est incapable de le faire. On a besoin de force d'esprit, du bon ange. On apprend à se situer entre les deux anges, entre le bien et le mal. Si l'on tend vers l'un, on se sacrifie, on s'oublie. On meurt pour l'amour du prochain. Si on tend vers l'autre, le mal, on devient fort et socialement incompatible. Mais on ne peut pas vivre complètement seul, il faut se situer entre le bien et le mal ou, comme le dit le franc-maçon, entre l'équerre et le compas. C'est primordial, ce sont des principes avec lesquels l'être humain doit vivre. Ce sont les deux anges qui sont toujours à nos côtés.

L'équerre et le compas. « Le diable se cache dans les coins », affirma un jour Rudolf Steiner. Le compas est-il le bien ?

Non, et l'équerre n'est pas non plus le mal. Le Mal n'existe pas. L'équerre, c'est la mesure, le droit, la justice et la nécessité. La justice et la loi sont dénuées de toute miséricorde, elles sont inflexibles. Les lois de la physique et de la chimie obéissent à une causalité, elles provoquent une réaction. Quand on mélange deux éléments, il se passe quelque chose, on ne peut plus l'arrêter. De même, quand on a tiré sur la gâchette, la balle quitte le barillet, on ne peut plus la stopper. La loi s'exécute. C'est le principe de l'équerre, le principe de Lucifer. C'est la loi !

Le compas, c'est l'opposé. Il peut faire du chiffre cinq un chiffre pair. C'est la miséricorde, la divinité. L'équerre, c'est le devoir, ce sont les figures imposées, et le compas, les figures libres, la nécessité et les possibilités. L'être humain a le choix de tendre vers l'un ou l'autre ; vers la générosité et la miséricorde, on pardonne ; et cinq peut être parfois un chiffre pair. On n'est pas obligé d'être juste, on peut être charitable, divin. Jésus, le père des miséricordieux, aurait pu dire : « Tout ce que je fais est illégal, la miséricorde est toujours illégale, on peut la combattre, mais je le fais quand même. »

L'équerre est sans pitié, c'est le procureur, l'accusateur, l'Anubis des Égyptiens. Le procureur n'a pas à être charitable ; le juge peut l'être, mais pas le procureur. C'est la loi qui a la priorité. Le juge peut soupeser des faits objectifs : l'accusé a tué, mais il avait des raisons subjectives pour le faire. Le juge doit peser la nécessité, la loi et la charité ; cela fait partie de la condition humaine. Il n'y a que celui appliquant toujours le principe de l'équerre qui a toujours raison. Mais il manque de miséricorde, il n'est pas souple.

Un franc-maçon m'a dit un jour : « Les Illuminati sont emprisonnés dans la matière.» Êtes-vous de cet avis ?
Oui, ils sont les maîtres de la matière. Ce sont les artistes, les seigneurs de la matière. Et nous ne pourrons jamais comprendre pourquoi ils ont tellement de succès. Pourquoi ? Parce qu'ils appliquent le principe de façon implacable, parce qu'ils maîtrisent la loi de la causalité. Et nous, avec nos principes où cinq est un chiffre pair, parce que nous parlons avec nos tripes, nous nous contentons de faire la différence entre ce qui est objectif et ce qui est subjectif.

Quand on observe les membres des familles illuminati, on se rend compte qu'ils sont plutôt dénués de sensibilité. Ils n'ont apparemment pas la nôtre. Ils ne mettent pas d'émotions dans leurs décisions. Nous devons nous battre pour que nos émotions ne prennent pas le dessus, si nous voulons être justes ou avoir du succès. Nous devons nous fermer à nos émotions. Eux n'en ont pas besoin, ils n'en ont pas.

Revenons, si vous le voulez bien, au combat contre l'ange qui craint la lumière. Cela m'intéresse. L'ancienne rivière Jabbok est-elle le symbole du fleuve de la vie ?
Peu importe... Il est peu probable que cette bataille ait réellement eu lieu. Nous devons réfléchir à ce que cette histoire nous apprend : dans la Bible, il est écrit que Jacob prit le nom d'Israël. Jacob répondit à l'ange : « Je ne te laisserai point aller que tu ne m'aies béni. » (Gn 32,26). Alors, l'esprit se dit : « Quand l'aurore se lèvera, je perdrai mon pouvoir de toute façon ; je peux donc bénir Jacob. » C'est une bénédiction forcée, Jacob/Israël déclencha un phénomène énergétique qui poussa l'esprit à le bénir. Et l'ange sombre lui dit : « Ton nom ne sera plus Jacob, mais tu seras appelé Israël, car tu as lutté avec Dieu et avec les hommes, et tu l'as emporté. » (Gn 32, 28)

Puis Israël alla à la rencontre de son frère Ésaü avec ses femmes et ses enfants. Ses douze fils étaient aussi Israël. Israël n'était plus une personne, mais douze. C'est le zodiaque, ce sont les douze tribus d'Israël. La divinité fut forcée de bénir Jacob, et Jéhovah dit : «Je vous ai choisis. Et je vais vous guider, car je suis votre Dieu maintenant. Et si vous suivez mes lois, je vous bénirai et vous aurez ce que vous voulez.» Mais ils étaient toujours insatisfaits, ils étaient en Égypte où ils subissaient l'oppression : «Nous avions assez à manger en Égypte et ici il n'y a rien, que de la manne.» Au moment où Moïse reçut les Tables de la Loi sur la montagne, les Israélites se construisaient un veau d'or. Pourquoi ? Parce que Dieu les faisait trop attendre. Il était devenu intime avec ce peuple, mais ce peuple l'avait toujours déçu. Dieu avait eu la force de faire plier les autres peuples devant le peuple d'Israël. Il avait assassiné des milliers de personnes pour pouvoir bénir ces douze tribus, c'était une partie de sa promesse, mais il voulait aussi rendre ce peuple obéissant.

Or, il ne voulait plus de Dieu. Il voulait d'abord des juges et puis un roi. Il ne voulait pas être guidé par un Dieu. Il eut les juges, il eut les rois. Sous le règne de David, il y eut d'innombrables guerres. David avait beaucoup de succès, il construisit un grand empire en combattant. Le roi David dit à Dieu : «Voilà, Dieu, je vais construire ta maison. Tu n'auras plus besoin d'habiter dans des cartons, sous cette tente, je vais te construire une maison magnifique.» Dieu lui répondit : «Non, tu n'as pas le droit de construire ma maison, tu as commis trop de sacrilèges, mais ton fils aura le droit de construire une maison pour moi, je te le promets.»

Et puis vint Salomon. Il avait demandé la sagesse à Dieu, qui la lui avait accordée. Salomon était devenu le plus sage des hommes, le roi le plus prospère que le monde ait connu. Sa fortune était incommensurable, il avait sept cents femmes et tout ce qu'on pouvait désirer. Il construisit un temple pour son dieu, qui devait être infiniment long, comme l'écrit la Bible; en réalité, il avait la taille d'une grange, mais c'était le temple sur la montagne Moria en l'honneur de son dieu. Et ce dieu prit place dans le temple. Cet épisode renferme le grand secret à propos du commandement des hommes.

La description du temple nous permet de découvrir le secret de la franc-maçonnerie. Une partie du secret réside dans la disposition du temple, avec ses vestibules, ses cours, les entrées monumentales et les douze intendants. Nous voyons ces derniers chargés du service du temple et de tout le royaume. Tous les mois, une autre tribu prenait à sa charge l'intendance. Chacune des douze tribus devait servir un mois dans le temple. Ce sont les signes du zodiaque. Chaque mois, nous pénétrons dans une autre constellation, chaque mois une autre constellation régit la Maison. La Maison a neuf fonctionnaires. Ce sont eux les maîtres, ils se font servir par les douze intendants. Nous pouvons transposer ce système directement dans la vie terrestre, dans l'humanité, dans toute communauté sociale et même dans l'individu. Ce principe de commandement, 12/9, est ce qui nous constitue. C'est ce principe qui structure l'individu, le peuple, l'humanité et le cosmos.

Revenons au peuple d'Israël, qui vient de quitter l'Égypte et de conquérir un territoire avec l'aide de son dieu, qui a des juges, des rois, Saül, David et Salomon. C'est sous le règne de Salomon que le peuple d'Israël connut son apogée. Il était uni, immensément riche, c'était une grande puissance économique. Les lois étaient sévères, mais le peuple était heureux. Toutefois, Salomon ne tint pas sa promesse, car il ne vénérait pas son dieu. Jéhovah lui avait donné toute sa bénédiction, mais il ne se mit pas à son service. C'était le secret de sa prospérité !

Je n'avais jamais entendu cette version.

Et c'est ce qui fit la prospérité de son peuple. Si Israël est égal à l'humanité, si l'humanité, c'est l'individu, alors l'individu, l'humanité, le peuple ne peuvent être prospères que s'ils ne se soumettent pas à Jéhovah. Et seulement à cette condition ! Salomon, *Shlomo* en hébreu, Souleymane (Slimane) en arabe, connaissait le langage des animaux et des fleurs. Il comprenait et maîtrisait la nature, il lui parlait, il était le maître de la matière. Il était si prospère, son peuple était si heureux… Dieu était en colère : «Parce que tu as fait cela [...] je t'arracherai le royaume [...] Toutefois, en tes jours je ne le ferai pas, à cause de David, ton père. De la main de ton fils, je l'arracherai.» (I Rois 11, 11-12).

Dieu ne pouvait pas punir Salomon de son vivant. Salomon était le maître, il dominait la matière, il dominait le dieu Jéhovah. Pourquoi ?

Parce que Jéhovah, enfin l'esprit, n'a pas de pouvoir sur la matière. Mais la matière a un pouvoir sur l'esprit. L'esprit peut séduire la matière, et si la matière manque d'attention, elle peut se mettre à son service.

La légende rapporte qu'à sa mort, on maintint Salomon assis sur son trône, l'appuyant sur son sceptre pour donner l'impression qu'il était encore vivant. Le cadavre restait là et les djinns, les démons, qui étaient ses serviteurs, continuaient à le servir. Salomon était le maître des démons. Et les démons lui érigèrent son temple. Dans la Bible, il est écrit : « Le temple fut construit sans que l'on n'entende un seul coup de marteau. » Il fut construit par des forces élémentaires, que Salomon maîtrisait. Il était le maître des djinns. Les djinns sont des démons très dangereux qui dominent les hommes, qui dominent tout. Mais Salomon pouvait les contraindre à le servir. Ces forces de l'esprit existent réellement, ce sont des entités qui s'emparent des êtres humains, les rendent dépressifs, schizophrènes. Ce sont des forces mentales. Et comme plus personne ne sait maîtriser et dominer ces forces, les êtres humains prennent des médicaments et des calmants pour ne plus les sentir. Ils sont quand même là ! Et ils n'ont plus de maîtres ; il en reste, mais trop peu.

Tout n'est pas si sauvage si l'on prend du recul. C'est ce qu'on appelle le Temple de Salomon dans la Bible.

La plupart des gens pensent que le Temple de Salomon est le bâtiment que Salomon fit bâtir pour son Dieu.

Le Temple de Salomon est le temple que Salomon construisit pour lui-même. Ce bâtiment avait la taille d'une grande étable, mais son temple, le centre de son pouvoir, était immensément grand. Le matériau était le même. Il y avait d'un côté le temple de Dieu et, de l'autre, celui de Salomon. Ils se faisaient face. Salomon avait négligé le temple de Dieu, il avait pris soin de son propre temple et acquis un pouvoir incommensurable.

Que font réellement les francs-maçons ?

Leur mission est de bâtir le Temple de Salomon : « Bon, nous allons construire le Temple de Salomon. Il ne sera pas en pierre, car c'est un temple de l'esprit, et nous construirons un temple en l'honneur de Dieu.

Nous, les francs-maçons, sommes une pierre de cet édifice ; c'est l'amour du prochain, la fraternité, la tolérance. Nous faisons une belle œuvre. »

La grande majorité des francs-maçons n'a aucune idée de ce qu'est réellement le Temple de Salomon. Ils ne savent pas ce qu'ils sont en train de construire. Avec leur conscience, leur émulation pleine d'énergie, ils bâtissent un temple en l'honneur de celui qu'ils croient être Dieu, le Bon Dieu, bienveillant. En réalité, ils le construisent en l'honneur de Salomon. Maître des esprits, il s'était opposé à Dieu, qui l'avait maudit, alors qu'il était le sage parmi les hommes. Cependant, Jéhovah ne pouvait le toucher : « Toutefois, en tes jours je ne le ferai pas, à cause de David, ton père. De la main de ton fils, je l'arracherai. » (I Rois 11, 12).

Après la mort de Salomon, la dispute éclata en Israël. Jéroboam Ier revint d'Égypte avec dix tribus. Elles étaient Israël. Il devint le premier roi du royaume du nord. Deux tribus, Juda et Benjamin, restèrent au sud et fondèrent le royaume de Juda. Chacune possédait son territoire, mais c'est sur celui de Benjamin que se situait Jérusalem, le lieu du culte.

Juda voulait et devait y commander, car Dieu était présent dans cette ville où était conservée l'Arche d'Alliance.

Le mot *Égypte* revient souvent dans la chronologie biblique, mais *Israël* n'apparaît qu'une fois ; il ne veut pas dire Israël, mais Jezréel, qui est la grande pierre de la cinquième dynastie.

Israël est, au fond, une vue de l'esprit, une vision du monde dans la communauté des hommes. Après le règne de Salomon, l'homme, la communauté des hommes, put se libérer des contraintes divines et se réaliser dans sa condition humaine. Quand on est capable de se réaliser en tant qu'être humain, on est comme un dieu, on est même plus grand qu'un dieu. On est créatif et on a rempli un devoir, une mission.

Le premier Dieu de la Bible donna à l'homme le jardin d'Éden, qu'Il créa, où Il mit l'homme pour s'en occuper, qui devait gérer la matière, le potentiel énergétique individuel et la communauté des hommes. L'individu représente l'humanité, comme les cellules individuelles contiennent la programmation de l'être humain entier. En haut comme en bas, le macrocosme est comme le microcosme.

C'est cela, Israël. Adam et Ève durent quitter l'Éden. Les manquements et l'infidélité de Salomon poussèrent Dieu à faire exploser le peuple en douze parties. Les dix premières réunies prirent le nom d'Israël, les deux autres celui de Juda. La bénédiction originelle concernait les douze parties. La déportation à Babylone toucha les dix premières parties. Elles ne sont plus là. Deux tribus, Juda et Benjamin, revinrent de Babylone. Sous le règne de Néhémie, elles reconstruisirent le temple et fondèrent un nouveau royaume, qu'elles nommèrent Israël. Mais elles n'étaient pas Israël, il manquait dix tribus.

Est-ce pure théorie, y a-t-il des preuves ?

Israël était le royaume du nord, qui conclut des alliances avec ses voisins et disparut. Cela signifie que les tribus perdues existent, mais on ne peut le prouver, sauf pour Juda, qui affirme : « Nous sommes les seuls survivants d'Israël, nous sommes Israël. » Les sionistes disent : « Nous avons besoin de cette terre, de tout ce qui a appartenu à Israël. C'est Dieu qui nous l'a promis, c'est une promesse divine, elle nous revient. »

Le peuple attaché à la Torah, celui qui vénère les cinq livres de Moïse, a une vision légèrement différente. Il sait que les descendants des dix ou douze tribus d'Israël disparurent, qu'il est difficile de prouver que l'on est un vrai juif, un descendant de la tribu de Juda. Plusieurs le peuvent, mais pas la majorité. Elle est constituée de sionistes, qui se pensent juifs, mais n'ont pas d'ancêtres hébreux, parce qu'ils viennent d'Europe de l'Est et se sont convertis au judaïsme pour des raisons politiques. C'est la querelle interne entre juifs : les ashkénazes et les séfarades. Ils n'ont pas le droit de se marier entre eux.

Les séfarades, qui sont les descendants des Hébreux, donc les vrais descendants de Juda, disent : « Nous sommes le peuple de la Torah, nous n'avons aucun lien avec la politique actuelle d'Israël. » Les descendants de Juda ne s'identifient pas à ce qui se passe dans l'État d'Israël. Ils s'identifient à la tribu de Juda, pas à celle de Benjamin, car, selon Ésaïe, Juda était plus fort : « Le sceptre ne s'éloignera point de Juda, / Ni le bâton souverain d'entre ses pieds, / Jusqu'à ce que vienne le Schilo, / À qui les peuples obéiront. » (Gn 49, 10).

Et ce peuple se fie aux prophéties d'Ésaïe. Les descendants de Juda pensent que ces écrits sont la parole de Dieu. Et si Dieu en décida ainsi, il ne faut pas en douter.

Je comprends où vous voulez en venir. Les francs-maçons ont du respect pour l'histoire des juifs, le peuple des origines. Mais puisqu'une grande partie des habitants d'Israël n'ont aucun rapport avec cette tribu, ils prirent une certaine distance. N'est-ce pas ?
En quelque sorte.

Revenons au peuple d'Israël. Nous avons les dix tribus du Grand Israël et deux tribus au sud. Qui reçut la promesse divine ? À qui revient le royaume que Dieu donna à ce peuple ?
Il y a des millions de mormons sur terre, les saints des derniers jours. Ils étaient originellement des francs-maçons qui firent sécession. Pour devenir mormon, on se fait baptiser et lorsqu'on sort du baptistère, le « prophète » des mormons vous attend au bord du bassin et vous révèle à quelle tribu d'Israël vous appartenez maintenant. Il sait instantanément à quelle tribu perdue vous appartenez. Israël se reconstruit. Les mormons rassemblent le peuple d'Israël en le filtrant de l'humanité. Ce processus ne débuta pas en 1830 quand le franc-maçon Joseph Smith fonda le mormonisme. Bernard de Clairvaux avait donné le nom d'Israël à l'Ordre des Templiers. Essayez de comprendre et de saisir ce que cela implique.

Quel était l'arrière-plan ?
Voilà un sujet infiniment passionnant. L'Ordre des Templiers pourrait faire valoir son droit sur l'héritage des dix tribus. C'est l'un des grands mystères autour de l'Ordre des Templiers. C'est ce qui sous-tend également la franc-maçonnerie, mais ni les Templiers ni les francs-maçons ne prétendent être les héritiers des dix tribus d'Israël. Ils prétendent par contre participer au gouvernement mondial et sécuriser leurs prétentions. Selon les anciennes lois des Templiers, certains pays européens appartiennent entièrement à l'Ordre ou à d'autres ordres de chevalerie.

Pardon ?
C'est vrai. Au final, il pourrait y avoir la revendication de plusieurs centaines de milliards d'euros. Si l'Ordre des Templiers, dissous en

1314, ressuscitait, s'il était reconnu par les tribunaux, il pourrait réclamer la restitution de ses anciennes propriétés, et posséderait une fortune incommensurable.

En réalité, qu'en est-il ?

La pensée des Templiers a toujours été encouragée par les organisations proches du Vatican. Pourtant, ce dernier est le responsable de la dissolution de l'ordre. Il ne peut le réinstaller. Si une organisation réussissait à se faire reconnaître comme l'héritière directe de l'Ordre des Templiers par le Vatican, une cour internationale pourrait décider de restituer les biens expropriés. Il y a des gens qui rassemblent les actes et les contrats qui précédèrent la dissolution de 1314, et qui touchent ceux qui profitèrent de l'expropriation. Les écrits précisent qu'en cas de reconstitution de l'Ordre, ceux qui avaient reçu en cadeau ces biens s'engageaient à les restituer, qu'il s'agisse de terres ou d'immobilier. Il suffit seulement de prouver qu'on est un héritier de l'ordre, reconnu juridiquement.

C'est un vrai suspense ! Qui peut avoir de telles prétentions ?

Je pense que cela concerne les grandes familles européennes connues. Il y a beaucoup de résistance de la part des Windsor, l'une des familles les plus influentes de la planète. Les Templiers furent persécutés en Angleterre et protégés en Écosse. Les Windsor seraient les grands perdants en cas de procès. Le 23 juin 1314, Robert Ier d'Écosse (Robert Bruce) réussit à repousser les Anglais à la bataille de Bannockburn avec vingt-et-un clans et le soutien des chevaliers du Temple. Mais l'esprit des Templiers n'existe plus en Écosse, ni en France. Si, un jour, des structures voyaient le jour en France et en Écosse, elles pourraient s'allier et représenter un danger pour les Anglais.

Il y a donc un état de guerre. Les loges anglo-américaines sont plutôt hostiles aux Templiers, mais les francs-maçons allemands essaient de se rapprocher d'eux, pour redonner de la force aux loges européennes et se démarquer de l'Angleterre et des États-Unis ?

Oui, c'est le cas.

Et comment cela s'imbrique-t-il dans le Nouvel Ordre Mondial, où tout doit être mis au même niveau ?

Oui, tout doit être mis au même niveau. Le système de contrôle est bien organisé, mais les structures anglaises et américaines tendent à s'affaiblir. On peut voir se dessiner une alliance germano-franco-russe, qui serait du côté des gagnants, et la ligne anglo-américaine, du côté des perdants.

Pour schématiser, on pourrait dire que la mentalité allemande est majoritaire dans le Nouvel Ordre Mondial et que tout ce qui vient des États-Unis subit un recul ?

C'est cela. On peut constater l'influence croissante de l'Allemagne dans les affaires du monde. Il n'y a pas une guerre où l'Allemagne n'est pas présente. Les Allemands sont des meneurs dans l'industrie, l'armement et les satellites militaires. Ils possèdent un tiers de la Banque centrale européenne (BCE). Ils sont les leaders incontestés du contrôle et de la surveillance internationale, loin devant les Anglais et les Américains. On ne peut plus se passer d'eux, c'est un crapaud que les grandes puissances devraient avaler. Elles vont devoir tenir compte de la puissance allemande dans les années à venir, mais votre question avait trait à la restitution des biens des Templiers. Il faut d'abord une organisation qui soit reconnue. L'Ordre des Templiers serait aussi Israël !

Et Lucifer dans tout cela ?

Il faut le faire revenir, c'est lui qui commande le monde ; il est le maître de la matière, il pense qu'il est Dieu. Lucifer ne sait pas qu'il n'est pas Dieu. Il sait qu'il est puissant, un seigneur, qu'il fait bien les choses parce qu'il respecte scrupuleusement certaines lois, mais il n'a pas de cœur, n'est pas miséricordieux. Il a besoin d'un sauveur, de miséricorde, symbolisée par Jésus. Le christianisme est le sauveur, notre fondement spirituel.

Là aussi, il faut savoir déchiffrer le mystère. Ce que je dis n'est pas religieusement correct, c'est pour cela que c'est un secret maçonnique… Nous ne pouvons pas attendre un sauveur hypothétique qui nous prend par la main pour nous élever. Nous pourrions attendre jusqu'au Jugement dernier, il ne se passerait rien.

Nous cherchons à connaître le véritable enseignement de Jésus. Les Évangiles nous parlent de sa vie. Écrits par des tiers, ce sont des témoignages sur ce que Jésus a accompli. Il chassa les esprits, ressuscita des morts, mais aucun des évangélistes ne vécut à l'époque de Jésus.

Donc, l'enseignement de l'Église n'est pas l'enseignement du Christ ?
Du moins, ce n'est pas ce qu'on retrouve dans les Évangiles. Jésus nous enseignait que nous portons Dieu dans notre cœur. C'est la clé.

C'est la première fois que j'entends dire ce que je ressens aussi !
Nous sommes dans un monde de matière, régi par les lois de la matière, pas par les lois de l'esprit. Si, par l'esprit, nous arrivons à rendre supportables les lois de la matière, nous avons rempli notre mission. Notre rôle est de rendre supportable la matière.

Supportable pour qui ?
Nous n'irons pas au paradis. Ce qui est terrestre restera sur terre, ce qui tient de l'esprit restera de l'esprit. C'est écrit dans une épître de saint Paul aux Corinthiens : «Tu ne ressusciteras pas dans ton corps.» La matière reste la matière, l'esprit reste l'esprit. Notre esprit est emprisonné dans notre corps ; quand le corps est détruit, l'esprit se libère, chacun retourne dans son royaume. Mais nous sommes encore dans cette trinité, le corps, l'esprit et l'âme, ce qui crée un mélange que nous ne pouvons pas contrôler à notre gré. Ce sont les champs morphogénétiques. Nous pouvons choisir de faire la guerre, de nous entre-tuer ou de vivre en paix. L'humanité disparaîtra par les guerres et les catastrophes naturelles, mais cela n'arrivera que si la majorité de l'humanité décide de faire la guerre. Et si la majorité se décide pour la paix, c'est la paix qui régnera. Tout dépend de l'état d'esprit, surtout celui de ceux qui nous commandent.

Et quel est le rapport avec l'Apocalypse de saint Jean ?
Elle préfigure l'avenir. Pas parce que c'est prédestiné, mais parce que ceux qui commandent le monde veulent absolument que les prédictions de l'Apocalypse se réalisent. Elle nous concerne donc tous.

On peut influencer et manipuler la mentalité et l'état d'esprit des gens. C'est ce que nous avons compris.
On ne peut pas vraiment manipuler les gens. En théorie, oui, mais personne n'est vraiment capable de les forcer. On peut toutefois le favoriser. Et cette façon d'influencer est un autre secret. C'est celui de la franc-maçonnerie, des Illuminati, des familles puissantes. Comment fait-on pour faire avancer des idées, comment fait-on pour y insérer une dynamique en vue d'atteindre l'objectif que nous avons déterminé ?

C'est le travail que l'on accomplit dans les hauts grades de la maçonnerie et des Illuminati. Les hommes dont c'est la charge sont assis aux commandes. On les trouvait avant dans les cathédrales ou les lieux sacrés ; maintenant, ils ont leur bureau dans les banques centrales. Ce sont les leviers du pouvoir, là où se forment les idées et où l'on avance dans une certaine direction.

Ce n'est pas si simple. Il ne suffit pas d'imprimer de l'argent, de le distribuer et de dire «j'ai le pouvoir». Le pouvoir, c'est gagner la confiance des gens pour les pousser à se dépasser. Ce n'est pas parce qu'on leur donne beaucoup d'argent qu'ils sont efficaces. Dans les périodes d'inflation, beaucoup d'argent circule, parfois moins. Il s'agit d'être compétitif, d'avoir confiance.

Et c'est cet état d'esprit qui s'effondre en ce moment.
Le système bancaire et financier est basé sur la confiance. Si des millions d'individus me font confiance, je peux exercer une influence sur eux. Si je veux les influencer, je les mets sous pression ou leur donne des drogues. Aujourd'hui, il y a des drogues chimiques et électroniques, dont le téléphone portable et les émissions de télévision. Les gens sont sursaturés de signaux et de poisons, le fluor particulièrement. Et pour moi, ce gouvernement mondial, ce Nouvel Ordre Mondial, qui est établi depuis longtemps, est une bénédiction pour l'humanité. Nous perdons une grande partie de notre liberté, sans doute notre vraie liberté, mais l'humanité vit à peu près en paix et l'injustice recule. Et si l'humanité est réduite des 10/12 de sa population, la plupart des gens ne sauront pas pourquoi. Cela arrivera.

Il faut séduire les gens, et ça fonctionne ! Ceux qui savent diriger et contrôler en profitent bien.

Pour moi et pour l'ensemble de mes lecteurs, c'est une catastrophe : nous ne sommes pas venus sur terre pour cette raison-là, mais continuons : l'ancien président de Daimler-Benz, Jürgen Schrempp, prédit la fusion internationale des grandes sociétés et la dissolution progressive des États nationaux : «Nous allons créer une union transatlantique, un tremplin pour une union mondiale ; il n'y aura plus de frontières entre les pays.» De quelle façon profitent ceux qui contrôlent le système ?

Les êtres humains cherchent toujours le confort pour leur corps et la satisfaction de leurs instincts. C'est de cela qu'il s'agit. Nous voulons et devons satisfaire nos instincts. Par une vie modeste, nous les contenons, mais nous arrivons à les satisfaire. C'est bien et beau, il ne faut pas le refuser. Jésus disait : «Donnez à l'empereur ce qui est à l'empereur et à Dieu ce qui est à Dieu !» Satisfais les instincts de ton corps et donne-lui le calme pour permettre à l'esprit de se développer. Ce n'est qu'avec un corps calme que l'esprit se développe. Si je veux me tourner vers les choses de l'esprit, je dois assouvir et calmer mes instincts. Qu'il s'agisse d'alimentation ou de besoins sexuels, l'essentiel est d'être paisible et serein. Saint Paul a dit : «Je suis heureux de ne pas avoir ces besoins, mais que ceux qui les ont les satisfassent.» Avant de paraître à la table du Seigneur, avant de présenter ton sacrifice, paie ta dette, entends-toi avec ton prochain, couche avec ta femme, mange de bons aliments et ton esprit s'ouvrira. La matière est plus forte que toi et il n'y a aucun souci à satisfaire ton corps.

C'est une façon de penser typiquement masculine, pour moi c'est un monde archaïque. Quels sont les enseignements de la maçonnerie, quel est le pourcentage de savoir secret ?
La franc-maçonnerie n'enseigne rien. Elle permet simplement de prendre conscience, elle est comme une bibliothèque de trente-trois étages. À chaque niveau, on gagne le droit de monter à l'étage supérieur, de consulter les livres et d'acquérir des connaissances. Tu as parcouru tout l'immeuble, tu es arrivé en haut, tu as été attentif, tu as intégré le savoir complet de l'humanité ; ce que tu en retires, c'est ton affaire, cela ne se contrôle pas. La franc-maçonnerie conserve l'ensemble des secrets et des vérités relatifs à l'humanité. Que tu les reconnaisses, c'est ton affaire. Nous n'enseignons rien, nous proposons et tu peux en tirer avantage.

Ce que vous venez de dire à propos de Jésus, de Jéhovah et de Lucifer est difficile à assimiler et à digérer. Est-ce une question de point de vue ? Cela va à l'encontre de ce qui circule dans le milieu du channeling [NDÉ : canal entre l'homme et les mondes «supérieurs»] et dans les cercles ésotériques, sans parler des chrétiens...
Mon cher monsieur van Helsing, vous savez ce que professent les cercles ésotériques. Et ce que pensent ou croient les chrétiens naïfs.

Nous nous sommes rencontrés pour que je vous dise ce que pensent les francs-maçons de haut grade, d'où ils tiennent leurs connaissances et ce qu'ils en font. Ce que nous disons ne plaît à personne, nous le gardons pour nous.

C'est tout simple : n'avez-vous pas remarqué que les gens soi-disant spirituels manquent de réussite, qu'ils ne sont pas sur la bonne voie, qu'ils ne sont pas heureux ? Ils possèdent un savoir partiel, ils ont une image de Dieu tronquée. Il n'y aura pas de sauveur et aucun ange ne nous épargnera la souffrance. Nous pouvons nous libérer nous-mêmes, nous pardonner nous-mêmes. Et là, les anges ou d'autres esprits peuvent nous aider. Nous sommes le sauveur, il est en nous !

Vous voulez savoir ce que pensent les hommes les plus puissants, comment ils sont parvenus à guider le monde vers le Nouvel Ordre Mondial, quelle est leur vision du monde, de Dieu ? Alors, écoutez-moi. Beaucoup de choses vont vous déplaire, mais prenez le temps de réfléchir à ce que je vous dis. Ce qui est étonnant dans cette interview, c'est que je vous dévoile les secrets les plus profonds, mais que la plupart des lecteurs n'y comprendront rien. Ils ne veulent pas comprendre, ils ne veulent pas l'accepter, parce que cela ne correspond pas à leur vision du monde. Ils résistent et ne peuvent pas comprendre, car il leur manque des bases. Ils ne savent pas intégrer ces vérités et en tirer avantage dans leur quotidien.

Il faut quinze ans à un franc-maçon pour cheminer jusqu'à l'acquisition de ce savoir, et des années pour approcher de la vérité. Malgré tout, il y en a beaucoup qui ne peuvent pas l'accepter : cela impliquerait de changer de vie. La connaissance change l'être humain. La plupart ne veut pas changer et préfère garder son confort. C'est pour cela qu'il y a des francs-maçons de haut grade qui savent tout et d'autres, de même grade, qui n'ont jamais entendu parler de certains sujets – parce qu'ils sont aveugles intérieurement. Si l'être humain n'est pas ouvert à la vérité, il ne peut la voir.

Et chacun continue à vivre dans son monde : les chrétiens, les cercles ésotériques ; et nous, les francs-maçons, vivons dans le nôtre : nous avons du succès, nous avons introduit le Nouvel Ordre Mondial et nous contrôlons la planète...

Je résume ce que vous venez d'expliquer : le Temple de Salomon est le temple de Lucifer. Et si vous, francs-maçons, construisez le Temple de Salomon, il ne s'agit pas d'un bâtiment, mais du Nouvel Ordre Mondial dans lequel l'esprit de Lucifer peut s'épanouir.

C'est cela !

Quels sont les hauts grades qui ont accès à ce savoir ? Qui sait tout cela ?

En Allemagne, je connais dix à douze frères à qui je peux en parler. Il y a parmi eux deux pasteurs, un professeur, deux cadres internationaux, des consultants politiques et économiques. Tous sont des personnes intelligentes qui ont l'esprit critique, ce ne sont pas des illuminés. Ce qui compte est de mettre en pratique ce que l'on apprend. Des milliers de francs-maçons ont accès à ce savoir, avec lesquels nous pourrions parler ouvertement, mais je ne les connais pas personnellement. Ce qui ne veut pas dire qu'un haut grade qui a accès à ces écrits les comprend et sait les intégrer dans sa vie. Comme je l'ai déjà dit, la grande majorité des francs-maçons est aussi ignorante que la majorité des gens.

Les hommes les plus puissants ont accès à ce savoir, sinon ils ne pourraient pas commander le monde.

C'est vrai, ils le connaissent. C'est pour cela que dans un grand nombre d'États, on ne peut exercer une fonction politique élevée qu'à la condition d'être franc-maçon.

Connaissent-ils la miséricorde ? Ont-ils le savoir complet ou n'ont-ils compris que la partie qui concerne Lucifer, le maître de la terre ?

Le principe fonctionne seulement quand on se situe entre l'équerre et le compas. Si, en tant que détenteur de pouvoir, on n'exerce pas une certaine charité, c'est la chute et le système ne fonctionne plus. Le système ne marche pas sans la charité, celui qui en est dépourvu finit toujours par comprendre rationnellement sa nécessité. Même s'il est un penseur et un acteur effroyable.

Pourquoi ?

Parce que cette miséricorde est la condition indispensable pour que le système fonctionne. C'est nécessaire à l'atteinte de l'objectif. Sans miséricorde, oublions cela.

Comment font les Illuminati, qui prétendent ne pas en avoir… ?

Le système se sert d'eux, aussi, pour leurs facultés analytiques, pour la nécessité. Les dirigeants se servent de l'équerre et du compas. Quand on veut être le maître, on a toujours besoin d'un banquier qui vous donne les chiffres à la fin du mois.

Ils le font par pur raisonnement, mais ils ne ressentent rien ?

Ils n'ont pas d'émotions, mais il faut satisfaire le peuple. Il y a des milliards de gens à maintenir au calme. Le gouvernement mondial a les capacités, à l'heure actuelle, d'engendrer ou de manipuler des conflits, partout dans le monde, d'observer ce qui se passe et d'intervenir éventuellement…

J'ai participé il y a quelque temps à une rencontre de hauts grades parmi lesquels se trouvaient des Africains. Ils ont été interrogés sur les massacres de chrétiens au Soudan et sur l'incendie de plusieurs églises. Comment pouvait-on expliquer cela du point de vue chrétien de l'amour du prochain ? Voici leur réponse : « Pour le dire crûment, les frères français ne veulent pas en entendre parler pour le moment. » Voilà comment les choses se passent. Les Français ont apparemment des intérêts prioritaires au Soudan qui doivent être sécurisés. Ensuite interviennent nos organisations et la paix revient.

Des intérêts économiques ? Cela a un rapport avec l'histoire. À la fin du XIXᵉ siècle, les Français conquirent et prirent possession du Soudan, l'Empire du Sud.

Oui, ce sont les prétentions des francs-maçons français sur ce pays. Ils poursuivent certains objectifs. Ils pacifieront le pays un jour et créeront la prospérité. Mais d'abord, selon le leitmotiv *Ordo ab chao,* il faut créer le chaos.

Et les victimes sont des Noirs africains…

Malheureusement. Et un jour, il n'y en aura plus. Nous avons un frère dans les hauts grades qui est un haut dirigeant africain. Il y a beaucoup de Noirs parmi les francs-maçons : ils sont riches, immensément riches et très intelligents. Eux aussi tiennent des propos ahurissants : « Nous devons réduire la population pour être présentables devant le monde. Quand il y a des luttes tribales et que les gens s'entre-tuent pour des questions religieuses ou pour toute autre raison, cela nous arrange. » Mais, entre-temps, ils ne contrôlent plus rien, il y en a trop et de plus en plus tous les jours, c'est vraiment difficile à contrôler.

Avant de nous consacrer au Nouvel Ordre Mondial et à la situation politique, je voudrais aborder le sujet de la faute, de la culpabilité et du péché.
Volontiers. Il n'y a pas de péché ou de faute. Pourquoi ? Parce que nous sommes Dieu. Nous sommes issus de Dieu, nous sommes constitués de Dieu, nous l'avons en nous. Quand on en prend vraiment conscience, on voit qu'on peut se pardonner soi-même, qu'on peut être miséricordieux envers soi-même, et il n'y a plus de faute, plus de péché. Et s'il n'y a plus de péché, nous irons au paradis. On peut se pardonner ses péchés, de bon cœur, en disant par exemple : « Hier j'ai tué mon chef, mais c'était nécessaire, j'ai trouvé ça bien et je le revendique. Je ne vois pas en quoi c'est un péché. » Dire que l'on monte au ciel, c'est essayer d'aller au-delà de soi, dans des dimensions que l'on ne peut pas comprendre rationnellement.

Il est difficile de croire que l'on puisse commettre un meurtre et ne pas en porter la responsabilité. Toute action que l'on fait nous revient, c'est la loi du karma.
Tu n'as pas de karma si tu n'es pas fautif. On peut dissoudre son karma. Mais qui le sait ?

Prenons l'exemple d'un pédophile, ou d'un tueur en série qui a fait plus de cent victimes, des femmes et des enfants. Il a subitement l'illumination, il comprend tout ce que vous dites, fait acte de charité envers lui-même et se pardonne. Comment revient-il dans le monde ? A-t-il dissous son karma ?
Oui, il l'a dissous. Mais le problème est que 99,9 % des gens ont mauvaise conscience : ils savent très bien qu'ils ont fait du mal. Ils ne sont pas dépourvus de sentiment de culpabilité. Ils ont donc un karma, mais, en théorie, ils pourraient le dissoudre en adoptant une autre attitude.

Ce serait une attitude d'esprit permissive qui laisse de côté les scrupules. Qu'en est-il du bouddhisme ?

Le bouddhisme tient les gens en laisse, l'enseignement dit : «Tu portes ton karma.» Et ils reviennent toujours parce que tu leur donnes de l'énergie. Ou l'Église.

C'est comme la blague de celui qui arrive en enfer. Le Diable est tout content et déclare : «C'est bien que tu viennes nous rendre visite. Veux-tu faire le tour du propriétaire ? Viens d'abord au bar, buvons un coup et chantons des chansons.» Ensuite ils vont dans la pièce à côté, c'est un club échangiste. Ils vont de pièce en pièce, et dans chaque pièce l'excitation monte. Le nouvel arrivant dit : «À l'église, j'ai entendu parler du feu des enfers, des supplices. Je ne vois rien de tel ici. – Si, il y a une salle pour ceux-là», dit le diable. Il ouvre une porte et on voit des gens assis dans les flammes qui souffrent le martyre. Le nouvel arrivant demande : «Qu'est-ce que c'est ? – Ce sont les catholiques, c'est ce qu'ils veulent, c'est leur vision des choses ; cela n'existe que dans leur imagination, pas réellement», répond le Diable.

Il ne faut pas encourager ces vibrations négatives. Si tu es riche, tu peux combattre la misère ; si tu es pauvre, tu ne peux rien faire, tu coules.

Oui, mais la misère vient du mauvais partage des richesses.
Et les enfants ? Les jeunes enfants sont cruels parce qu'ils n'ont pas encore intégré la morale. Ils torturent les scarabées, ils arrachent les pattes des grenouilles, ils commettent toutes sortes de méfaits…

Pourquoi ?
Parce qu'ils n'ont pas encore de conscience. Ils sont innocents. Réfléchis : si un enfant prend le pistolet de son père que celui-ci est en train de nettoyer et qu'il le tue par mégarde, est-il coupable ? Non. Parce qu'il ne l'a pas fait consciemment, il ne connaissait pas le pouvoir réel d'un pistolet… il n'a pas créé de mauvais karma. Les lois actuelles ne condamneraient pas l'enfant. Il n'est pas encore éduqué, développé. On ne peut pas le condamner, il n'y a ni faute ni péché. Le péché est une évaluation subjective, cela a à voir avec la conscience.

On peut donc avoir un karma, si on le souhaite, ou ne pas en avoir…
Si tu penses que tu n'as pas de karma, tu n'en as pas. Si tu ne veux pas être malade, tu ne l'es pas. C'est direct ! Prenons un autre exemple : quand j'étais soldat, j'ai tué cinquante personnes. Celui qui jeta la bombe

d'Hiroshima en tua plus de 100 000. Le devoir c'est le devoir. Celui qui n'a pas mauvaise conscience en faisant son devoir n'a pas de karma. S'il a mauvaise conscience, s'il se sent responsable, alors il en a un;

Cela me hérisse les cheveux. Les fous de Dieu se servent de ce principe inversé, parce que leurs leaders leur promettent le paradis. Ainsi, ils dissolvent leur karma… Supposons qu'un soldat israélien tue un enfant palestinien. On dira : «Comment peut-on tuer un petit innocent ?» Le soldat se défend : «Si je l'avais laissé en vie, il aurait tué trente des nôtres dans dix ans. C'est ce que j'ai empêché : j'ai fait une bonne action.» Et il ira au ciel ! Il n'y aura pas de faute s'il se pardonne lui-même. On est le seul à pouvoir se pardonner, personne d'autre ne peut le faire à notre place. C'est un autre secret de la franc-maçonnerie !

Ce qui nous bloque, c'est notre système de morale, notre tête, notre raisonnement. L'autoguérison est possible, elle peut naître dans notre cerveau, par notre raisonnement. Le système reconnaît l'erreur. Le système ne peut pas mentir. Quand on est malade, on peut trouver le point faible dans le corps ou la tête, et on peut guérir seul. Mais il faut y croire. Si on n'y croit pas, on commet une erreur système. Cela ne marche pas. C'est le champ morphogénétique. Tu n'as même pas à trouver le point où ça fait mal. Il suffit de dire : «Je voudrais que cette idée se développe en moi et que la maladie me quitte», et ça marche.

Non, tout n'est pas si facile…
Si.

À mon avis, il faut encore une impulsion entre le conscient et l'inconscient.
C'est l'histoire du système, le système reconnaît l'erreur. L'inconscient doit le sentir, il sait que ça marche. J'ai passé neuf mois dans une clinique de cardiologie, j'ai fait cinq infarctus de suite, j'étais allongé comme un cadavre. Mon cœur avait perdu 80 % de son poids, il en perdait après chaque infarctus. J'étais couché sur le lit et ne pouvais bouger, le volume du cœur ne me permettait même plus de lever le bras. J'étais sur le point d'entrer à l'hospice pour mourir, mais je ne voulais pas mourir. C'était il y a dix ans. Aujourd'hui vous ne voyez plus aucune séquelle, n'est-ce pas ?

Non, vraiment pas. Vous avez l'air en grande forme, vous êtes plein d'énergie.

Je savais que ça irait, que je n'allais pas mourir et que tout allait se régénérer. J'ai étudié mon corps, je n'ai pas prié. Je savais qu'un jour, cela irait mieux. J'ai décidé moi-même de quitter la clinique, en fauteuil roulant. Un médecin de mon voisinage m'a aidé. Je n'ai pas pris de médicament non plus. Il m'a fallu six mois pour quitter mon fauteuil roulant et trois années avant de pouvoir marcher. Et maintenant, je suis comme avant. Comme si je n'avais rien eu. Tout va bien !

Vous dites que « la matière domine l'esprit », mais l'énergie créative vient d'ailleurs, c'est elle qui permet aux cellules de se régénérer et d'être saines. C'est un problème qu'on ne peut pas résoudre avec la raison. Je le résous avec mon savoir, celui que j'ai mis tant d'années à acquérir. Maintenant, je dis que « je voudrais ceci ou cela », et les choses arrivent.

Rappelez-vous les mots du Talmud :

Surveille tes pensées, car elles deviendront des mots.

Surveille tes mots, car ils deviendront des actes.

Surveille tes actes, car ils deviendront des habitudes.

Surveille tes habitudes, car elles formeront ton caractère.

Surveille ton caractère, car il est ta destinée !

C'est exactement comme cela que les choses arrivent : nous formons une pensée, nous la laissons s'envoler. Elle va faire son chemin et produire sa propre dynamique pour résoudre le problème. Nous pouvons en être sûrs. C'est le travail du champ morphogénétique. J'ai appris chez les Rose-Croix comment faire ce genre de choses. J'ai un autre avantage, j'ai été Rose-Croix pendant douze ans, avant d'intégrer la franc-maçonnerie. Chez les Rose-Croix, j'ai appris la pratique, mais je ne comprenais pas comment cela fonctionnait. Chez les francs-maçons, j'ai compris comment les choses fonctionnent. Les uns ont la pratique, les autres la théorie. Et si tu as les deux, tu peux t'en servir.

Ce savoir était unifié dans les temps anciens. Il fut divisé parce que les francs-maçons avaient trop de pouvoir dans le monde. Ils pourraient en avoir beaucoup plus si un plus grand nombre de frères connaissait les réels tenants et aboutissants. La franc-maçonnerie cherche toujours à s'élever, jusqu'au 33ᵉ degré; au-dessus, il y a l'Ordre martiniste. Les Martinistes sont un peu comme les Rose-Croix. Quand tu es arrivé à ce point et que tu entres chez les Martinistes, tu sais appliquer les règles de la franc-maçonnerie. Mais il faut être Martiniste. Et quand tu l'es, tu ne peux pas en sortir.

Les Martinistes sont-ils les puissants miséricordieux ?
Non, ils ne sont pas du tout miséricordieux, mais ils savent que cela ne peut pas faire de mal quand on commande.

Grâce aux citations de l'Introduction, nous savons que beaucoup de hauts grades du Rite écossais participent à l'instauration d'un gouvernement mondial. Mais ce ne sont pas des Martinistes. Ils connaissent l'arrière-plan matériel, mais ont-ils une idée de l'arrière-plan mystique ?
Tu dois d'abord avoir le matériau et créer l'œuvre pour l'intégrer dans un tout cohérent. C'est de cette façon que tu te développes. Pour être un vrai Martiniste, tu dois avoir atteint les hauts grades de la maçonnerie. Et pendant toutes ces années, tu voyages dans le monde et tu noues beaucoup de contacts.

Un beau jour, un Martiniste m'adresse la parole et me demande : « Ne voulais-tu pas un jour devenir Martiniste ? » Comme je ne savais pas de quoi il parlait, je lui ai demandé : « Y a-t-il une relation avec le comte de Saint-Germain et le principe de son alchimie ? » Je lui demande où il faut se rendre. « Partout où c'est nécessaire. – Combien cela coûte-t-il ? – Rien. Nous nous rencontrons demain à New York, après-demain à Moscou, la semaine prochaine au Cap. Et nous voyons toujours les mêmes individus. Ce sont eux qui agissent et font bouger les choses. » C'est comme cela que je suis devenu Martiniste.

Vous mettez le martinisme en relation avec le comte de Saint-Germain. Quel est le rapport ?
Saint-Germain représente une force qui se régénère régulièrement. Ce comte paraît, disparaît et réapparaît; à chaque fois, il provoque quelque chose, puis il disparaît à nouveau. Il est toujours là quand on l'appelle. Il est toujours avec nous. Saint-Germain et Louis-Claude de Saint-Martin appartenaient à la société du XVIIIᵉ siècle, il faut les considérer sous

cet angle. Saint-Germain était une personne brillante auprès des cours européennes. Il pratiquait l'alchimie. Louis-Claude de Saint-Martin était « le philosophe inconnu », les Martinistes se considèrent eux-mêmes comme des philosophes inconnus. Leur base philosophique ne concerne pas le comte de Saint-Germain.

Ce qui est intéressant chez lui, c'est son rapport avec l'immortalité, un concept qui joue un rôle important dans les pratiques alchimistes et rosicruciennes. Je possède moi-même une pierre du Château de Louisenlund, un domaine alchimiste réputé. Je possède également une pyramide de verre qui me vient d'un alchimiste décédé, très connu en Europe. Quand je dispose ces objets sur les structures radiesthésiques appropriées, les gens présents voient des apparitions, qui vont d'une irritation sévère à l'illumination complète. Ces structures ne provoquent pas de réaction chez moi, mais je suis toujours surpris de voir leur effet sur certaines personnes.

Les Martinistes ont-ils étudié les enseignements du comte de Saint-Germain ?
Saint-Germain est l'un des sujets des Martinistes, pas le sujet. Ils se voient comme des philosophes inconnus, car chaque membre est un philosophe et reste inconnu. Nous nous connaissons entre nous que par le nom que nous nous sommes donnés à l'admission. Nous portons des masques. Nous nous connaissons, mais nous pouvons rester un parfait inconnu si nous le désirons. Nous défendons la philosophie de Saint-Martin. C'est un tout autre domaine. L'important, ce sont les règles de cette philosophie ; le résultat est secondaire.

Les Martinistes sont les protecteurs de la lignée mérovingienne. Elle est très ancienne, elle a des implications explosives très actuelles, parce qu'elle traverse un cycle d'ouverture au monde. Cette descendance a un lien avec le Prieuré de Sion et avec les Martinistes. Les Mérovingiens prétendent descendre du Christ et de Marie-Madeleine. Ce sont les deux opposés : Jésus représente le principe du bien originel, Marie-Madeleine celui de la prostituée, symbole du tréfonds de la matière, de la féminité. Sur le plan métaphysique, c'est le rapport idéal. Cette union a donné au moins un héritier. Il y a donc une lignée et sans doute des héritiers vivants à l'heure où nous parlons.

Et si Jésus est le dernier roi des juifs, comme il est dit sur la croix, son successeur est légitimement celui qui pourra faire valoir son droit, si les juifs devaient décider un jour d'avoir un roi. Jésus était un descendant, un fils de David, de Salomon. Salomon était un sorcier, un magicien. Les Mérovingiens remontent encore plus loin, jusqu'à la tribu de Dan, et celle de Nephtali.

Voici un autre secret très important : l'Église enseigne que Jésus est un descendant de David. La franc-maçonnerie pense que Jésus est un descendant de Salomon.

C'est le secret autour de la symbolique de l'abeille. Nous rencontrerons souvent l'abeille sur notre chemin. Un des papes cathares fut exposé après la mort vêtu d'un grand manteau orné d'abeilles en métal. Les prêtres et les dignitaires allèrent vers lui et chacun d'eux prit une abeille. Ces abeilles officiaient comme cartes d'électeur pour l'élection du prochain pape cathare. Quand les neuf chevaliers se rendirent à Jérusalem pour fonder l'Ordre des Pauvres Chevaliers du Christ et du Temple de Salomon, ils reçurent la bénédiction d'un prêtre cathare à Seborga, le seul État cistercien ayant survécu jusqu'à l'époque moderne. Cette principauté existe réellement, quelque part au nord de Gênes au milieu des montagnes. Quand on se trouve sur la montagne au centre de la capitale et qu'on se retourne, on peut voir de chaque côté au loin les frontières de la principauté. Elle a sa propre monnaie et émet des timbres. Il faut imaginer ce que cela signifie, un État cistercien en plein centre de l'Europe. À Seborga, les chevaliers furent bénis avant d'entamer le long chemin vers Jérusalem. Le symbole des Mérovingiens était également l'abeille. On appelait Bernard de Clairvaux *Doctor mellitus fluus* (maître doux comme le miel). Revoilà l'abeille…

Et au Vatican, le symbole de l'abeille ?

Non, au Vatican, le symbole est la colombe. C'est un autre sujet qui rejoint la pensée cathare. Mais il faut aller chercher loin pour prouver que Saint-Pierre de Rome est une église du Paraclet. Le Paraclet représente le Saint-Esprit.

Le christianisme catholique et romain parle du père, du fils et du Saint-Esprit. Le père, c'est le concept du Dieu tout-puissant, miséricordieux. Le fils, c'est Jésus, qui fit beaucoup de bruit sur terre, protesta beaucoup, un homme formidable, qui retourna assis à la droite du père. Nous avons donc la Trinité. Mais dans quel lieu vénérons-nous l'Esprit saint, la troisième composante ? Nous vénérons par-dessus tout Dieu le père et son fils peut-être plus encore. Mais où vénérons-nous l'Esprit saint ? Il mérite pourtant la même vénération.

L'Esprit saint est égal à Dieu le père, à son fils. Puisque nous ne pouvons pas atteindre Dieu et que son fils nous a quittés, Dieu nous a envoyé le Saint-Esprit lors du miracle de la Pentecôte. Le Saint-Esprit existe réellement, on peut le toucher. Symboliquement, c'est la conscience divine, c'est l'inconscient et moi au milieu. Dans une église consacrée au Saint-Esprit, il n'y a ni crucifix ni Jéhovah, seulement l'Esprit saint.

Mais vous venez de dire que l'esprit, c'est la matière.
Oui, mais l'Esprit saint est égal à Dieu le père et à son fils. Je peux l'adorer et le symboliser de la même façon. Pour le vénérer, je prends le symbole de la colombe que je pose sur l'autel. La colombe remplace le crucifix. Ai-je le droit de faire cela ? C'est un point critique, j'aurai sûrement des ennuis.

Mettez cela en relation avec ce que vous venez de dire, que l'esprit est dans la matière.
L'esprit est égal à Dieu. Que dit l'Évangile ? Tu peux pécher contre le père ou le fils, cela te sera pardonné. Mais on ne peut être pardonné de pécher contre le Saint-Esprit. Il n'y a pas de salut. Dans la Trinité, le fils, c'est le père, le père, c'est Dieu, et le Saint-Esprit, c'est Dieu.

Les gnostiques disent ceci : « Quand Dieu entre dans la matière, il devient son propre fils. » Dieu et la matière ne peuvent pas s'unifier, mais quand Dieu plonge dans la matière, il est son propre fils. Et ce qui agit dans la matière, c'est l'Esprit Saint.

Au début de l'interview, vous avez dit que la franc-maçonnerie enseigne la vérité, mais d'autres mouvements font pareil. Comment vous différenciez-vous et pouvez-vous savoir que c'est vraiment la vérité que vous enseignez ?
Dans le fond, parce que la vérité est logique, elle doit être juste dans son raisonnement et on doit pouvoir la prouver. Les vérités ne se contredisent

pas dans les systèmes philosophiques. Si j'accepte un système tel que la franc-maçonnerie comme détenteur de vérité, je dois pouvoir le comparer avec d'autres systèmes philosophiques ou d'autres religions et ne pas y trouver de contradiction majeure. Ce que propose la franc-maçonnerie ne va pas à l'encontre de ce qui est écrit dans la Bible, si on sait lire correctement.

Lire correctement, c'est-à-dire sans morale... Pourquoi la vérité est-elle désagréable ? Et pourquoi faut-il quinze ans pour vous révéler ces choses-là ? Qu'est-ce qui est si compliqué à comprendre et pourquoi est-ce si mystérieux ? Est-ce à cause de Lucifer ?

Nous imaginons volontiers un dieu aimant et miséricordieux qui nous protège, nous accompagne et nous rend la vie agréable. Une analyse critique des religions nous permet de constater que ce dieu n'est pas plein d'amour et qu'il n'aime pas l'être humain. L'Ancien Testament nous apprend que Dieu créa l'homme, le chassa du paradis et mit un ange devant la porte pour l'empêcher de revenir chez lui, au paradis.

Ce sont des vérités crues et impitoyables, des principes. L'homme ne peut pas approcher Dieu, parce qu'Il ne le veut pas. Il doit vivre sur terre dans des conditions très dures, où il n'y a aucune miséricorde. Et il ne peut pas se rebeller. Un dieu miséricordieux impliquerait que l'on puisse transgresser la loi et que Dieu nous pardonnerait. Lucifer, le maître de la Terre, ne nous pardonne rien. Nous n'avons pas droit à l'erreur. C'est une autre vérité.

Il est vrai qu'il existe aussi une divinité supérieure à celle-là. Celle dont parle Jésus. C'est également une vérité, mais cette divinité n'agit pas dans la matière et sur la Terre. C'est un dieu qui est en nous, mais nous ne pouvons pas le dire à tout le monde.

Tout cela semble très construit... Vous prétendez que la matière domine l'esprit. Vous avez donné un exemple de télékinésie, de télépathie : la goutte d'huile que l'on peut faire bouger dans un liquide par la pensée, par exemple. C'est ce que montre aussi l'effet placebo : la pensée peut influencer la matière. Est-ce une question d'interprétation ?

Oui et non. Il faut bien définir les choses. Si j'arrive à faire bouger un objet par la pensée ou la volonté, si je guéris d'une maladie, si j'exprime un désir et qu'il se réalise, c'est grâce à mon mental et non à mon esprit. Le mental, c'est la matière. C'est un rapport de matière à matière. Le mental n'a rien à voir avec l'esprit. C'est comme vous le décrivez dans votre livre *Un million d'euros*. Tout cela fonctionne. La phrase «l'esprit domine la matière», c'est du langage parlé. Dans l'ensemble, c'est vrai. Nous pouvons par nos pensées et notre mental influencer le monde physique autour de nous. Nous devrions affirmer, pour être correct : «Le mental contrôle la matière.» L'esprit, c'est différent, ce n'est pas la volonté.

Donc le mental contrôle la matière, parce que le mental fait partie de la matière ?
C'est exact. Le mental est l'élément qui guide la matière.

Et l'esprit, c'est l'électricité qui traverse tout, qui permet à l'âme et au corps de fonctionner. Si on débranche le fil, plus rien ne marche...
L'esprit est d'essence divine. Nous pourrions dire que l'être humain est également d'essence divine, qu'il porte en lui une étincelle divine. Tout être humain sur terre a en lui cette étincelle ; c'est elle qui procure les sensations religieuses, qui nous fait prier et vénérer un dieu, nous donne même la capacité d'invoquer des dieux que personne n'a encore jamais vus. Nous sommes capables de ressentir la présence de certains esprits. Tout cela fait partie de l'étincelle divine. Il y a une relation avec un dieu qui nous est complètement inconnu. Peut-être est-ce le signal que nous donnèrent le créateur et les fils de Dieu, pour l'éternité, pour pouvoir entrer en contact avec eux, avec ces extraterrestres ou cet Être suprême. L'étincelle divine est le récepteur des impulsions, des signaux, qui nous pousse à faire des choses que nous appelons la volonté de Dieu.

Cette étincelle est plus développée chez les prophètes, les visionnaires et les médiums que chez les individus moyens. Nous connaissons tous des personnes clairvoyantes ayant des sensations que nous ne pouvons expliquer. Cela passe par le domaine de l'esprit. L'esprit ne peut pas vaincre le corps ou la matière, mais le mental en est capable. Quand la matière décide avec ses tripes, l'esprit peut faire ce qu'il veut, la matière sera toujours gagnante. Le mental permet de réguler cela.

ill. 33-37 : Les « dieux » qui régnaient sur l'Égypte avaient tous
des crânes allongés ; pas seulement les adultes,
même les bébés (ill. 34).
Sont-ils les fils de Dieu de l'Ancien Testament ? Sont-ils des
extraterrestres ?

Chapitre 2
Le passé personnel

Avant d'aborder la politique, je voudrais apprendre à vous connaître un peu mieux. Parlez-nous de votre passé, de votre parcours professionnel. Vous m'avez dit que jeune, vous étiez dans l'armée, vous êtes devenu policier et avez dirigé une société de sécurité...

C'est vrai. Je fis partie des structures des services secrets, mais c'était bien avant mon arrivée dans la franc-maçonnerie. Là aussi, je fis face à des situations que je n'avais pas voulues. Je n'avais jamais pensé que je travaillerais un jour pour les services secrets. C'était la première fois que j'entrais en contact avec des institutions agissant dans l'ombre, avec des structures de surveillance et de manipulation d'êtres humains. J'avais été volontaire pour entrer dans l'armée, la vie de soldat me convenait, je m'y sentais bien, je participais à tout. Enfant, j'étais déjà un idéaliste ; mes supérieurs apprécièrent ce trait de caractère. On choisit des candidats aux qualités particulières pour des missions qui impliquent une discrétion totale. Ces hommes travaillent bien, ils sont fiables, faciles à convaincre. J'étais l'un d'eux.

J'étais dans la Marine et nous partîmes en excursion. À terre, les soldats buvaient beaucoup, et ce jour était comme tous les autres. Le soir, je rentrai à bord et le lendemain matin, je constatai que j'avais perdu mon laissez-passer. Normalement, j'aurais dû m'en rendre compte à l'entrée de la zone militaire, parce qu'on n'entre pas sans le montrer. Comme j'étais ouvert et facilement abordable, je connaissais bien le personnel du camp et avais pu rentrer le soir sans le présenter. Sa disparition m'inquiétait beaucoup, je ne savais pas si je l'avais perdu ou si on me l'avait volé. Je voulais me mettre en route et refaire le tour des bars de la veille dans l'espoir de le retrouver. Un homme que je ne connaissais pas se présenta, le tenant dans la main : « Vous avez perdu votre passe et vous ne l'avez pas déclaré. Vous allez passer en conseil de discipline. Savez-vous ce que vous risquez ? Si votre passe atterrit dans un service étranger, que pensez-vous qu'il puisse arriver... ? »

J'étais à terre parce que cet homme avait réussi à me convaincre que j'avais presque déclenché la Troisième Guerre mondiale. Il finit par me rendre mon laissez-passer en me disant qu'il se réservait le droit de prendre des mesures disciplinaires contre moi et que j'aurais de ses nouvelles. J'en eus rapidement : on me muta dans un autre service. On me demanda si j'étais prêt à suivre une formation spéciale et à participer à l'aventure, on attendait de moi une discrétion totale. Vu qu'on me promettait une augmentation de salaire, j'acceptai. Je quittai la base navale et intégrai les unités spéciales.

On me mit plusieurs fois à l'épreuve pour savoir si j'étais capable de tenir ma langue. C'était passionnant. Je fus dans un camp d'entraînement où nous étions bien traités. Nous nous prenions pour l'élite, pour les meilleurs. La formation était excellente et, de temps en temps, nous retrouvions nos unités pour prendre la mer. Cela pouvait durer deux semaines.

Je fus formé pour être un agent spécial ; seules les dénominations variaient. Pour nous, c'était la grande aventure : nous ne cherchions pas les décorations ni ne désirions briller en uniforme. Nous étions très contents de notre sort. On nous poussa jusqu'aux limites physiques et mentales, nous partagions nos réussites entre nous, sans avoir besoin d'en parler à l'extérieur. Nous nous savions surveillés, nous n'avions pas le droit de raconter quoi que ce soit : cela aurait signifié l'arrêt instantané de notre aventure. À la fin de la formation, nous partîmes en mission par groupes de trois ou cinq, à l'étranger aussi. Il fallait déterminer les cibles, les personnes, prendre des photos, faire des croquis et accumuler beaucoup de renseignements. Il fallut détruire des objectifs avec des explosifs. On nous apprit à remplir des missions secrètes pendant notre service habituel. Nous avions installé toutes sortes de systèmes et récupéré beaucoup d'informations dans nos unités, dignes de nous valoir la cour martiale, mais cela restait entre nous, nous faisions partie du même pays.

Nous sentions une nécessité : on devient agent ou espion par conviction qu'il doit en être ainsi. Je dois dire que c'était un grand plaisir lorsque nous rencontrions d'autres unités secrètes : « Vous êtes formidables, vous êtes les meilleurs, vous êtes solidaires, personne ne peut vous détruire. » C'était magnifique.

Nous avons, par exemple, livré des bateaux à Israël, des choses dont je ne peux pas parler.

Nous n'avons jamais tenté de savoir pourquoi la République fédérale d'Allemagne (RFA) adhérait à de tels projets. Nous sommes allés chercher les bateaux pour Israël dans le nord de l'Allemagne, pour les convoyer jusqu'à Haïfa. Nous n'avions pas à savoir si c'était légal, ce n'était pas notre problème. Nous avions des missions à exécuter. Quand on est formé à ce genre de mission, on ne se pose pas de questions. Là, on parle d'honneur et de fiabilité. La fiabilité est le mot le plus important. Être fiable, ponctuel, car il faut que cela marche comme une horloge. J'en souffre encore quand j'ai rendez-vous et que la personne n'est pas à l'heure. Pour nous soldats, ce sont des facteurs vitaux. J'ai essayé d'éduquer mes enfants dans ce sens, mais j'ai malheureusement échoué.

Je voulais dire qu'on entre dans des structures dans lesquelles on ne voulait même pas aller. On est choisi et on est obligé d'y aller. Du fait de diverses caractéristiques, certaines personnes sont plus facilement manipulables et contrôlables. Quand j'ai quitté l'armée, je suis entré dans l'industrie privée, dans un chantier naval de Kiel, dans le nord de l'Allemagne. Ce chantier dépendait de la Marine allemande et l'on me confiait régulièrement des missions spéciales. Ce chantier naval dépendait encore de l'État, ce qui ne me plaisait pas. Ces missions n'étaient pas un problème pour moi, mais nous étions de plus en plus liés aux Américains. Ceux-ci étaient très présents dans le sous-sol du Schleswig-Holstein. Nous avons établi des contacts et devions pénétrer dans les installations souterraines : ce sont des villes où tout est gigantesque.

Il était clair que tout était soumis au secret absolu. Avant, nous effectuions nos missions au nom de l'Allemagne fédérale, et là nous exécutions des ordres donnés par des Américains.

De toute façon, on pouvait nous faire chanter dans les deux cas. Ces missions étaient secrètes, nous étions en service, mais officiellement nous étions là en privé, pour notre plaisir personnel. L'État ne nous aurait pas protégés et nous aurions passé beaucoup d'années en prison. C'était la façon de nous mettre de la pression. Nous étions incroyablement fragiles, mais nous savions qu'il ne pouvait rien nous arriver. Nos dirigeants et collègues ne pouvaient pas faire cela et ne le firent pas. Nous le savions.

Comme nous faisons des choses illégales, on peut nous faire chanter facilement, nous sommes donc facilement contrôlables. Tous les acteurs de la mission subissent des pressions psychiques à l'entraînement, ils connaissent ces points faibles pouvant les faire condamner. Nous avons dû convoyer des voitures en Espagne, au Maroc, et nous ne savions pas ce que nous transportions. Nous ne pouvions pas poser de questions. Nous recevons un ordre de mission, nous l'exécutons, nous prenons l'avion, nous revenons et nous enchaînons avec la prochaine mission. Nous ne posons pas de questions.

Il y a sûrement un moment où vous avez remis tout cela en question ?
Oui, évidemment. Je l'ai fait pendant six ans, puis je voulais tout arrêter. J'entrai dans la police et peu de temps après, les autorités judiciaires me demandèrent de faire des choses que je ne voulais pas. On me fit savoir que l'on connaissait mon passé. On ne m'en parla pas directement, mais je constatai qu'ils savaient exactement ce que j'avais fait, et j'obéis. Les missions se succédaient, elles n'étaient pas aussi périlleuses et dramatiques, mais c'était quand même assez désagréable. J'étais vulnérable au chantage. Je devais me procurer les plans de bâtiments publics et privés, évaluer la résistance de certains toits plats pour savoir si on pouvait y poser un hélicoptère, sonder les sous-sols, comprendre le système d'aération d'un bâtiment ; aussi, je devais livrer les plans sans savoir à quoi ils serviraient. Cela ne m'intéressait pas, je le faisais sans me questionner.

Puis, d'un jour à l'autre, je quittai la police alors que j'étais fonctionnaire. Je n'en pouvais plus, et me mis à mon compte. Opticien de formation, j'ouvris finalement un restaurant et changeai régulièrement d'adresse pour trouver le calme. J'atterris en Allemagne du Nord et commençai à travailler pour un fournisseur de l'industrie automobile. Là aussi, je fus appelé rapidement dans le bureau du patron : « Vous étiez dans l'armée ? » Oui, répondis-je. « Mais vous aviez une autorisation de cryptographie… »

Mon passé me suivait même dans le privé, ce qui commençait à m'inquiéter sérieusement. Je quittai ce travail et montai ma propre société de sécurité. J'espérai obtenir une vie meilleure et décider moi-même de mes mandats. J'eus bientôt de la visite : l'on me proposait de travailler pour une société liée à la prostitution, à la traite d'êtres humains en Russie. Il y avait beaucoup d'argent en jeu, mais je ne voulais pas. Le donneur d'ordres était un proxénète de la vallée de la Ruhr que je connaissais depuis mon service dans la police, et qui connaissait mon passé. Je lui dis que je préférais être fusillé que de travailler pour lui. Quelques jours après, la ferme que j'habitais était incendiée.

Après cela, le calme revint et je décidai que plus personne ne pourrait me faire chanter. Depuis, je vis bien et suis heureux. Si l'on porte plainte contre moi, on ne trouvera rien, mais je ne me cache plus. Je réussis à cacher ce que je faisais toute ma vie, sans en souffrir physiquement, mais j'en ai assez de devoir le cacher. C'est une marque que je porte et dont je ne peux me défaire, mais qui ne correspond pas à ce que je suis. C'est une tranche de ma vie pendant laquelle je fus très vulnérable.

Vous avez parlé d'installations souterraines dans le Schleswig-Holstein [NDÉ : situé à la frontière du Danemark]. Pouvez-vous en parler un peu plus précisément ?

Je ne sais pas ce qui se passe là-bas, mais il y a beaucoup d'accès, ce land bénéficie d'un système de tunnels très développé et indestructible. Un bombardement n'aurait aucun effet sur ces installations. Ce sont des éléments préfabriqués, soudés les uns aux autres, que l'on descend en profondeur. Je me rappelle que nous dûmes intervenir une fois dans le sud du land pour faire disparaître certains appareils. Nous passions par les structures de commandement américaines. Les grilles s'ouvraient, nous passions les contrôles et roulions pendant des heures dans les tunnels, sans orientation. Nous ressortions à la surface par une autre ouverture. Je me rappelle qu'il y avait des accès près de Kiel et d'Olpenitz.

À Olpenitz, nous construisîmes un port important qui n'accueillit jamais de navires. J'ignore ce qu'il en est de nos jours, mais à cette époque, il n'y avait ni humains ni bateaux, seulement une installation fantôme. Nous dûmes convoyer à Olpenitz des appareils de mesure très fragiles, très sensibles à la température. Je me rappelle le cas, en hiver, d'un appareil que nous transportions et ne pouvait rester que deux ou trois heures exposé à la température extérieure. Nous étions en relation avec le poste de contrôle et soudain nous vîmes deux Jeep américaines apparaître ; nous les suivîmes sur d'interminables chemins au bord de prairies humides. Puis le chemin s'enfonça et nous nous retrouvâmes devant de grandes portes en acier. Après avoir passé les contrôles, nous suivîmes un tunnel interminable derrière les Jeep, nous déposâmes l'appareil de mesure, et après un chemin de retour également interminable, nous ressortîmes à l'air libre. Pendant tout le trajet, nous n'échangeâmes pas un seul mot. Il vaut mieux ne pas parler des choses que l'on ne connaît pas.

Je ne sais pas qui construisit et entretient cette installation gigantesque, je n'y vis personnellement que des soldats américains. C'était en 1979-1980. Après, je quittai la région, je ne fis pas de recherches. Aujourd'hui, je ne pourrais pas rester tranquille, je mènerais mon enquête pour tout savoir.

CHAPITRE 3
Le Nouvel Ordre Mondial

Venons-en au sujet principal, le Nouvel Ordre Mondial. Que pensez-vous des citations de francs-maçons de haut grade dans mon introduction au sujet de la domination mondiale ? Qu'en est-il ?

Vous commencez par citer Benjamin Disraeli, qui avouait ouvertement que certaines organisations participent à la politique mondiale, et Winston Churchill qui, en tant que franc-maçon de haut grade, était fier d'être un valet et d'apporter sa pierre à l'édifice. Ce projet de bien plus de cent ans, c'est le Nouvel Ordre Mondial qui doit amener la paix et l'entente entre les peuples. Beaucoup de gens le craignent et le refusent. Vous écrivez dans votre préambule qu'Henry Kissinger déclara que beaucoup de gens allaient souffrir et périr. C'est vrai, les personnes qui ne comprennent pas que le changement est indispensable auront de plus en plus de mal à s'intégrer. Si même le pape l'approuve, cela devrait donner à réfléchir à beaucoup.

C'est la déclaration de David Rockefeller qui est décisive, car il fait partie de ceux qui contrôlent les gens par l'argent. L'argent est le facteur décisif pour le contrôle du monde, il n'y a que lui qui exerce un pouvoir absolu sur les gens. C'est une des premières choses que l'on traite dans la franc-maçonnerie.

Il faut savoir que plusieurs hommes politiques et personnalités célèbres ne font pas mystère de leur appartenance à la franc-maçonnerie, dont l'organisation sociale permet d'établir un certain ordre dans le monde. Cet ordre existe déjà depuis longtemps, nous sommes en train de l'ouvrir à l'ensemble de la société.

Comment fait-on comprendre au franc-maçon qu'il n'y a que par l'argent qu'on exerce un pouvoir sur les gens ?

À l'admission du candidat, on lui retire tous ses objets métalliques. Il est vêtu et dévêtu, chaussé et déchaussé. Quand il se présente vierge d'objets métalliques devant l'ensemble de la loge réunie, c'est pour lui rappeler l'âge d'or, lorsque les hommes n'étaient pas encore sous l'influence de l'argent.

L'arrière-plan métaphysique est l'absence d'allusion à la création de métaux dans l'histoire de la création. Dans les jardins du paradis, les hommes n'avaient pas besoin de métal. C'est le roi Salomon, aidé par celui de Tyr, qui fit venir des métaux du pays d'Ofir. Il s'agissait principalement d'or et d'argent. Puis vint le temps où les hommes se laissèrent séduire par l'or : la cupidité était née. On commença à accumuler l'or, comme c'est le cas aujourd'hui.

Il faut beaucoup de sueur et de travail pour extraire l'or de la terre, beaucoup de gens en meurent et cela détruit la nature. On le fait fondre et on le cache à nouveau sous la terre. En général, l'or est entreposé sous terre. Et là il y a un secret. C'est l'action de l'or sur l'être humain. À première vue, ce n'est que du métal, mais c'est surtout une protection puissante contre les dieux. Là réside son grand pouvoir et son mystère.

Pourquoi une protection ?

Quand on se trouve sous une coupole en or, les dieux ne peuvent pas avoir d'influence. C'est pour cette raison qu'on utilise des coupoles en radiesthésie et en télépathie. Elles seront majoritairement en cuivre ; si elles étaient encore en or, elles auraient encore plus d'effet.

Au Brunei, je me suis retrouvé sous une coupole en or…

Ce sont les réels centres de pouvoir. On est sûr de ne pas subir de manipulation de pensée, ce que je trouve très approprié dans notre monde de haute technologie et de contrôle des pensées.

Nous ne vivons plus à l'époque des cathédrales et des églises, qui étaient les centres du pouvoir où s'exerçait toute l'influence. Même les écrans de télévision ou d'ordinateur ne sont plus aussi importants. Ce sont les champs morphogénétiques qui nous guident. Nos pensées, nos actions, notre état d'esprit sont contrôlés par ces champs d'énergie. Ceux qui veulent encore penser par eux-mêmes doivent avoir des endroits protégés, comme les Illuminati ont leurs cités souterraines protectrices. Et que font les autres ? Une des solutions est les coupoles en or.

Cela me fait penser aux gens qui mettent du papier aluminium autour de leur chapeau…

Oui, je sais, cela existe et correspond à quelque chose. J'ai dirigé une entreprise de sécurité et je connais la technologie et ses possibilités. Si les gens savaient…

Le contrôle commence de façon sournoise dans nos voitures. À partir de 2013, les voitures neuves seront toutes équipées de boîtes de communication qui donneront des informations précises sur le véhicule, sa vitesse et sa localisation. On peut non seulement établir des profils d'automobiliste, on peut surtout localiser la voiture au mètre près. En combinant ces données avec celles des téléphones portables, on obtient un système de surveillance infaillible.
L'or est plus efficace que l'aluminium.

Il existe une nouvelle caméra développée à l'Université de l'Utah, qui permet de voir à travers un mur à l'aide des ondes radioélectriques (hertziennes) [NDÉ : technologie Wi-Fi, mais procédé nommé VRTI (Variance-based Radio Tomographic Imaging) par l'équipe universitaire]. On peut suivre les mouvements des personnes derrière un mur en temps réel ! C'est très utile pour les pompiers et le personnel de secours en cas de tremblement de terre ou lors d'un incendie, par exemple. On peut s'en servir pour des prises d'otages, mais on peut surtout surveiller des individus.
Et il existe une tout autre technologie qui est en plein développement : à Berkeley, premier campus de l'université de Californie, deux neurologues ont développé une technique qui permet de lire les pensées : elle scanne toute l'activité du cerveau. Là aussi, il y a le pour et le contre : on peut décoder les pensées de patients paralysés ou dans le coma. On peut visionner le cerveau d'un criminel, savoir s'il est coupable ou non. Mais on peut surtout lire les pensées de n'importe qui, peu importe la raison. Est-ce l'avenir ?
Oui, l'Agence (américaine) du renseignement pour la défense (la DIA ou Defense Intelligence Agency) annonçait ceci en 2008 : « Le champ de bataille du futur, c'est le cerveau humain. » C'est pour cela qu'il est important de se protéger. Et l'or protège.

Vous avez dit que les Illuminati et d'autres familles puissantes ont des cités souterraines. Sont-elles protégées contre les champs morphogénétiques ?

En principe, vous n'avez pas à vous en protéger, car ils représentent votre état d'esprit. Vous imprégnez le monde de votre état d'esprit et de votre vision personnelle. Vous êtes le programme, mais le monde n'est pas obligatoirement prêt à vous entendre.

Comment fonctionnent ces programmes ?

C'est assez simple. Quand on veut agir sur les gens, on leur administre des substances chimiques bien précises.

Comment sera la vie dans ce nouveau monde ?

En pratique, très simple : si je veux agir sur un grand nombre de personnes, j'utilise des drogues. Le fluor est une drogue très efficace pour calmer les gens. C'est un poison. Si j'arrive à convaincre des gens de se brosser les dents tous les matins avec du fluor ou d'utiliser du sel fluoré, je suis sur la bonne voie. On donne du fluor à des nouveau-nés qui n'ont pas encore de dents. On prend du fluor tous les jours du matin au soir, en pensant qu'on fait du bien à son organisme. En fait, on l'empoisonne peu à peu. C'est un des aspects de la vie qui nous attend. L'autre aspect, c'est la surveillance et le fait que les gens s'y habituent. Le citoyen moyen réagit ainsi : « J'ai mes cartes de crédit pour tout ce que j'achète. Quand j'utilise les transports en commun, j'ai ma carte ; c'est pratique, c'est moderne, cela me plaît, c'est ma vie. » Voici l'état d'esprit et derrière, il y a un plan. Ce n'est pas simplement le développement de la société. Non ! C'est fait pour orienter les gens et leur façon de penser dans une direction bien précise.

Quelle serait-elle ?

Ils vont aimer le Nouvel Ordre Mondial ! C'est le point critique. Il y a quarante ans, la majorité d'entre eux aurait refusé cette technologie. Aujourd'hui, on est fier de sa carte de crédit, de son téléphone cellulaire ; c'est quand même une forme de lavage de cerveau. La majorité des gens est inconsciente, indisciplinée, égoïste et stupide, et les Illuminati n'ont aucun scrupule à les contrôler et même à les tuer. L'humanité ne vaut rien ! C'est ce que pensent ceux qui nous dirigent, c'est aussi mon avis.

En effet, je vois bien que la grande majorité des gens est ignorante, mais l'on ne doit pas pour autant se montrer froid et calculateur comme Henry Kissinger à la conférence de Bilderberg, à Évian-les-Bains, en 1992 : « Les Américains seraient révoltés de voir les troupes de l'ONU occuper Los Angeles pour y remettre de l'ordre ; demain, ils seront bien contents ! Ce serait très approprié si on leur faisait comprendre qu'il y a une menace extérieure, quelle qu'elle soit, ou une forme de propagande qui menace notre existence. Le monde entier se tournerait vers ces hommes pour être protégé et délivré de ce mal. Tout le monde a peur de l'inconnu ; quand on vous propose ce scénario, on est prêt à restreindre ses droits individuels pour obtenir la garantie de son bien-être, de celui que le gouvernement mondial nous octroie. »

Les gens ne se rendent pas compte de leur énorme dépendance à ces systèmes. Nous nous privons de notre liberté originelle, qui nous donnait la possibilité de nous suffire à nous-mêmes, d'aller dans la forêt, de cueillir des plantes et des herbes pour survivre. Nous sommes tellement dépendants des importations et de l'alimentation artificielle, que nous sommes incapables de nous nourrir de ce qui pousse dans la nature. Nous avons perdu ces capacités. Le pire, c'est que nous acceptons cette dépendance et que nous nous y sentons bien. Le Nouvel Ordre Mondial, cette dépendance et cette surveillance ne sont pas mauvais en soi, c'est pour cela qu'ils ont été institués. Mais c'est quand même une forme d'esclavage, elle rend l'être humain complètement dépendant. Les petites structures ne peuvent plus survivre.

Je voudrais vous lire quelques citations : « La franc-maçonnerie est emplie de l'importance de son objectif, qui culmine dans un empire mondial idéal, gouverné par les lois de l'humanité. » (Hermann Settegast, Die deutsche Freimaurerei, ihre Grundlagen, ihre Ziele [La franc-maçonnerie allemande : ses bases et objectifs], Berlin, 1919, 19e édition, p. 44) « Il ne doit y avoir qu'un seul gouvernement maçonnique pour la Terre entière, il doit y avoir un seul chef à sa tête, qui doit être toujours invisible. » (Journal maçonnique de Leipzig, 1873, n° 25) « Et si toute la Terre devait être le temple de l'ordre, les puissants de ce monde nous en laisseraient la gouvernance. » (Dr

Phillip Georg Blumenhagen, *Zeitschrift für Freimaurerei* [*Revue pour une maçonnerie libre*], Altenbourg, 1818, p. 320). **Comment peut-on se représenter ce Nouvel Ordre Mondial ?**

Quand on observe bien la situation mondiale, on se rend compte que le nouvel Ordre est déjà bien installé. La majorité des gens ne le voit pas, on s'accroche à ses vieilles habitudes et à ses opinions. Le nouvel Ordre se fond dans l'état d'esprit et influence les gens de telle sorte qu'ils pensent avoir choisi de vivre ainsi. Il y aura encore plusieurs poussées, qui vont accélérer le processus. Le Nouvel Ordre Mondial est un système basé sur le contrôle complet des individus. Il faut observer consciemment les événements actuels pour comprendre les mécanismes de contrôle. Même ceux qui travaillent dans le domaine de la surveillance ne savent pas qu'ils font partie d'un projet global et international. La société se restructure, tout change, tout est détruit, afin d'instituer, à partir du chaos, ce nouvel Ordre. Il est déjà bien établi dans différents domaines de la société, mais les gens ne s'en rendent pas compte.

Je trouve passionnante la conférence du Dr Richard Day, l'ancien directeur médial (1965-1968) de l'association Planned Parenthood [Planning familial], de la famille Rockefeller. Elle eut lieu le 20 mars 1969 à Pittsburgh, devant un parterre de pédiatres. Le docteur y décrivit en détail le Nouvel Ordre Mondial. Il incita les quatre-vingts médecins présents à s'y préparer. Mort en 1989, il était franc-maçon de haut grade, professeur de pédiatrie à la Mount Sinai School of Medicine de New York. Il mettait en garde ses auditeurs contre un plan de l'élite mondiale visant à instaurer une dictature et une religion unique. Il demanda à ses auditeurs de ne pas prendre de notes et d'éteindre leur magnétophone. Avant de commencer, il précisa qu'auparavant, il n'aurait pas pu donner ce genre de conférence, mais que là, en 1969, il pouvait parler librement du projet secret, car... tout était prêt et personne ne pouvait plus l'empêcher.

Pour résumer, voici les points principaux qu'il expliqua à ses auditeurs. Il fallait s'attendre à :

– la réduction de la population
– une autorisation pour faire des enfants

- une nouvelle compréhension de la sexualité
- la sexualité sans procréation
- la contraception disponible partout dans le monde
- l'éducation sexuelle de la jeunesse comme outil de domination
- des subventions pour l'avortement
- l'encouragement de l'homosexualité
- une technologie pour la procréation sans sexualité
- la destruction de la famille
- l'aide à la mort et la pilule pour mourir
- l'accès réduit aux soins pour se débarrasser des personnes âgées
- l'accès aux soins sévèrement contrôlé
- la réduction de la médecine libérale
- des difficultés de diagnostic des nouvelles maladies incurables
- la réduction de la recherche sur le cancer afin de réduire la population
- l'augmentation des maladies cardiaques
- l'éducation accélérée
- la réunion de toutes les religions
- la disparition des anciennes religions
- la révision de la Bible
- l'éducation scolaire comme outil d'endoctrinement
- le contrôle de l'accès à l'information
- la disparition de certains livres des bibliothèques
- la modification des lois pour accentuer le désordre social et moral
- l'augmentation de la consommation de drogues et d'alcool
- la limitation de la liberté de voyager
- la nécessité d'augmenter le nombre de prisons
- la réduction du sentiment d'insécurité
- l'utilisation de la criminalité pour contrôler la société
- la baisse de l'hégémonie américaine dans l'industrie mondiale
- le déracinement social
- le développement du sport
- l'augmentation de la violence sexuelle dans le divertissement
- l'implantation de micropuces comme cartes d'identité

– le contrôle de l'alimentation
– le développement de la météorologie
– la falsification des découvertes scientifiques
– l'utilisation du terrorisme en vue de renforcer la surveillance
– l'augmentation de la vidéosurveillance
– l'abolition de la résidence privée
– et l'établissement d'un système totalitaire mondial.

Est-ce comme cela que l'on peut se représenter le Nouvel Ordre Mondial ?
Oui, c'est exactement cela.

Donc, c'est bien ce que le Dr Day avait prévu en 1969 ! Cela signifie que nous sommes bien avancés…
Oui, c'est le discours que je vous tiens. Et il n'y aura pas de marche arrière.

Le Dr Day déclara également que les Illuminati pensent qu'il faut encore une ou deux bombes atomiques pour convaincre les indécis. Êtes-vous de cet avis ?
Cela échappe à mes connaissances, mais on ne peut pas exclure ces mesures. Si le plan A, qui est pacifique, ne suffit pas à intégrer les peuples dans le nouvel Ordre, il y a un plan B, un plan C et un plan D… Et ces plans ne sont pas pacifiques.

Le Dr Day disait en 1969 : « Les guerres mondiales sont superflues, à cause du danger nucléaire ; c'est pour cela qu'on utilise le terrorisme. » Un très bon ami, qui aimait beaucoup les livres anciens, participait aux rencontres organisées par la franc-maçonnerie, mais n'en faisait pas partie. Dans un salon d'antiquaires, il tomba sur un grand maître de loge qui le reconnut et lui adressa la parole, voyant les livres anciens qu'il venait d'acheter et le prenant pour un franc-maçon. Cela se produisit il y a une quinzaine d'années, donc vers 1995. Il lui dit : « Vous faites bien d'acheter ces livres, il faut tout mettre à l'abri avant qu'il n'y ait des troubles. » Il disait aussi avoir acheté une maison à la campagne, parce que la vie dans les villes deviendrait de plus en plus inconfortable, et qu'on allait développer un terrorisme artificiel afin de donner aux dirigeants

mondiaux une raison d'intensifier le contrôle sur les individus. Il lui parla de mini-bombes atomiques qui pourraient exploser dans les grandes agglomérations.

Cela ressemble aux déclarations du Dr Day et à celles de Nicholas Rockefeller incluses dans l'Introduction au sujet des micropuces qu'on implante déjà et des deux sortes, une pour les masses et l'autre pour les initiés. Celle pour les initiés ressemblerait à un passeport diplomatique, et la guerre contre le terrorisme serait une escroquerie d'une ampleur vertigineuse.

Je doute que l'histoire du terrorisme vienne de la franc-maçonnerie. Ce genre de discussion est commun dans les loges ; il faut tenir compte des postes de responsabilité occupés par leurs membres, qui leur donnent accès à des informations confidentielles, comme dans l'armement. Je pense que ce terrorisme artificiel, mis en scène pour faire peur aux gens et répondre à leurs exigences de sécurité accrue, ne fut pas planifié dans la franc-maçonnerie, mais par des gens dont c'est le travail, et qui en parlent ensuite entre frères dans les loges. Je voudrais également ajouter que dans les années 1990, beaucoup de frères effectuèrent des démarches pour mettre à l'abri leur famille et leur patrimoine, parce que l'on craignait cette évolution. Mais les choses ne se passèrent pas tel qu'on le prévoyait, elles se calmèrent. L'humanité est plus pacifique et harmonieuse que nous le craignions.

Auparavant, les gens se révoltaient plus facilement. Nous l'avons vu lors de la crise bancaire, les Occidentaux ne se rebellent plus, ils sont tellement tranquillisés qu'ils arrivent à gérer leur agressivité. Ils ne sont pas prêts à partir en guerre. On ne peut pas mettre les révolutions dans les pays arabes sur le même plan. Si des terroristes se font exploser, qui vont-ils punir et emmener dans la mort ? Leurs propres frères. Ils tuent leurs frères de foi et non leur ennemi mortel, qui est venu dans leur pays pour détruire leur foi. Et, à première vue, cela passe pour de la folie.

Nous parlons de terrorisme mis en scène, comme l'a plus ou moins confirmé Nicholas Rockefeller, ce qui veut dire que ce ne sont pas des musulmans qui mettent les bombes, mais bien la CIA et le Mossad, comme pour le 11 septembre 2001, et qui l'attribuent ensuite à l'Iran, par exemple.

Je pense qu'il va se passer quelque chose, parce que Barack Obama, la plus belle marionnette des Illuminati, les a mis en garde le 14 avril 2010 : « Si tous les acteurs continuent à aller dans cette direction, la possibilité que des terroristes réussissent à faire exploser une bombe atomique est de 51 % ou plus. »
On ne peut pas l'écarter. Je n'ai pas plus de détails à vous donner.

Le Dr Day prétendait également que les instituts et les laboratoires de Rockefeller avaient les moyens de guérir les cancers, mais que cela restait secret, pour réduire la population. Il disait aussi que l'on introduirait des maladies artificielles.
Oui, c'est ainsi. On ne peut pas vouloir d'un côté réduire la population et de l'autre la sauver par de nouvelles thérapies. Beaucoup de cancers à l'heure actuelle sont dus aux additifs dans l'alimentation et aux radiations ; c'est fait en toute conscience.

Le Dr Day, qui travailla pendant la guerre sur la manipulation du climat, expliqua que la météorologie faisait partie des paramètres importants d'une guerre, que l'on pouvait déclencher des sécheresses et des famines.
Oui, c'est possible. Wilhelm Reich avait constaté dans les années 1920 qu'il pouvait influencer le temps qu'il faisait avec son appareil, le *Cloudbuster*. Il avait installé un gigantesque système de tuyauterie, d'où l'eau coulait, et constaté que le ciel au-dessus se comportait de manière différente. Des essais dans le désert du Liban, entre 2005 et 2009, démontrèrent que sa méthode contribuait à augmenter l'humidité. Il fut condamné pour ses activités scientifiques et mourut dans une prison américaine [NDÉ : le 3 novembre 1957].

Il existe de nouveaux moyens d'influencer le climat, ce sont les ondes myriamétriques (très basses fréquences, TBF). Elles peuvent pénétrer profondément dans la croûte terrestre. On les utilise de plusieurs façons dans le domaine militaire. Pendant la guerre froide, on accusa l'Union soviétique de provoquer le phénomène El Niňo dans l'océan Pacifique. Il s'agit d'une anomalie climatique qui modifia profondément le climat dans cette partie du monde. Nous sommes pratiquement sûrs que l'homme a les moyens de contrôler le climat. Les chemtrails en sont un bon exemple.

Avez-vous entendu parler d'une arme sismique ? Nikola Tesla avait déjà réussi à faire trembler un immeuble en 1898. On peut penser que les militaires américains ont développé son procédé pour s'en servir contre des installations ennemies. Si l'on se fie aux déclarations de son ex-ministre des Finances, Heizo Takanaka, le Japon fut obligé d'abandonner le contrôle de son système financier à un groupe d'oligarques américains et européens, à cause de sérieuses menaces proférées relativement à des armes sismiques.

Et il ne fut pas le seul homme politique à porter de telles accusations. Le président vénézuélien Hugo Chávez Frías prétendit, devant les caméras de la télé, que les États-Unis disposent d'une arme de séisme et qu'ils déclenchèrent sciemment le tremblement de terre d'Haïti [NDÉ : survenu le 12 janvier 2010 à 16 h 53 ; bilan en date du 9 février 2010 : 230 000 morts, 300 000 blessés et 1,2 million de sans-abri]. Il pense même que les tremblements de terre survenus en Californie [NDÉ : le 9 janvier 2010 à 16 h 27, de magnitude 6.5, à environ 53 km au large d'Eureka : dégâts mineurs et 25 000 personnes privées d'électricité] et en Chine [province de Sichuan, le 12 mai 2008 à 14 h 28 ; magnitude de 7,9 ; bilan : plus de 70 000 morts, 18 000 disparus et 374 000 blessés] sont imputables aux États-Unis.

Quand on sait que la croûte terrestre est extrêmement fine et sensible, on peut s'imaginer que les moindres incisions ont des conséquences dévastatrices. Les stations sismologiques enregistrent des informations à plusieurs milliers de kilomètres de distance. Nous savons à quels endroits la croûte terrestre est particulièrement fragile. De plus, la technologie pour déclencher des séismes artificiels existe. C'est ce que l'on fait régulièrement dans les forages de pétrole. Les séismes y sont de faible intensité.

Il n'est pas très difficile, techniquement, de déclencher un tremblement de terre puissant. Puisque l'homme se sert de tout ce dont il dispose pour augmenter son pouvoir, on peut imaginer que des gouvernements sont l'objet de chantage. Nous ne pouvons pas le prouver, mais il est très possible que cela se soit déjà produit.

ill. 38 : Albert Pike.

Que savez-vous de la Troisième Guerre mondiale ? Vous connaissez la fameuse déclaration d'Albert Pike, le «souverain Grand commandeur du conseil supérieur de la juridiction sud du Rite écossais ancien et accepté d'Amérique du Nord», dans la lettre du 15 août 1871 qu'il aurait envoyée au révolutionnaire italien Giuseppe Mazzini : «Nous libérerons les forces du nihilisme et de l'athéisme, et nous provoquerons un grand cataclysme social qui, par toute son horreur, montrera clairement à toutes les nations quels sont les effets d'un athéisme absolu et l'origine véritable de cette sauvagerie et de cette confusion sanglante. Alors les peuples, obligés de se défendre contre une minorité de révolutionnaires, extermineront ces destructeurs de la civilisation. Les masses, inquiètes et déçues par le christianisme, rechercheront avidement un nouvel idéal, sans savoir vers qui ou quoi tourner leur adoration. Ces multitudes seront alors prêtes à recevoir la véritable lumière, lorsque Lucifer se manifestera de manière universelle et finira par se dévoiler publiquement. Cette manifestation entraînera un mouvement réactionnaire généralisé, qui suivra la destruction du christianisme et de l'athéisme, qui seront conquis et exterminés en même temps.»

La même année, ils échafaudèrent un plan machiavélique pour imposer leur vision du monde, le nouvel ordre (Novus Ordo Seclorum). La Première Guerre mondiale devait permettre aux Illuminati de Bavière de renverser le pouvoir des tsars et de mettre la main sur la Russie. Elle serait ensuite utilisée comme bouc émissaire pour faire progresser les objectifs des Illuminati.

La Seconde Guerre mondiale devait être organisée en manipulant les divergences entre les fascistes allemands et les sionistes. Cette guerre devait rétablir la puissance de la Russie et permettre l'établissement de l'État d'Israël en Palestine.

La Troisième Guerre mondiale doit être fomentée en utilisant les divergences que les agents des Illuminati attiseront entre les sionistes et les dirigeants du monde musulman. La guerre doit être menée de telle manière que l'islam (le monde arabe, y compris la religion de Mahomet) et le sionisme (y compris l'État d'Israël) se détruisent mutuellement. **Les autres nations, une fois de plus divisées entre elles, seront forcées de se combattre jusqu'à l'épuisement complet, physique, moral, spirituel et économique.**

Après la destruction du christianisme et de l'athéisme, la voie serait libre pour accueillir la doctrine luciférienne. Ce projet va-t-il se concrétiser ?

C'est difficile à dire. Comme je vous l'ai dit, je ne suis pas impliqué personnellement dans ces affaires, mais on peut partir du fait que le plan sera poursuivi. Les deux premières guerres mondiales ont eu lieu comme prévu, et la troisième pointe à l'horizon. Le conflit entre Israël et le monde arabe fut créé sciemment. Nous ne devons pas oublier que ces déclarations remontent à plus d'un siècle et qu'aujourd'hui nous avons des armes différentes, les conditions ont changé. Il y a toujours un plan B et un plan C.

Que pensez-vous de l'hystérie autour du réchauffement climatique ? Beaucoup de gens parlent d'un mensonge.

Ce mensonge provient du ministère de la Propagande de ceux qui font la guerre, qui sont un groupe international que nous connaissons bien. La plupart des gens savent que les descriptions catastrophistes du réchauffement du climat sont inventées, mais pas tous. La grande majorité pense qu'il est nécessaire et utile d'agir pour protéger la planète. Ces gens sont prêts à payer et à accepter des restrictions. On essaie de façon habile de jouer sur leur peur pour les faire payer. On peut faire chanter des États en menaçant de leur imposer des amendes s'ils ne limitent pas leur volume d'émissions de gaz carbonique. Il est important d'avoir l'opinion publique de son côté.

Le roi Frédéric le Grand disait : «Mon peuple ne doit pas m'aimer, il doit me craindre.» Aujourd'hui on soumet les gens par une communication plus habile, on les fait participer. Au bout du compte, c'est le citoyen qui paie et adhère. C'est tout l'art, l'Art royal. Platon disait que l'Art royal consistait à diriger des hommes libres. Ce n'est pas la peine de rappeler que la franc-maçonnerie est aussi appelée l'Art royal.

Connaissez-vous des francs-maçons qui tiennent la destinée de l'humanité entre leurs mains ?

Je connais deux personnes qui ont réellement du pouvoir. Je ne les ai pas souvent rencontrées, mais ce sont des hommes affables qui veulent agir, qui sont à l'écoute des différentes opinions, parce qu'ils prennent des décisions qui affectent le monde entier. Mais je ne peux pas trop m'étendre là-dessus.

Un petit peu plus peut-être ?

Ce sont des gens pragmatiques, qui observent les événements comme s'ils étaient Dieu le créateur. Dieu le créateur laisse faire l'injustice sur terre. Il y a une nécessité à cela, à ces crimes, à ces perversions. Le côté sombre de l'évolution du monde, des gens, est une nécessité. Tout ce qui arrive sur terre est une nécessité. Et ces personnes qui prennent des décisions froidement, nous avons du mal à les intégrer dans notre façon de penser, parce que nous ne pourrions pas avoir le pragmatisme nécessaire pour prendre de telles décisions. Un Illuminatus déclarait : « Oui, il y a des assassins d'enfants, cela ne me plaît pas du tout, mais ils ont toujours existé et il y en aura toujours. Essayons de canaliser cela, nous ne pourrons pas l'empêcher, car il y a une prédestination pour ce genre de choses, une certaine nécessité, que ce soit le karma, le destin, la prédestination ou le programme. Cela en fait partie. »

Ces gens-là connaissent-ils le programme ?

Le programme se modifie et s'adapte. Il faut comprendre comment. Il n'y a personne qui s'assied à un bureau en déclarant : « Nous allons faire les choses de cette façon ! » Il y en a, mais c'est exceptionnel. Certains ont une prédisposition à percevoir les divers courants qui circulent dans la société : « Tiens, voilà ce qui se passe, essayons de faire que cela aille bien. Essayons de canaliser, de contrôler, de le rendre acceptable. » Il faut pouvoir tenir compte des changements, cela fait partie du programme. Le programme ne fut pas créé par un cerveau humain. C'est une forme de prédestination qui vient du cycle universel, qui fut reconnue par certains et contrôlée par des hommes capables. Ces derniers ne sont pas dépourvus de sentiments, mais ils sont pragmatiques. Ils savent que ce qui se passe dans le monde exista dans l'Ancien et le Nouveau Testament. Les Illuminati, les francs-maçons et les autres organisations sont les outils de la réalisation d'un programme plus vaste.

Carl Friedrich von Weizsäcker, un scientifique allemand qui participa à l'élaboration de la bombe atomique pendant la Seconde Guerre mondiale, publia à Munich en 1983 (©1981) *Der bedrohte Friede : politische Aufsätze 1945-1981* [*La menace sur la paix*], dans lequel il prédisait l'effondrement du communisme soviétique, ce qui lui valut beaucoup de critiques ironiques. Ce livre contient d'autres prédictions, dont voici les principales :

1. Le chômage prendra une dimension jamais vue.

2. Les salaires seront maintenus à un niveau très bas.

3. Les systèmes sociaux s'écrouleront, les États feront faillite, à commencer par le système de retraite. Le déclencheur sera une crise économique majeure, causée par la spéculation.

4. Vingt ans après la fin du communisme, une famine frappera l'Allemagne.

5. Les menaces de guerre civile augmenteront de façon dramatique.

6. Les élites dominantes auront des armées privées pour leur protection.

7. Pour assurer leur domination, les élites créeront un état de contrôle absolu et une dictature mondiale.

8. Les hommes politiques corrompus seront les valets de cette aristocratie financière.

9. Le capital encouragera une forme de nationalisme et de fascisme jamais vue, en vue de se prémunir contre un communisme ressuscité.

10. La population mondiale sera réduite par des guerres biologiques artificielles, des épidémies provoquées. Les gens ne peuvent pas financer leur survie.

11. Les grandes puissances feront des guerres pour s'assurer le contrôle des matières premières.

12. Après la chute du communisme, l'humanité sera en butte au système le plus méprisant et sans scrupule que l'humanité ait connu : ce sera l'Armageddon. Le système responsable de ce crime s'appelle le capitalisme incontrôlé.

Ces phrases ont été écrites il y a trente ans et la plupart de ces prédictions se sont concrétisées ou pointent à l'horizon. Le physicien disait qu'il s'agissait de son dernier grand ouvrage, que les gens ne comprendraient sûrement pas ce qu'il voulait dire et que les choses suivraient leur cours.

Il ne dit pas grand bien du peuple allemand, qu'il considère comme trop soumis au principe de hiérarchie et ayant perdu l'habitude de penser par lui-même ; un bon exécuteur d'ordre, un héros devant l'ennemi, mais handicapé par un manque total de courage. Le bon Allemand se défend quand il n'y a plus rien à défendre. Il se réveille en colère, il casse tout, même ce qui pourrait l'aider.

Combien y a-t-il d'Illuminati allemands ? Quel est le rôle de l'Allemagne sur l'échiquier planétaire ?

Les Allemands seront les leaders de la pensée, car, pour des raisons de programmation génétique de ce peuple, ce n'est pas possible autrement. Les Allemands seront des leaders dans le monde, ils contrôlent depuis longtemps les leviers de la politique mondiale. Il faut savoir que deux des trois familles les plus puissantes en ce monde sont d'origine allemande, les Windsor et les Rockefeller, même si leurs membres ne parlent plus allemand. Les Windsor s'appelaient Sachsen-Coburg [Saxe-Cobourg, si l'on francise], et les Rockefeller viennent d'Altenwald ; leur ancêtre s'appelait Johann Peter Roggenfeller. Il émigra au début du XVIIIᵉ siècle aux États-Unis et il s'établit à Germantown, en Pennsylvanie. Les Rothschild, qui sont les troisièmes, ont aussi leurs racines en Allemagne, à Francfort.

Pourquoi est-ce ainsi ? Quelle est la particularité des Allemands ?

Un grand nombre d'inventions modernes virent le jour en Allemagne : la musique classique, les moteurs (Wankel, Otto et Diesel), l'industrie chimique, la physique moderne, la philosophie, les voyages dans l'espace, la bombe atomique, la physique nucléaire, les jeans (Adidas et Puma), Martin Luther, Albert Einstein…

Tout est d'origine ou de langue allemande. Ce peuple présente des capacités qui le différencient des autres. Depuis la Seconde Guerre mondiale, toute allusion aux mythologies nordiques est interdite. On interdit encore aujourd'hui aux Allemands de penser librement. Cela fonctionne bien dans l'ensemble. La capacité de régénération de ce peuple est remarquable. Une telle réussite peut susciter la jalousie et la haine d'autres pays. Ces qualités sont reconnues dans le monde entier, mais on ne peut pas dire pour autant que les Allemands sont aimés. On leur oppose plutôt de la jalousie et du ressentiment. Nous avons déjà parlé des maisons royales. Beaucoup de gens connaissent l'histoire des rois de France, des rois d'Angleterre et de leur aristocratie. On s'intéresse à la lignée de Marie-Madeleine ou des dynasties égyptiennes, mais qui s'intéresse aux ancêtres des Allemands ? D'où vient ce peuple fort, indestructible et haï ? A-t-il une histoire avant Charlemagne, le génocidaire qui christianisa l'Europe de force ? Qui contrôle le peuple ? On ne parle pas de ces sujets-là en Allemagne et notre système scolaire ne fournit pas de réponse à ces questions. Le pourcentage de citoyens d'origine allemande diminue d'une année à l'autre. Nous, les francs-maçons allemands, réfléchissons à ces sujets et ne mettons pas de gants blancs. Il existe un projet d'élimination des Allemands à long terme. Mais ce projet émane du cerveau de personnes angoissées. Il faudra encore plusieurs générations avant que l'ancien esprit allemand refasse surface. Cela doit se produire nécessairement en sol allemand. En tant qu'Allemand, il faut supporter la haine du monde, agir avec prudence et habileté.

Vous en parlez dans les loges ?
Évidemment ! Sinon, où pourrions-nous en parler ? Ce qui est intéressant, c'est que la plupart des prix Nobel sont juifs. Ce ne sont pas des juifs hébreux, mais des ashkénazes, donc d'Europe de l'Est. Avec un certain recul, on trouve peut-être une origine commune. En loge, nous en parlons régulièrement, pour trouver s'il y a un lien. Curieusement, l'on constate que, d'un côté, les familles juives sont majoritaires dans les banques, les institutions financières, les médias et l'édition ; de l'autre, les Allemands sont les chefs de file dans le domaine industriel et la mécanique. À mon avis, au lieu de toujours chercher à exacerber les différences, il faudrait plutôt considérer en quoi ils se ressemblent.

Parlez-nous un peu des micropuces.
Leur utilisation est en pleine évolution. En fait, nous avons toujours connu cela. Prenons l'exemple du passeport électronique maltais. Son détenteur est l'homme le plus libre, il peut tout faire. Il appartient à un État sans territoire, présent dans le monde entier. Ce laissez-passer

et ses privilèges sont transférés sur une puce, cela correspond à l'esprit du temps et c'est même devenu presque banal.

Vous-même, en porteriez-vous une ?
Évidemment !

Laquelle prendriez-vous : la première ou la seconde ?
Je ne pourrais pas avoir de puce A. Je n'en aurai pas besoin parce que je ne travaille pas dans un domaine où elle est nécessaire. Je suis un exécutant, pas un donneur d'ordres.

Pourquoi y aura-t-il une monnaie unique dans le monde ?
On essaie depuis longtemps de l'instaurer, mais on bute sur l'opposition de beaucoup de pays. Les Anglais seront les derniers à accepter une monnaie unique, à cause de leurs traditions et parce qu'ils veulent garder leur livre sterling. Dans le domaine bancaire, cette monnaie existe depuis longtemps. Et l'homme s'y est habitué, comme les Allemands ont fini par s'habituer à payer en euros, même si le Deutsche Mark est encore valable. Ce ne sont que des appellations. Les systèmes de comptabilité et d'échanges internationaux utilisent une seule monnaie, sans rapport avec ce que nous associons au terme *monnaie*. Le citoyen moyen ne sait pas ce qu'est la monnaie véritablement.

Pouvez-vous nous donner des dates approximatives ? Quand n'utiliserons-nous plus d'argent liquide ? En 2012 ?
Les avis divergent. Des frères de loge pensent que ce devrait être le cas depuis longtemps. Nous devons tenir compte de la sensibilité, de l'insatisfaction des gens, qui sont attachés à leur mode de paiement et seraient perturbés si toutes les transactions s'effectuaient par carte de crédit. On pourrait le faire depuis une décennie. La décision a été reportée *sine die*. Je me permets de vous rappeler l'existence et l'action des champs morphogénétiques. En clair, les gens ne sont pas mûrs, il faut continuer à travailler pour les convaincre. Même les banques ont du mal à s'harmoniser entre elles, les choses prennent plus de temps que prévu.

Ce n'est qu'une question de temps.

Oui, cela peut évoluer rapidement, mais tant que les banques ne se seront pas entendues, les choses prendront du temps.

Un professeur de management international explique que l'euro est dépassé, qu'il mettra du temps à mourir, parce que la zone euro est encore trop forte ; on essaie de l'affaiblir et particulièrement l'Allemagne, pour qu'elle ne sorte pas renforcée du krach qui s'annonce, qui fera perdre aux États-Unis leur position dominante à tout jamais. Dès l'atteinte de cet objectif, la grande déflagration viendra... C'était d'ailleurs le motif sous-jacent à l'introduction de l'euro. Voyez-vous les choses de la même manière ?

Oui, c'est ainsi. Il ne faut pas perdre de vue que l'objectif est le gouvernement et la monnaie uniques. L'euro, l'amero ou d'autres monnaies communautaires ne sont que des étapes intermédiaires avant l'instauration d'une monnaie unique.

J'ai devant moi une citation de Thomas Jefferson (1743-1826), un des pères fondateurs des États-Unis : « Si un jour le peuple américain délègue à des banques privées le contrôle sur l'émission de la monnaie, ces banques s'approprieront l'argent des citoyens par des inflations et des déflations continuelles, jusqu'à ce qu'ils soient sans domicile fixe sur la terre de leurs ancêtres. » Qu'en pensez-vous ?

C'est ainsi. Un groupe de familles très puissantes dirige le monde avec de l'argent virtuel, en encaissant des intérêts sur de l'argent fictif.

Cela me rappelle la phrase d'Henry Ford en 1920 : « Il est bon que les gens ne comprennent pas notre système bancaire. S'ils comprenaient, nous aurions demain une révolution. » C'est également ce que pense sir Josiah Stamp, le directeur de la Banque d'Angleterre entre 1928 et 1941 : « Le système bancaire moderne génère de l'argent à partir de rien. C'est sans doute le tour de passe-passe le plus rusé jamais inventé. Les banques sont nées dans le vice et le péché. Le monde appartient aux banques. Si on le leur enlève, elles créeront assez d'argent pour le racheter ; si on leur enlève le pouvoir, les grandes fortunes disparaîtront, comme la mienne [NDÉ : 2ᵉ fortune d'Angleterre] ; nous aurions un monde meilleur. Mais si vous

voulez continuer à être les esclaves des banques et à payer le prix de votre esclavage, continuez à laisser les banques inventer l'argent et contrôler le crédit. »

En effet, c'est ce que nous avons déjà dit : l'argent est l'outil qui contrôle le monde. Les Rothschild déclaraient en 1863 : « La minorité qui comprend le système sera tellement intéressée et dépendante du bon vouloir du système qu'elle ne s'y opposera jamais. La masse des gens qui, mentalement, ne comprennent pas le système, en supportera les conséquences sans même se rendre compte que le système leur est hostile. » C'est ainsi que va le monde.

Mon Dieu, si les gens savaient ce qui se joue là… À quel degré êtes-vous impliqué dans ce Nouvel Ordre Mondial ?

Pendant mon service dans la police, j'ai travaillé sur des projets de sécurité auxquels on recourt maintenant dans le monde entier. Les Allemands sont numéro un dans le milieu de l'espionnage et de la police secrète. La structure et les règlements propres à la police allemande sont enseignés et copiés aux États-Unis et dans beaucoup d'autres pays.

L'activité principale des troupes allemandes en Afghanistan, en Yougoslavie et dans d'autres pays consiste à entraîner et organiser les forces de police, et à développer des mécanismes de contrôle et de surveillance de la population.

Quelle est votre relation avec cet état de fait ?

J'ai participé à l'élaboration de ces programmes.

En tant que policier ?

Oui.

Et non comme un membre de loge ?

Non, c'était distinct des loges. J'étais seulement surpris que nombre de rencontres avec les forces de police se déroulent dans les locaux des loges. Mais, à l'époque, je ne me posais pas de questions. Nous nous retrouvions souvent dans ces bâtiments étranges, où il y avait plein de portraits de personnalités, tous des francs-maçons, accrochés sur les murs. Dans ma naïveté, je ne me rendais pas compte que ces réunions au niveau régional se déroulaient là, plutôt que dans les locaux de la police. J'étais membre de l'International Police Association, qui a des liens avec la franc-maçonnerie. C'est pourquoi je participais à ces réunions. J'ai mis des années à m'apercevoir que l'on se servait de moi. J'ai toujours été un outil ; j'utilise d'autres personnes comme outils, sans qu'elles le sachent. Il n'y a pas de mal à cela, ces personnes sont capables de créer des pensées qui mènent au succès.

Quel est l'objectif que poursuit la franc-maçonnerie en propageant le multiculturalisme ?

La devise *Liberté, égalité, fraternité* impose à la franc-maçonnerie l'obligation de défendre le multiculturalisme. D'un autre côté, le franc-maçon est très attaché à sa patrie ; il n'en fait donc pas la publicité, il le tolère.

Quelle est votre opinion personnelle et celle d'autres grands maîtres ?

Je ne pense rien de bien du multiculturalisme, je trouve que c'est un état d'esprit artificiel et hypocrite. Néanmoins, je pense qu'il est important d'avoir de bons rapports de voisinage, d'être tolérant et d'accepter d'autres cultures. C'est aussi l'avis d'autres grands maîtres, des chevaliers en tout cas.

Y a-t-il des loges qui pensent différemment ?

Oui, les loges italiennes et espagnoles sont très nationalistes et ne veulent pas se mélanger, comme les Allemands. Cette vision du monde est plutôt anglo-saxonne.

Sont-elles plus correctes d'un point de vue chrétien ?

Il est difficile de déterminer ce qui est chrétien ; il faut savoir que les peuples nordiques en général pensent que des peuples sont supérieurs aux autres par leurs vertus, leur sentiment d'appartenance, leur faculté de se régénérer, leurs capacités à diriger le monde. C'est l'état d'esprit des loges prussiennes, qui sont plus proches des loges françaises que des anglaises.

Pourquoi la Turquie doit-elle intégrer l'Europe ?

Pour créer encore plus de confusion.

J'ai assisté à la réunion des grands maîtres de l'Ordre en 2009, où l'on s'exprimait de façon très critique sur les migrations de jeunes populations. Y a-t-il un problème de fond avec l'islam ?

Dans le fond, il n'y a pas de problème avec l'islam ; la franc-maçonnerie ne se préoccupe pas des problèmes de religion ; l'islam est plutôt considéré de façon favorable. Il s'agit en fait de la masse de gens qui submerge notre continent que nous ne pouvons pas intégrer, et qui ne le veut pas. Ils ont une culture différente et ne correspondent pas à notre état d'esprit et à notre compréhension de la culture. Même la génération née ici est très marquée. Sa mentalité ne correspond pas à ce que nous considérons nous appartenir. Ses ressortissants resteront toujours étrangers dans notre pays, ce qui n'est guère souhaitable.

Quel est donc le sens de ce mélange de cultures ?
Le Nouvel Ordre Mondial ne peut avancer qu'avec des gens responsables qui vont dans la même direction. Nous ne pouvons rien faire et peut-être que s'ils se mélangent, ils seront moins intelligents et plus facilement gérables. Le mélange a fonctionné en Yougoslavie ; sa nation était forte et solide, politiquement et économiquement. On a laissé se développer une haine ethnique et la nation s'est dissoute. C'est la même chose au Soudan, en Afrique en général, et il n'y a aucun problème à manipuler des masses populaires qui s'entre-tuent.

Mais la pratique montre que le mélange ne marche pas. Et ce n'est pas la faute des Allemands, mais des migrants musulmans qui ne veulent pas que leurs enfants épousent des chrétiens ou des Allemands.
En effet, il faut que les deux côtés s'accordent. Les Turcs ouvrent leurs mosquées, ils invitent la population allemande, mais celle-ci ne réagit pas. Très peu d'Allemands se rendent à des manifestations ou à des célébrations dans les mosquées, au motif de la trop grande différence culturelle. Le mélange n'aura pas lieu. Les Illuminati peuvent ranger ce projet dans leurs tiroirs, les Turcs ne s'assimileront pas et les Allemands ne les toléreront plus très longtemps. Même dans le pays phare des États-Unis, cela a fonctionné juste pendant un couple de décennies. Aujourd'hui, le communautarisme reprend le dessus ; les Hispaniques, les Noirs, les Blancs et les Chinois vivent chacun de leur côté.

Je reviens du Botswana et d'Afrique du Sud, où j'ai constaté que le racisme y est au moins aussi grave qu'avant l'époque de Nelson Mandela.

Et cela empire…

Quelle est la position de la franc-maçonnerie vis-à-vis du judaïsme ?

Dans les loges allemandes, on n'acceptait pas de juifs jusqu'à récemment. Il y a une explication très simple : la franc-maçonnerie est basée sur l'enseignement chrétien. Il n'est donc pas possible à un non-chrétien d'assimiler cet enseignement. Ce qui exclut toute adhésion. Un juif peut devenir membre s'il peut s'identifier au contenu de la maçonnerie et si les frères l'acceptent. Les juifs ont leurs propres loges et il est peu probable qu'ils aspirent à adhérer à une loge maçonnique.

Venons-en aux drogues. Pourquoi les laisse-t-on proliférer consciemment, et quel est le rôle de la République tchèque ?

Depuis le 1er janvier 2010, la République tchèque n'interdit plus la possession de drogues en petite quantité aux fins de consommation personnelle. On peut consommer de la marijuana, des pilules d'ecstasy, de la cocaïne, de l'héroïne et des amphétamines sur la voie publique [NDÉ : à la condition de ne pas posséder plus de 15 g de marijuana, 5 g de haschisch, 2 g de pervitine, 1,5 g d'héroïne, 1 g de cocaïne ou 4 pilules d'ecstasy]. On peut prévoir que ce «paradis» recevra la visite d'une clientèle qui déchargera la Hollande de ce problème. Les voies d'acheminement changent, il faut considérer la situation de façon très pragmatique. En Europe, on consomme quotidiennement de grandes quantités de drogue et l'acheminement doit être bien structuré. Sur le continent américain, ce sont les services spéciaux qui organisent le contrôle de la grande majorité de l'approvisionnement. Les gouvernements ont tout intérêt à propager les drogues de façon contrôlée. Il y a beaucoup d'argent en jeu.

La libéralisation de la consommation de drogue en République tchèque indique que le commerce intra-européen est canalisé et se réorganise. C'est une politique que les nouvelles démocraties doivent considérer. Dans nos pays, il existe des programmes de lutte contre la criminalité liée à la drogue, mais, d'un autre côté, on ne fait pratiquement rien pour empêcher la fabrication de la drogue. Pourquoi envoyons-nous des milliers de soldats en Afghanistan pour garantir l'immunité des champs de pavot ? Au lieu de tuer des gens, ne pourrait-on pas brûler tous ces champs ?

Vous voulez dire qu'est encouragée la consommation de drogues ?
Oui, pour calmer les gens, tout simplement. Quand ils sont drogués ou assis devant leur téléviseur, ils ne se rebellent pas, il n'y a pas de révolutions. Le fluor, l'alcool, les drogues, la télévision et Internet sont des tranquillisants de masse. Observez la passivité et l'apathie des gens installés devant leur télévision. Regardez les émissions, les talk-shows, les divertissements : c'est pour divertir les masses populaires ; chacun a sa série et les gens ne descendent plus dans la rue.

Le rôle d'un gouvernement, d'un roi ou d'un seigneur est de contenter le peuple. S'il est content, le système fonctionne. Quand on dirige une association, une société ou une organisation, il faut satisfaire les gens. *Panem et circenses*, « du pain et des jeux », voilà ce que le peuple attend, avec une certaine dose de produits enivrants comme la drogue. L'alcool et les cigarettes sont légalisés ; beaucoup de gens disent que le haschisch n'est pas une drogue, car le chanvre, la marijuana, est plutôt un médicament, pas cher, qui pourrait aider beaucoup de gens, sauf que l'industrie pharmaceutique n'a rien à y gagner.

D'un autre côté, la cocaïne et l'héroïne détruisent un grand nombre d'individus. Pures et consommées dans certaines conditions, elles aident à surmonter le stress et à penser froidement. Dans le monde politique économique, on consomme beaucoup de « bonne » cocaïne. Elle doit être disponible en grande quantité au moment de prendre des décisions qui demandent un certain recul. Quand on doit décider de la vie et du destin des gens, il faut être capable de mettre de côté ses émotions et ses tripes, et d'agir de manière décontractée.

La cocaïne s'avère bien adaptée, on peut réfléchir clairement et calmement. C'est pour cela et d'autres raisons que les responsables veillent à approvisionner une grande partie de la population. On maintient au calme les basses couches de la société de cette façon, on les retire de la circulation en quelque sorte.

Aux États-Unis, un certain George Green se présente comme un initié du monde de la finance. Il prétend avoir été invité à une rencontre au

sommet entre pontes de la politique et de l'industrie dans les années 1970 à Aspen, au Colorado. À cette occasion, on lui aurait proposé de devenir le conseiller financier du futur président américain. Quand il demanda de qui il s'agissait, on lui répondit : «Jimmy Carter !» Il était alors le gouverneur démocrate de la Géorgie. Green dit que lui-même était républicain. On lui répondit : «Peu importe. Nous contrôlons les deux.» Ted Kennedy lui expliqua qu'il aurait un très bon salaire, serait toujours en voyage et aurait l'occasion de faire la connaissance de beaucoup de femmes.

Quand une de ses filles vint le rejoindre à leur table, Ted Kennedy lui aurait fait une proposition indécente. Green lui dit qu'elle n'avait que quatorze ans. Kennedy lui aurait rétorqué que cela ne le dérangeait pas. Cet incident le convainquit de parler, il détestait ces gens. Il voyait partout des petites coupes remplies de poudre blanche, dans lesquelles les gens se servaient à l'aide d'une paille qu'ils s'enfonçaient dans les narines…

Je fus souvent envoyé sur des opérations spéciales, dans la police ou dans l'armée. Ces opérations ne concernaient pas que le transport de «biens» divers, nous servions aussi de service de messagerie. J'étais jeune, je n'avais pas de grandes responsabilités, j'avais accès à ce cercle de personnes, je vécus les mêmes choses que M. Green. Je pus entrer dans les salons privés des hommes politiques et constater que la poudre y circulait librement. Les dirigeants de l'économie et de la politique se divertissent non seulement avec ces dames, mais aussi avec de la drogue. Dans ces milieux, c'est très courant; la morale et l'éthique, comme nous en parlons, n'existent pas. Et personne ne se sent coupable ou dans l'illégalité. Je parlai un jour à un pédophile qui m'exaspérait, je le lui reprochai, alors que mon grade et ma responsabilité ne le permettaient pas. J'aurais pu perdre mon poste, mais l'homme me répondit : «Pourquoi ? C'est un service que je paie !» Étonnant, n'est-ce pas ? Ces gens-là n'ont pas le sens de la justice, ils ne se sentent pas coupables.

Le postulat de la loi de la résonance est que tout ce que nous faisons nous revient, tel un boomerang.

La loi de l'esprit fonctionne différemment, quand on la connaît; le principe luciférien aussi. Dans le code pénal, il est écrit *nulla poena sine culpa* : « il n'y a pas de punition sans culpabilité ». Quand on fait le mal sans éprouver de sentiment de culpabilité, la conscience n'est pas perturbée, aucune punition ne peut nous atteindre. On peut, bien sûr, être touché émotionnellement par ce que l'on a fait.

C'est ce que je veux dire. Même si je ne me sens pas coupable, la loi de la résonance postule que ces choses-là seront présentes dans mon aura, dans ma vie. Des années plus tard, on peut avoir mauvaise conscience quand on y repense. Tout le monde connaît cela. Jeune, on a moins le sens du bien et du mal ; devenu adulte, lorsqu'on retombe dans la situation, les choses remontent à la surface et l'on fait face à ses bonnes et à ses mauvaises actions.

Vous avez raison, la loi de la résonance et du rythme fonctionne, nous sommes confrontés aux mêmes thèmes à diverses époques de notre vie. C'est là qu'on se rend compte du bien ou du mal qu'on a fait.

Quand on comprend qu'on a mal agi, on voit la loi du karma qui agit, on reçoit en miroir le double de ce que l'on a fait, sous la forme d'un événement comparable.

Je pense aussi qu'au bout du compte, on n'y échappe pas. Pour revenir à ce pédophile, il n'a rien commis d'obligatoirement tragique : il n'y a pas eu de viol, même si c'est une horreur.

Et la musique ? Que pensez-vous des groupes de heavy metal ou de hard rock ?

Ces groupes de musique sont commandités pour rendre les jeunes fous et agressifs. Cette musique a une action très forte sur le subconscient, comme le rap et le hip hop. Il suffit de voir l'effet que provoquent ces musiques sur la jeunesse. En général, cette phase dure quelques années et les choses reviennent à la normale. La plupart des Européens écoutent d'autres styles de musique. Ce n'est pas comme pour le sida, cela n'a pas aussi bien marché.

Je me souviens que les troupes américaines, à leur entrée à Bagdad, écoutaient du heavy metal, qu'elles distribuaient des revues pornographiques parmi la population.

Oui, c'est une façon de saper les structures et c'est moins onéreux que de distribuer de l'argent. Il faut d'abord créer le chaos pour construire de nouvelles structures, de nouveaux esclavages. Mais il n'est pas toujours facile de soumettre les gens qui ont un fort besoin de liberté. Si l'homme se développait tout seul, tel qu'il a été conçu par Dieu, le chaos régnerait : c'est ce que pensent ceux aux commandes. Il faut maintenir le calme parmi une armée de millions de personnes, les occuper, les distraire, mais, à grande échelle, c'est difficile. Il est donc nécessaire de réduire les populations ou de les rendre malades. Là, on peut les contrôler.

Il y a trop d'êtres humains. L'homme est programmé pour proliférer, on l'a protégé comme les lapins en Australie. Même les médicaments et les produits chimiques n'ont plus leur effet. Il est difficile d'adoucir les gens, surtout ceux qui ne servent à rien et ne participent pas au bien de l'humanité. Il faut donc réguler sans que les gens s'en aperçoivent. La peur est un bon outil, c'est un facteur que les dirigeants ne contrôlent pas toujours.

Vous parlez de réduction de la population ? Comment cela se fera-t-il et qui sera touché ?

Cette dépopulation est programmée : nous aurons une situation comparable à celle de la peste au XVᵉ siècle, qui a supprimé la majorité de la population en Europe et dans le monde. La guerre, les produits chimiques sont des moyens envisageables. Les familles les plus puissantes seront à l'abri dans les villes souterraines, il y en a plus de cent dans le monde. Elles réapparaîtront quand tout sera fini. Mais les hommes ne sont pas non plus bêtes et sans défense, comme se les imaginent ces gens-là. J'encourage tout le monde à être vigilant et responsable. Ceux qui peuvent s'organiser en petits groupes auront un certain avantage sur les autres.

Pourquoi cette dépopulation ?

Comme je l'ai dit, il y a trop d'êtres humains, mais il n'y a plus de sélection naturelle. Les dirigeants ont le devoir de contrôler toutes ces populations. Ce n'est plus un problème régional, mais planétaire. D'après les *dirigeants de religion*, l'humain aurait reçu une mission à accomplir sur terre. Quand on analyse la société, on peut émettre des doutes sur cette prédestination. Les hommes sont principalement occupés à satisfaire leurs désirs et leurs instincts matériels. L'humain pense à se satisfaire et il évalue la vie sous l'aspect du divertissement. L'épisode de l'Arche de

Noé nous rappelle que Dieu a déjà noyé l'humanité pour des raisons similaires. La génération actuelle passe son temps devant des écrans et cherche la satisfaction dans un monde virtuel. Ce monde virtuel peut devenir réel, comme dans un rêve.

L'homme du Moyen Âge pensait que la réalité était une perception erronée, il cherchait le vrai monde dans le monde spirituel. L'homme moderne est assis devant son écran, les choses sont plus simples pour lui, les indolents ont une vie beaucoup plus agréable que ceux de cette époque. Tout ce que l'Occident a créé comme culture est sur le point de disparaître. Dans notre monde ultramoderne, on fait pousser des céréales pour fabriquer du carburant. Chez nous, on donne à manger aux machines pendant que d'autres hommes meurent de faim. Les jeunes passent leur temps à des jeux vidéo où ils doivent détruire des cibles souvent humaines.

Comme ces choses se déroulent dans le subconscient, on peut imaginer comment sera le futur, comment sera la génération qui grandit actuellement. Une génération d'êtres humains malades physiquement et dépourvus de sentiments ne sera pas capable de pourvoir à ses besoins, ni à ceux de ses malades ou des personnes âgées. Cette tendance concerne la jeunesse de nos pays hautement civilisés, mais de plus en plus de jeunes du monde entier veulent prendre ce chemin qui n'a aucun sens. Qui pourra prendre soin de ces jeunes incapables dans quelques années ?

Nous assisterons à des émeutes où régnera le droit du plus fort et du plus impitoyable. Cette prophétie apocalyptique est en train de devenir réalité. Sans Internet, qui est le cerveau central et omniprésent de l'humanité, nous ne pouvons plus fonctionner dans la société. Internet nous aide également à combattre l'ennui en nous donnant plein d'illusions. Que chacun se fasse son idée ! Tous les systèmes esclavagistes commencent par une vision de liberté aux possibilités infinies. Ils se servent du besoin de liberté pour créer un manque de liberté encore plus grand. Il est inquiétant de voir les jeunes se faire piéger comme des rats dans ce cyberespace.

Vous venez de dire que cela n'a pas marché avec le sida. Que voulez-vous dire exactement ?

Le sida a été répandu pour décimer l'humanité, surtout le continent africain. Pour des raisons que j'ignore, cela n'a pas fonctionné. Il y a eu des résultats, mais trop peu. Il faut agir autrement, on travaille sur d'autres maladies. On vend à ces pays des armes pour qu'ils s'entre-tuent. Pour les grands dirigeants, les Africains ne produisent rien et ne participent pas au développement, ce sont des parasites. Les pays africains sont tellement endettés qu'ils ne pourront jamais redresser la situation. Les maîtres du monde ne s'intéressent qu'aux matières premières de ces pays, pas aux hommes. C'est aussi simple que cela, et les Chinois sont sur les rangs.

Vous vous distancez souvent, à mots couverts, des Illuminati et du Nouvel Ordre Mondial; d'un autre côté, c'est l'objectif que vous poursuivez. Vous ne les mettez pas au même niveau ?
Dans la hiérarchie, les Illuminati sont au-dessus des francs-maçons; nous sommes les outils des Illuminati, qui eux-mêmes sont les outils des forces de l'esprit. Ils dirigent certaines structures, certaines organisations. Les hauts grades de la maçonnerie n'en ont pas terminé : après, il y a les Martinistes. Je suis Martiniste. Ils ne sont pas les supérieurs des francs-maçons. Certains hauts grades poursuivent chez les Martinistes d'autres voies qu'ils n'ont pas pu emprunter chez les francs-maçons. Ils se rapprochent du mode de pensée alchimiste ou rosicrucien. Ce que nous proposons en théorie peut être vécu de façon pratique dans d'autres organisations. Il faut mettre les choses en pratique, il ne suffit pas d'exercer des rituels. C'est le rôle particulier que joue le comte de Saint-Germain. Je m'arrêterai là. Nous ne sommes plus dans le sujet de la franc-maçonnerie.

Albert Pike disait déjà qu'il faut considérer la maçonnerie comme un bassin collecteur, comme un outil pour tamiser et guider les meilleurs éléments vers d'autres loges.
La franc-maçonnerie fonctionne comme un programme éducatif qui influence des millions de gens qui ne sont pas dépourvus d'intelligence. Dans l'ensemble c'est une élite intellectuelle, et même là on ne prend que les meilleurs. Les millions de francs-maçons moyens ne sont pas capables de faire de la politique à un haut niveau. Il n'y a que les meilleurs qui en sont capables. Mais ils doivent être opérationnels.

Parlons, si vous le voulez bien, de la religion mondiale, qui est un des thèmes du nouvel ordre. Quel est le rôle de la franc-maçonnerie ?

La pensée maçonnique parle d'un Être suprême au concept indéfini, d'une force, d'un ordre supérieur, qui permet à chacun d'imaginer quelque chose auquel il peut se référer. Il s'agit d'empêcher des groupuscules de s'accaparer les symboles communs, et de permettre à tout le monde de vivre en paix, malgré les conceptions différentes de la religion. C'est ce que pratiquent les francs-maçons depuis des siècles : « Peu importe ce que croit mon frère, nous nous mettons d'accord sur le concept du triple grand architecte ou même du simple architecte, tout dépend des choses auxquelles nous croyons. » J'y vois une forme de nécessité pour permettre une cohabitation pacifique.

Certains aspects comme la réincarnation ont-ils une importance ?

Elle a son importance dans le fait qu'il existe un savoir qui ne se perd pas à la mort du corps physique. Cette forme de pensée est contenue dans les religions. Nous les chrétiens voyons dans la résurrection une forme de réincarnation. Pour être sérieux, nous devrons attendre le Jugement dernier pour renaître, même si au fond de nous, chacun a la sensation d'être une forme de réincarnation.

La réincarnation fait-elle partie de cette religion mondiale, la religion franc-maçonne ?

Je refuse de prétendre que la franc-maçonnerie est une religion.

Et cette religion mondiale qui doit apparaître un jour ?

Il n'y aura pas de religion mondiale, parce qu'il n'y aura jamais une façon de penser unifiée, c'est quelque chose qu'on ne peut pas imposer. Il n'y aura donc pas de religion unique comme le christianisme. Mais l'humanité devra accepter l'image d'un Dieu supérieur, un être suprême. Ce sera une sorte de religion mondiale.

Y aura-t-il un leader, une sorte d'Antéchrist, de Maitreya, le nouveau Bouddha ?

On en parle dans le rituel de la franc-maçonnerie dans la mesure où les hauts grades ont une vision de la Jérusalem céleste. La Jérusalem céleste est décrite dans l'Apocalypse, et à la fin des temps, quand Satan sera enchaîné, il se passera quelque chose. La Jérusalem céleste apparaîtra sur terre,

144 000 élus régneront avec Dieu et l'agneau de Dieu. Toutes les religions projettent une sorte de fin des temps où leur état d'esprit vaincra et où les hommes pourront vivre en paix.

Croyez-vous sérieusement qu'il y aura un messie, un leader ?
C'est ce qui est écrit dans toutes les religions et ce que prévoient certains grands médiums. Edgar Cayce en a parlé, Nostradamus aussi ; et l'humanité attend. Et ce que le monde attend lui sera donné.

Je comprends peu à peu le sens de ce programme... Soyez un peu plus concret à propos de ce leader.
Quelque chose va se cristalliser, qui viendra de la lignée de Jésus et de Marie-Madeleine ; c'est la pensée qui recueille en ce moment le plus d'adhésion. Si on peut prouver le lien direct entre Jésus, le roi du monde, et celui que l'on présentera à l'opinion publique, on peut être sûr que cette personne trouvera un grand écho. Nous verrons apparaître une nouvelle forme de royauté et de clergé. C'est l'avenir du gouvernement unique, les démocraties n'ont plus réellement d'avenir. Mais pour l'expliquer, il faudrait remonter très loin.

Je vous en prie, car c'est la raison pour laquelle nous sommes ici ! Le Prieuré de Sion joue-t-il un rôle important ?
Le Prieuré de Sion est une communauté qui vient de connaître une certaine notoriété. Son projet cherche à être reconnu à l'intérieur du christianisme. Il n'est pas primordial de savoir si Jésus et Marie-Madeleine eurent un enfant. Il peut s'agir de quelqu'un d'autre. Mais l'idée d'une descendance de Jésus est appropriée et apparemment très populaire. C'est pour cela qu'on l'encourage.

Est-il sûr que Jésus avait une femme et des enfants ?
J'en suis personnellement convaincu, et les documents que j'ai pu consulter me suffisent comme preuve. La vérité sur le destin de Jésus n'a pas encore été publiquement dévoilée, les mensonges divulgués par le clergé ont encore beaucoup trop d'influence.

Où se trouve la tombe de Jésus et de Marie-Madeleine ?
Il y eut au cours des deux millénaires passés plusieurs endroits qui accueillirent les restes humains de Jésus. On dit qu'il existe un lieu en

France où ont été conservés les restes de Jésus et de Marie-Madeleine ; or ce lieu a changé régulièrement. Il existe des organisations qui conservent et protègent cette lignée et son état d'esprit. Il y en a chez les gitans, chez les francs-maçons, au Prieuré de Sion et, pour l'essentiel, chez les Martinistes. Ils ont leur mot à dire, c'est d'eux que je tiens ces informations, car j'en suis un moi-même. Pour un gouvernement mondial, il est très important de pouvoir présenter quelqu'un qui descend directement de Jésus de Nazareth. Il y a vraisemblablement eu une relation entre Jésus et Marie-Madeleine. Il est donc tout à fait plausible de penser qu'ils eurent des descendants. Si Jésus fut le dernier roi des juifs, on peut penser que son descendant direct pourrait être accepté comme roi par les juifs, à l'aide de quelques artifices. Pour la majorité des chrétiens, ce ne devrait pas être un problème ; quant aux autres, les laïcs, on peut imaginer qu'ils lui porteraient un certain respect.

Concrètement, le monde finirait par accepter un leader charismatique que l'on présenterait comme le descendant et l'héritier de Jésus et de Marie-Madeleine. C'est l'objectif poursuivi par les communautés qui protègent cette lignée. Des publications régulières entretiennent cet état d'esprit. L'époque est mûre. L'humanité est prête à accepter cette idée, cette personnalité charismatique. C'est l'une des raisons pour lesquelles on tente d'affaiblir les sentiments nationaux des États, et de développer un sentiment de solidarité universelle.

Pour cela, il faut disposer des restes de Jésus et de Marie-Madeleine et prouver génétiquement que le nouveau leader charismatique est bien un de leurs descendants. Le monde voudra une preuve scientifique, qui lui sera donnée. La préparation des esprits en Europe et bien au-delà est presque achevée.

De quelle famille pourrait-il venir ?

Il y a plusieurs dynasties sur les rangs : les Habsbourg sont les favoris. Les Mérovingiens sont très populaires, bien qu'ils attribuent leur origine à un être hybride entre un être humain et un dieu, un esprit. Si la Bible a raison, c'est comme cela que fut créé Jésus de Nazareth. Nous pouvons l'imaginer comme un être humain à part entière, ou comme un homme-dieu. Beaucoup de chrétiens voient Dieu dans Jésus, au sein de la Trinité, mais cette vision accuse présentement un net recul. L'homme moderne est beaucoup plus critique à ce sujet, mais il peut l'accepter.

Comment peut-on créer un être humain de l'union avec un esprit ? Jésus fut créé par Dieu, l'ange Gabriel apparut à la Vierge ; on parle d'êtres non terrestres, ils sont donc des extraterrestres. Le christianisme imprima fortement dans le Nouveau Testament l'idée des extraterrestres et ne s'y opposa jamais : les êtres dont parle la Bible, les anges, n'appartiennent pas à la Terre, ce sont donc obligatoirement des extraterrestres. Et si Marie la vierge fut mise enceinte par un esprit, c'est un esprit extraterrestre, quel qu'il soit.

Deux anges apparurent à Joseph Smith, le fondateur des mormons, entourés d'un halo de lumière. Ils lévitaient devant lui et portaient des habits blancs brillants. L'un des deux était l'ange Moroni. Ils lui dictèrent des mots à plusieurs reprises et lui donnèrent des indications précises sur les cachettes des tablettes en or. Mahomet fut visité par l'ange Gabriel, qui lui apparut et lui transmit du savoir. Pour moi, ils n'étaient pas des anges, surtout lorsqu'on lit dans la Bible ce que les anges firent aux femmes humaines, des enfants, par exemple. Je doute qu'il s'agisse réellement d'êtres spirituels.
Donc, s'il s'agit d'esprits, que nous appelons des anges, ils doivent avoir un moyen de se matérialiser pour être perçus par les êtres humains. Peut-être abandonnent-ils ensuite leur apparence matérielle pour disparaître en tant qu'esprits. Cela se produit souvent dans la Bible avec les nephilim ou les géants, les fils de Dieu qui ne sont pas décrits précisément. Pour nous, ce n'est pas très concret, mais nous savons par Abraham qu'il vit apparaître deux hommes sous sa tente, qu'il reconnut comme des anges. Leur apparence était humaine, mais il avait senti qu'ils ne l'étaient pas. Ils restèrent chez lui, mangèrent, burent et disparurent. Ces anges, ces êtres spirituels, étaient des extraterrestres venant du ciel ou d'autres planètes, mais pas de la Terre.

Il y a deux solutions. D'abord, ce sont peut-être des êtres spirituels qui atteignirent la Terre dans leur champ d'énergie et qui se matérialisèrent en approchant du sol. Nous en savons très peu sur les anges, seulement que ce sont des esprits, c'est-à-dire de l'énergie. Ils ne sont que de l'énergie et seule leur matérialisation nous permet de les distinguer.

La deuxième solution est leur corps physique malgré leur origine extraterrestre ; je ne pense pas qu'un ange ait besoin de manger ou de boire et de faire des enfants aux femmes des nephilim. Presque toutes les religions sont nées de rencontres avec des anges. La question se pose : de qui s'agit-il, quel est l'objectif ? Sont-ils bienveillants ou jouent-ils un rôle pervers auprès des humains ? Nous pouvons prendre conscience et sentir dans notre subconscient la présence de ces anges, de ces esprits, de ces extraterrestres, de façon télépathique. Nous pouvons capter des messages, mais il faut être vigilant, car, là aussi, il y a les bons et les méchants.

Quel était selon vous le rôle de Jésus ?
Sa mission fut de créer un nouvel état d'esprit parmi les hommes. Il a réussi. Ce nouvel état d'esprit est en fait un phénomène énergétique qui développe sa dynamique et que l'on peut modifier avec de fortes secousses ou modulations extérieures. Il arrive souvent qu'un enseignement soit complètement modifié par ceux qui l'interprètent. L'enseignement de Jésus fut soumis à de nombreuses interprétations, chacune d'elles ralliant un grand nombre d'adeptes qui se réunissent en groupes, ou sectes parce qu'ils se concentrent sur certains aspects, certains secteurs de l'enseignement global, qui correspond à leur état d'esprit.

Parlez-nous des Mérovingiens.
La particularité de la lignée mérovingienne est que son fondateur est né de l'union entre un être humain et un esprit. Il faut remonter aux tribus d'Israël de Dan et de Nephtali, et bien connaître la Bible et l'histoire des douze tribus d'Israël. Bilha, la servante de Rachel, donna le jour à Dan et à Nephtali, les enfants de Jacob. Il est difficile d'expliquer les rebondissements de cette histoire en quelques phrases. Comme nous venons de le voir, Jésus est aussi le produit de l'union entre une femme humaine et un dieu. Selon la Bible, cet événement se produisit à plusieurs reprises. Dans la Genèse, Ève dit : « J'ai formé un homme avec l'Éternel. » La Bible dit aussi que les fils de Dieu fécondèrent les femmes de la Terre. Il n'était pas inhabituel qu'une femme humaine le soit par un de ces esprits ne venant pas de la Terre, et que leur union donne la vie à un enfant de Dieu.

Les descendants de ces êtres uniques sont particulièrement bénis, mais aussi très vulnérables. Les personnes de leur entourage doivent faire preuve d'une discrétion absolue pour empêcher que des importuns ne s'approchent trop près et mettent leur vie en danger. Dans la littérature de la « théorie du complot », on trouve deux sortes d'informations. D'un côté, on présente des recherches qui approchent très près de la vérité, d'un autre côté il y a des publications dont le seul but est de mener les lecteurs sur une fausse piste. Celui qui se considère comme un chercheur doit savoir faire la différence.

Les révélations ne sont possibles et nécessaires qu'à certains moments bien précis. Chaque révélation a besoin d'un temps de préparation. L'arrivée de Jésus fut préparée par la présence de Jean le Baptiste. Dans les années qui viennent, nous aurons d'autres révélations sur ces questions.

Pouvez-vous ajouter quelques mots sur les Templiers ?

Bernard de Clairvaux dit un jour : « La vie est belle, la victoire apporte la gloire, mais le mieux, c'est de mourir en saint. Les soldats du Christ n'ont pas peur de tuer, ainsi ils sont sûrs de mourir. » C'est sous cet aspect qu'il faut comprendre l'Ordre des Templiers. Vers 1120, Hugues de Payns [chevalier champenois] rassembla autour de lui un groupe de chevaliers de Bourgogne et de Champagne pour venir en aide et protéger les pèlerins qui s'aventuraient sur le chemin de Jérusalem. Le roi Baudouin II [Baudouin de Bourcq, roi de Jérusalem de 1118 à 1131] fit cadeau aux Pauvres Chevaliers du Christ d'une partie de son palais, qui avait été construit sur les fondations du Temple de Salomon. La communauté chrétienne construisit là son premier monastère, à côté de l'actuel dôme du Rocher (aussi appelé coupole du Rocher). C'est de là que l'Ordre tient son nom. Sa très bonne réputation était connue en France et, en 1126, quelques chevaliers vinrent y trouver Bernard de Clairvaux pour lui demander de contribuer à l'élaboration d'une règle adaptée. Il s'inspira fortement de la règle bénédictine ; elle ressemblait plus à celle de moines qu'à celle de chevaliers. Mais les Templiers n'étaient pas un Ordre monastique soumis aux idéaux de la chevalerie, c'était un Ordre de chevalerie qui avait calqué sa vie sur les règles de la vie monastique. En 1128, l'Ordre fut reconnu par l'Église au Concile de

Troyes, et Bernard de Clairvaux était le grand inspirateur de sa première publication, *De Laude novae militiae* [*Éloge de la nouvelle chevalerie*], qui incita un grand nombre de jeunes nobles européens à revêtir la cape blanche ornée de la croix rouge, le nouveau costume de l'Ordre.

Les Templiers n'avaient aucune ambition spirituelle. Ils étaient un Ordre purement militaire. On connaît mal le rôle que joua la principauté de Seborga au début de l'existence de l'Ordre. Cette petite principauté italienne décida en 954, sous l'impulsion du comte Guido, de donner aux bénédictins de Lérins [sur l'île Saint-Honorat] leur château, l'église Saint-Michel de Vintimille et une grande partie des terres. En 1079, Seborga devint une principauté de l'Empire romain, bénite par l'Église ; en 1918, c'était le seul État cistercien souverain. Depuis 1995, la principauté a sa nouvelle Constitution, votée par le peuple.

Le plus grand secret des Templiers est contenu dans sa dénomination originale : *Pauperes commilitones Christi templique Salomonici Hierosalemitanis* (l'Ordre des Pauvres Chevaliers du Christ et du Temple de Salomon de Jérusalem). Il y a une référence au Temple de Salomon, qui a une signification beaucoup plus vaste en franc-maçonnerie que dans la Bible, où il est décrit comme un bâtiment plutôt modeste et petit. J'ai déjà parlé de sa construction et de ses particularités. Qui dirigeait le temple et comment fonctionnait-il ? Salomon avait à sa disposition neuf intendants. Les Templiers étaient au nombre de neuf quand ils commencèrent leur aventure. Dans la franc-maçonnerie, il y a toujours neuf frères présents au moment d'une création ou d'un renouveau. Et Saturne joue un rôle important. Cela fait partie des mystères qui furent révélés aux Templiers à Jérusalem. Il ne faut pas oublier qu'ils furent initiés au secret de l'Arche d'Alliance. La connaissance de son contenu donne pouvoir et influence à l'initié. L'Arche est considérée comme la présence de Dieu dans l'Ancien Testament. Celui qui en maîtrise le contenu est en mesure d'agir comme Dieu. C'était le pouvoir des Templiers, en fait celui du prieur, car lui seul connaissait le secret et était réellement initié. Jacques de Molay, le dernier grand maître connu, ne pouvait révéler aucun secret sous la torture : il n'en connaissait aucun !

Parlons un peu de l'Arche d'alliance. Qu'y avait-il dedans ? Les dix-neuf sarcophages et les écrits qui furent mis à l'abri sur le mont Chauve, près de Nice ?

Les sarcophages contenaient des objets dont nous avons besoin pour reconstruire d'anciennes structures de pouvoir. Nous revenons toujours au symbole du Temple de Salomon, surtout en relation avec les Templiers. Leur histoire est l'exemple d'une organisation qui, née de rien, réussit à devenir en très peu de temps une structure très puissante. L'allusion au Temple de Salomon dans leur nom n'est pas due à la proximité du temple. Je pense qu'ils choisirent cette dénomination parce qu'il représente le symbole du pouvoir. Le maître du Temple de Salomon est aussi le maître de l'humanité. Celui qui commande dans le temple est le maître de la matière, et les Templiers prouvèrent à la face du monde que leur savoir les rendit maîtres de toute l'Europe.

Ce qu'ils trouvèrent dans le sarcophage leur permit de devenir les hommes les plus riches du monde.

Oui, ils rapportèrent les sarcophages et les secrets qui y étaient cachés, en traversant la Méditerranée vers l'Europe. Dans la franc-maçonnerie, il y a des rituels et des traditions qui rappellent l'acheminement du savoir de l'est vers l'ouest. En l'occurrence, c'était plutôt du sud vers le nord, mais l'est, l'Orient, était le centre de la connaissance, et le centre s'est déplacé vers l'ouest, vers le sud de la France, puis l'Écosse, et retour vers l'Europe. Dans les sarcophages, il n'y avait pas que des parchemins, mais également beaucoup d'objets. Les objets à énergie active de l'Arche d'alliance sont les Tables de la Loi, le bâton d'Aaron et le Calice. Pour le peuple d'Israël, l'Arche d'Alliance était la présence de Dieu. Une fois l'an, le grand prêtre entrait dans le Saint des saints où était entreposée l'Arche. Par son entremise, il s'adressait directement à Dieu.

La franc-maçonnerie présente dans les rituels un ou plusieurs cercueils sous différentes formes. Ils symbolisent l'Arche, les sarcophages des templiers la représentent également. Sur l'autel maçonnique, il y a toujours une Bible ouverte, une épée à côté et le calice dans lequel est mélangé le sang des frères. La Bible ouverte représente les Tables de la Loi que Moïse reçut de Dieu, l'épée représente le bâton d'Aaron et le Calice la manne. Ces objets sont très importants. Le bâton d'Aaron, qui fleurit la nuit et était le symbole de son pouvoir, montre que Dieu l'avait béni. Les Tables de la Loi sont la base du principe d'un dixième, la dîme. En réalité, elles ne sont pas un code de comportement ou de moralité. C'est une des clés qui permet à celui qui sait la déchiffrer de diriger le monde.

Nous connaissons tous l'action du Calice, par le biais des légendes du Graal, qui apporte toujours la bénédiction sur les hommes. Il servait à rassembler la manne et à la conserver dans le sanctuaire. C'est la nourriture divine. Celui qui sait utiliser cette nourriture et y a accès saura toujours guérir par la grâce et la force de Dieu. C'est un secret que l'on peut mettre en application, comme le bâton d'Aaron ou les Tables de la Loi.

Quand vous voyez une Bible ouverte avec un long objet et une coupe à côté, cela veut dire : «Nous sommes en possession du savoir de l'Arche d'Alliance, nous sommes une partie du pouvoir, car nous savons comment cela fonctionne.» C'est la représentation et l'expression du temple maçonnique dans les églises chrétiennes, quand des prêtres initiés sont présents.

Il y a évidemment beaucoup de rituels qui sont vides, que l'on présente par habitude, que les participants exécutent sans savoir ce qu'ils font ou peuvent provoquer. Mais il y a assez de gens qui ont la connaissance, savent en disposer et l'utilisent. Hormis ces trois objets, il y en a d'autres qui sont efficaces et disponibles pour l'appréhension du sacré ; on les a entreposés dans les sarcophages. Il y avait des cartes géographiques, maritimes et beaucoup d'autres parchemins. D'où le nombre de sarcophages nécessaire pour entreposer le tout. Certains d'entre eux sont chargés d'énergie et doivent être entreposés dans des conteneurs qui peuvent résister à cette énergie. On ne pourrait pas conserver des objets rayonnants dans des cartons en papier. C'est pour cela que les sarcophages sont en pierre.

La Bible ouverte ne symbolise pas les Tables de la Loi, mais plutôt l'arbre des Sephiroth.
C'est vrai, non seulement dans la symbolique maçonnique, mais aussi dans beaucoup d'églises. En réalité, nous avons affaire à la clé kabbalistique. Voyons l'arbre des Sephiroth, avec les trois Sephiroth

supérieures et les sept Sephiroth inférieures (voir *ill. 8*, p. 56). Et celui qui sait utiliser la symbolique de l'arbre de vie peut déchiffrer l'ensemble des écrits chrétiens, juifs et musulmans. C'est une clé très importante, mais il faut bien connaître la kabbale et le livre du *Zohar*.

Selon Lothar Göring, qui prétend avoir eu accès aux dix-neuf sarcophages, il y avait, outre des objets et des cartes, beaucoup de parchemins écrits dans une langue inconnue. On découvrit plus tard qu'il s'agissait de celle des Atlantes, et il fallut dix ans pour la déchiffrer. Qu'en pensez-vous ?
Je n'ai jamais vu d'écrits des Atlantes, mais j'en ai entendu parler et suppose que c'est tout à fait possible.

Qu'est-ce que la franc-maçonnerie sait à propos de l'Atlantide ? Est-ce un mythe ou y a-t-il du vrai dans cette histoire ?
Elle fait partie de nos sujets de discussion, surtout parce qu'il y a beaucoup de spéculations autour de ce continent. Certains pensent qu'il se situerait plutôt en Amérique, chez les Aztèques, à cause de l'étymologie du mot. Je n'ai pas d'opinion personnelle, sauf que je pense que les Aztèques sont les descendants des Atlantes. Il dut y avoir une relation transatlantique, les pyramides d'Amérique du Sud en sont une bonne preuve.

Des cartes montrent un continent dans l'océan Atlantique.
Oui, je sais (voir *ill. 44*, p. 203). On pense qu'il se situait là. Cela ne m'a jamais réellement intéressé. Je trouve le sujet plus intéressant du point de vue spirituel. Ce qui m'intéresse, c'est l'énergie qui s'est dégagée de ce continent. Il y a beaucoup de chercheurs et des millions de gens qui s'intéressent à l'Atlantide. Pourquoi ? D'où vient le besoin de déchiffrer cette énigme ? Il doit bien y avoir une étincelle qui ne demande qu'à exploser.

Est-ce dû au fait que des âmes ayant vécu sur ce continent sont actuellement réincarnées ?
Peut-être, mais peut-être est-ce une étincelle génétique qui brille en nous. On dit que les Irlandais sont des descendants des Atlantes. Les informations génétiques ont pu se disperser au cours des millénaires parmi les hommes. Je pense que les hommes ont toujours été à la

recherche de ce continent perdu, parce qu'il est important pour notre condition humaine : il pourrait nous donner la connaissance, la base qui nous permettrait de savoir d'où nous venons.

Chez les Rose-Croix, l'Atlantide et l'Égypte jouent un rôle très important.

Pas dans la franc-maçonnerie, pas du point de vue du rituel en tout cas, car nous sommes plus intéressés par le présent et l'avenir de l'humanité que par la recherche de ses origines. C'est très important. La franc-maçonnerie a la mission de répandre son enseignement pour changer et guider les gens. Le passé est important et nous n'excluons aucun domaine de la science et de la religion, mais il ne sert pas à grand-chose de dépenser de l'énergie là-dedans. Nous préférons nous concentrer sur le présent.

Les francs-maçons prennent très au sérieux la version israélite de la Création.

La culture des origines ou l'existence de cultures parallèles importe peu ; il s'agit toujours de trouver les moyens de contrôler les gens. Revenons plutôt à l'Arche d'Alliance : selon les écrits maçonniques que le roi Charles XIII (Karl XIII) de Suède [1809-1818, et roi de Norvège 1814-1818, en tant que Charles II] laissa aux francs-maçons allemands, Jacques de Molay, le grand maître des Templiers, indiqua à son neveu, François de Beaujeu, l'endroit où elle était cachée. Celui-ci la sauva ainsi qu'un grand nombre de documents, qu'il put mettre à l'abri sur l'île de Mull, en Écosse. L'enseignement des Esséniens, que les Templiers conservaient et protégeaient, fut mis à l'abri pour la postérité par la franc-maçonnerie. De ce point de vue, le Temple intérieur et la maçonnerie de haut grade ne sont rien d'autre que l'enseignement secret des Esséniens, qu'on a pu décrypter grâce aux clés de la kabbale et du *Zohar*.

Quel était exactement l'enseignement des esséniens ?

Ils détenaient les vérités originelles, les principes qui constituent l'homme, cette construction énergétique que nous appelons le Temple de Salomon. Les Esséniens conservaient ce savoir et Jésus était l'un des leurs. Il était tellement doué qu'à l'âge de douze ans, il interprétait les textes sacrés dans le Temple. C'était son art et il suscitait l'admiration.

Tout le monde peut lire ou citer la Bible, mais très peu de gens sont en mesure d'en donner une interprétation profonde et pertinente. On le compare au roi Salomon pour cette faculté. Salomon était le sage parmi les hommes, et Jésus, l'un de ses descendants. La Bible mentionne que Jésus était un fils de David, sans mentionner Salomon. Les premiers chrétiens, qui reliaient Jésus à David, voyaient en lui le Messie que le monde attendait depuis l'époque de ce monarque ; Jésus est naquit neuf cents ans après lui, il n'était pas son descendant direct, mais de sa famille. Salomon était le deuxième fils du roi David.

Salomon est souvent absent, comme dans le Nouveau Testament, parce qu'il était un magicien. Et cela ne pouvait pas convenir à la pensée pieuse des catholiques. On le passe sous silence pour ne pas approcher la vérité de trop près. Jésus révéla au peuple d'Israël les vérités des Esséniens, alors qu'elles devaient rester secrètes, pour l'aider à se libérer de l'esclavage et de la soumission aux prêtres. Il considérait cela comme sa mission, il la prenait très au sérieux, elle lui coûta la vie. À sa disparition, son frère Jacques et Simon Pierre perpétuèrent son enseignement.

Il y eut toujours des groupes qui connaissaient les vérités premières et les conservaient, pas pour cultiver le secret, mais pour les transmettre de génération en génération. Et quand les chevaliers du Temple étaient à Jérusalem en 1118, à proximité du Temple de Salomon, ils réussirent à mettre la main sur ces documents. Tout ce que les Esséniens et les premiers chrétiens avaient réussi à accumuler et à conserver passa aux mains des Templiers. Les manuscrits furent cachés chez les chanoines du Saint-Sépulcre. André de Montbard [oncle maternel de Bernard de Clairvaux], le prieur des Templiers, fut initié à ces secrets très anciens, tels que les mystères de Pythagore. Fort de ces connaissances, l'Ordre prit un essor fulgurant. Bernard de Clairvaux travaillait dans le même esprit quand il fonda son premier monastère cistercien.

On a trouvé les manuscrits des Esséniens ?
Oui, ils faisaient partie de l'Arche d'Alliance, des sarcophages. Dans la franc-maçonnerie se répand cette légende autour de Jacques de Molay, qui aurait demandé l'autorisation au roi Philippe le Bel de rapporter d'Orient les restes de l'avant-avant-dernier grand maître, Guillaume

de Beaujeu. Cela signifie qu'on ne voulait pas laisser le savoir secret en Orient, mais le mettre à l'abri en Europe.

Se pourrait-il que les sarcophages soient sur l'île d'Usedom, comme le laisse entendre un membre du Prieuré de Sion ?

Non, ils n'y sont pas, mais une partie du savoir y est conservée. Tous les lieux de conservation et de protection du savoir portent un nom particulier : Heredom. À l'époque de la fondation de l'Ordre des Templiers, la mentalité était dictée par les *Libri Carolini* de Charlemagne. L'abbé de Saint-Denis [Suger, de 1122 à 1151] avait habilement introduit les écrits attribués à Denys l'Aréopagite en France, qui provoquèrent un changement de mentalité en Europe. Denys l'Aréopagite, converti par saint Paul (Les Actes des Apôtres 17,34), subit le martyre comme premier évêque d'Athènes. Un philosophe inconnu, qui emprunta son nom, rédigea au VIe siècle un manuscrit qui devint au Moyen Âge, après la Bible, une référence incontournable de la littérature théologique. Il y reprend les théories de Platon et de Plotin – son Un indéfini, relié à la théologie négative. Ces écrits du corpus Aréopagite sont un mélange de pensée néoplatonicienne et chrétienne. Considérés comme secrets, on y révèle que la hiérarchie des anges, divisée en trois branches, est le lien entre Dieu et l'homme. Cette hiérarchie part des séraphins et des chérubins (ou *kéroubim*) de l'Ancien Testament et descend jusqu'aux anges et aux archanges. La hiérarchie de l'Église est la correspondante terrestre de cette hiérarchie céleste, des grands prêtres au moine et au peuple. La théologie positive enseigne que cette lignée descend du ciel jusqu'à nous. La théologie négative, mystique et supérieure, nous élève, avec l'aide du logos de la puissance divine, par paliers successifs de purification, d'illumination, de sacralisation et de ressemblance à Dieu, jusqu'à la divination parfaite. Seul le Dieu innommable est un être positif. Le « mal » n'est qu'absence et faiblesse, un moment passager à surmonter dans l'ordre divin harmonieux.

Comment des écrits d'un auteur syrien purent-ils influencer à ce point la pensée en France ?

La pensée de la France du XIIe siècle fut fortement influencée par ses écrits, car il avait réussi à se faire passer pour un contemporain de l'apôtre Paul, en fait pour le premier évêque d'Athènes, le fameux Denys l'Aréopagite. Cette erreur, cette confusion, était volontaire. L'abbé Suger de Saint-Denis, conseiller du roi Louis VI, commit une seconde erreur.

On conserve dans la basilique Saint-Denis les reliques de saint Denis, le saint patron de la France. La confiance du peuple envers son roi, donc envers l'abbé Suger, reposait sur les épaules du saint. L'abbé était habile dans la commercialisation de ces reliques. Entre autres, il attribuait au saint les écrits du pseudo-Denys l'Aréopagite. Cela rehaussait le prestige de son abbaye et le sien. Abélard, qui était un des moines de l'abbaye [entre 1118 et 1122], révéla l'escroquerie et dut en subir les conséquences. L'abbé Suger avait une influence politique prépondérante – on le considère comme l'initiateur de l'ère gothique. Hugues de Saint-Victor développa en 1137 une philosophie du Beau sur la base de la pensée de Denys l'Aréopagite.

L'abbé Suger et Bernard de Clairvaux ne partageaient pas les mêmes idées, mais ils ne pouvaient pas étaler leurs différends sur la place publique. Ces deux personnalités étaient liées par une forte amitié et un objectif commun. Comme c'était l'époque des superlatifs architectoniques, Bernard de Clairvaux voulait graver ses pensées dans la pierre. Je ne peux pas évaluer l'influence de la pensée dionysiaque sur la mystique de Bernard Clairvaux, mais on ne peut nier son influence profonde.

Les églises construites ultérieurement selon les principes de saint Bernard dans des proportions d'harmonie précises reposent sur la pensée de saint Augustin. En peu de temps, une nouvelle façon de construire s'imposa. Ce n'était pas la continuation de l'art roman, mais une façon tout à fait novatrice de voir le monde. Même si certains éléments se ressemblent, il y a une grande différence entre l'art gothique et l'art roman. Les historiens de l'architecture se demandent comment ce changement de mentalité put s'imposer aussi rapidement en Europe, avec les contraintes architecturales et les problèmes de main-d'œuvre.

La cathédrale gothique symbolise l'Univers, ses proportions harmonieuses respectent les lois de l'Univers, elle agit ainsi sur le microcosme. Pour l'initié, la cathédrale gothique est un être vivant. Les cathédrales prouvent par leur longévité, même si elles ne sont plus en règle dans les dispositions actuelles, que les bâtisseurs disposaient d'un savoir qui s'est perdu.[1]

Quel effet produisaient ces constructions ?
L'architecture des monastères était opposée à celle des cathédrales. Les abbayes cisterciennes révèlent les mystères les plus profonds des Templiers. Selon la sagesse gnostique et la tradition des bâtisseurs, le secret est toujours confié aux moins informés. Qui irait chercher et trouver chez l'Ordre cistercien les secrets des Templiers ? L'architecture cistercienne est le résultat de la pensée des Templiers. On y trouve aussi des similitudes avec la franc-maçonnerie.

C'est très intéressant. Revenons, si vous le voulez bien, au sujet de la religion mondiale et à la façon dont elle pourrait être imposée par la descendance de Jésus. Peut-on affirmer que l'ONU sera le facteur qui réussira à imposer une gouvernance mondiale, et qu'on agira à partir de là ?
C'est possible. Beaucoup de gens veulent utiliser les qualités de leur leader pour gagner la confiance du monde. Ce ne peut pas être un programme purement politique, ce ne serait pas accepté. Il faut que ce soit mi-politique, mi-religieux, afin d'intégrer le descendant d'un père divin et d'une mère humaine.

C'est bien la franc-maçonnerie qui a créé l'ONU et la Société des Nations, comme outils en vue d'une gouvernance mondiale. Kofi Annan, un ancien secrétaire général de l'ONU, disait ceci : « Un gouvernement mondial aurait un droit d'ingérence militaire dans chaque pays, si les activités de ce pays lui paraissaient inacceptables. »
Oui.

Cela pose encore un problème démocratique : quand ce leader mondial sera là, sera-t-il investi des fonctions de secrétaire général ?
En quelque sorte. Je voudrais prendre l'exemple des mormons. Cette organisation disciplinée compte des millions de membres et possède ses propres universités. Ils ont une forme de pensée bien structurée et se sont spécialisés dans la généalogie, la recherche de leurs ancêtres. Ils

---

1. NdÉ : lire *Les Cathédrales, chemins d'initiation, l'expérience intérieure à Saint-Lazare d'Autun*, Thierry Dupont, Louise Courteau Inc., avril 2021.

se qualifient eux-mêmes de «peuple d'Israël». Quand on baptise un mormon, le prophète, la personne qui baptise, est capable de reconnaître à quelle tribu perdue Israël le nouveau baptisé appartient.

Comment fait-il ? A-t-il un don de médium ?

Je ne sais pas exactement, c'est possible. Dix des douze tribus d'Israël disparurent, mais elles donnèrent des héritiers. Le prophète reconnaît pendant le baptême à quelle tribu appartient la personne qui se tient devant lui. Le peuple d'Israël se réunit à nouveau dans son ensemble. Les mormons et leurs organisations impressionnantes ont un clergé qui se réclame d'Aaron, le frère de Moïse. Les prêtres et les grands prêtres sont des membres de la tribu d'Aaron. Il était lui-même membre d'un clergé subordonné qui attendait un prêtre ressemblant à Melchisédech, le premier prêtre à qui Abraham donna la dîme. [NDÉ : «Et Abraham lui donna le dixième de tout.» (Gn 14, 20)]

Et si un jour apparaît un prêtre de la tribu de Melchisédech, les millions de mormons seront prêts à lui faire allégeance. C'est de cette façon que le monde doit être contrôlé. On lui présentera un messie qui apparaîtra d'un seul coup, parce qu'il aura été préparé. Et il l'acceptera dans sa grande majorité. Cette démarche n'a encore jamais réussi, mais elle est tout à fait envisageable à notre époque.

Nous pourrions dire que l'apparition de Dan Brown dans le paysage littéraire n'est peut-être pas complètement fortuite. Il a vendu des millions d'exemplaires de son livre qui traite ce sujet.

Évidemment, ce livre fut commercialisé de façon intensive. C'est très clair. Et l'on peut constater que la plupart l'accepte. Les livres se vendent très bien. Au nombre d'exemplaires vendus, on voit que ce sujet intéresse beaucoup de monde, la tendance peut donc être appuyée. Dan Brown est franc-maçon et sa mission est de préparer l'humanité à quelque chose. Dans son dernier livre, il parle des francs-maçons, et il n'en dit pas de mal. Son rôle est de faire entrer la franc-maçonnerie dans les salons.

Comme je l'ai déjà dit, le leader du Nouvel Ordre Mondial sera issu d'un lignage dans lequel Dieu s'est uni à une femme. Ce sera un lignage très ancien, parce qu'il existe ; il sera un descendant des extraterrestres et des hommes-reptiliens. Ce n'est pas un délire, on peut le prouver génétiquement.

Un certain nombre de livres remettent en question la mort de Jésus sur la croix.
C'est vrai. Dans la franc-maçonnerie, la plupart des frères pensent qu'il n'est pas mort sur la croix. Il est beaucoup plus probable qu'il soit parti en Inde, avant de mourir en France. D'anciens parchemins que nous possédons indiquent que notre savoir viendrait de l'Inde.

N'y a-t-il pas une contradiction avec l'ordre maçonnique, qui est orienté vers le christianisme ?
Pas du tout : dans la franc-maçonnerie, nous respectons l'enseignement de Jésus, tel que présenté dans la Bible. Elle renferme beaucoup de contradictions et on peut l'interpréter comme on le veut.

Je trouve cette histoire d'hommes-serpents passionnante, nous en reparlerons ultérieurement. Dans quelle mesure êtes-vous, ou votre loge, impliqué dans ce projet ?
Toute personne qui observe et cherche se sent impliquée. Certains travaillent sciemment dans ce sens, les autres suivent sans s'en rendre compte. C'est parce qu'il y a des hommes qui cherchent et pensent que l'énergie est à son maximum dans les loges. Il y a des mécanismes, des champs énergétiques qui provoquent une dynamique progressive. Toutes les loges sont contrôlées de façon stricte et il y a plusieurs possibilités d'évaluer le degré de connaissance de chaque frère. Dans l'ensemble, la franc-maçonnerie n'est que l'outil d'une organisation supérieure.

La franc-maçonnerie n'est donc que l'outil des familles puissantes et de leurs organisations, donc des Illuminati.
C'est vrai.

Comment fait-on pour évaluer le degré de connaissance d'un frère ?
Il doit passer un examen. Avant de monter en grade, il est soumis à un examen que les frères doivent valider. C'est toujours l'ensemble des frères qui décide. Et si la fraternité accepte ou promeut un frère, il est reconnu dans le monde entier.

Y a-t-il des cas de refus ?
Oui, cela arrive. Il y en a qui pensent qu'ils doivent être promus au grade supérieur après un certain temps. Mais, souvent, ils se trompent. Si le

frère n'est pas très actif, et qu'il ne peut faire preuve d'un développement spirituel, il n'est pas promu. Il y a des grades où l'on peut postuler, mais, dans les hauts grades, on est appelé. On n'a aucune influence sur une proposition éventuelle et il n'y a plus d'examen à ce stade.

Quel est le rôle du Vatican ?

Il influence spirituellement des millions de croyants et de très nombreux pays dans le monde politique, économique et scientifique. Il a accumulé en quelques siècles une fortune gigantesque, et une telle fortune ne peut être gérée sous l'aspect de l'amour du prochain et de la charité ; le Vatican doit donc agir avec son «ombre» dans ce domaine. Il a besoin de collaborateurs sérieux et d'un système de sécurité à toute épreuve. Ignace de Loyola avait constitué un ordre militaire, la Compagnie de Jésus, les Jésuites, qui ne servait qu'à la protection du pape et de ses institutions. Ces organisations qui font le sale travail ont en retour une influence sur le pape. C'est tout un art pour le pape de présenter à un monde très critique une institution qui doit être moralement et éthiquement pure. Tant que les acteurs jouent leur rôle, cela se passe bien. Une structure religieuse brille ou chute par le comportement de ses représentants. Avant, c'était plus facile, l'opinion publique avait moins d'influence.

La Compagnie de Jésus, ordre protecteur du pape et de ses institutions, s'est tellement couvert de honte et d'opprobre, qu'il ne pouvait plus continuer à exister sous sa forme originelle. Les Jésuites essayèrent de prendre pied dans la franc-maçonnerie au milieu du XVIIIe siècle, après que l'Ordre eut été interdit en France. Ils y exercèrent une influence non négligeable. Ils furent remplacés par une organisation laïque, l'Opus Dei. Nous sommes en train de faire le ménage dans les anciennes traditions ; la preuve, il est publiquement question de pédophilie dans l'Église. L'Opus Dei est en marche, silencieuse, invisible, efficace et difficilement attaquable, parce qu'elle est une organisation prétendument laïque.

Un Templier que vous connaissez également me raconta un jour qu'il avait rendu visite à la loge P2 à Rome, où il fut accueilli par un moine portant des lunettes de soleil; il le conduisit à travers des galeries souterraines dans des salles de lecture pour qu'il puisse consulter des manuscrits anciens. Quand il lui demanda pourquoi il portait des lunettes de soleil à l'intérieur, le moine lui répondit que tous les

membres de son ordre en portaient, à cause d'une particularité de leurs yeux. Il ôta ses lunettes et on pouvait voir ses pupilles jaunes. Il remit ses lunettes et ne répondit plus à aucune autre question. Cela vous dit-il quelque chose ?

Non, c'est la première fois que j'entends parler de cette histoire, mais je vais me renseigner.

Quel est le rôle du pape actuel ?

Quand il était encore le cardinal [Joseph Alois] Ratzinger, Benoît XVI déclara que le Diable vivait parmi nous. Il n'est pas le seul à le dire. Des membres de la Fraternité [sacerdotale internationale] Saint-Pie X déclarèrent que le Vatican était contrôlé par Satan. Plusieurs membres de cette communauté firent la une des journaux pour des propos négationnistes qui leur valurent des poursuites judiciaires. Je me suis demandé pourquoi Benoît XVI avait levé l'excommunication contre les quatre évêques, alors qu'il savait que sa décision allait provoquer un tollé dans l'opinion publique. Sa décision nous donne quelques indices sur les luttes de pouvoir qui se jouent au Vatican.

Tout le monde sait que le Vatican défend des idées extrêmes. Il y a quelques années, j'ai interviewé avec Stefan Erdmann un ancien conseiller financier du Vatican, Leopold Ledl, à Vienne en Autriche. Il venait d'écrire un livre, *Im Auftrag Des Vatikans* : *Der Fall Ledl* : *ein Bericht* [*Sur ordre du Vatican* : *Le cas Ledl* : *un rapport*]. Il y révélait en détail les affaires criminelles dans lesquelles il avait trempé pour le Vatican. Il avait été l'homme de paille d'un commerce lucratif de pilules contraceptives ; il avait aussi été courtier en bourse et avait négocié sur les marchés des actions truquées. Le cardinal Eugène Tisserant, grand maître de l'Ordre équestre du Saint-Sépulcre [de Jérusalem], était le donneur d'ordre dans cette affaire.

Quel est l'objectif du Vatican ? Est-il infiltré par les francs-maçons ?

Plusieurs cardinaux sont des francs-maçons parce qu'ils partagent les principes et les idées que défend la franc-maçonnerie. Le Vatican, en tant qu'organisation de pouvoir, a les mêmes structures, les mêmes missions et les mêmes principes que la franc-maçonnerie. Les cardinaux ne fréquentent pas les loges bleues. Celles qu'ils fréquentent ne sont pas ouvertes aux simples mortels ; le franc-maçon moyen ne le sait pas, il n'a pas besoin de le savoir. Cela pourrait encourager une certaine arrogance et des idées non productives pour l'ensemble de la structure.

Il faut savoir que la basilique Saint-Pierre est en fait une église du Paraclet. Comme je vous l'ai dit, ces églises sont consacrées au Saint-Esprit. Dans certaines parties de l'église, il n'y a pas de crucifix. L'autel est toujours dirigé vers l'est, à l'ouest il y a deux autels annexes. Les trois autels forment un triangle. Au centre, en haut, se trouve une colombe. Dans les églises du Paraclet, on défend une conception du christianisme qui n'est pas la même que dans les autres communautés chrétiennes.

En quoi Benoît XVI se distingue-t-il de Jean-Paul II ? Jean-Paul II était franc-maçon, son rôle était d'influencer la politique en Pologne et dans les pays de l'Est. Quelle est la mission de Benoît XVI, surtout en tant que pape allemand ? Il défend des intérêts conservateurs. Ont-ils un lien avec les Templiers ?

Jean-Paul II cherchait l'équilibre et l'harmonie, il fit beaucoup de concessions. Il alla dans les synagogues dire aux juifs qu'ils étaient ses frères aînés et chéris. Benoît XVI revint aux anciennes structures de pouvoir de l'Église catholique, il ne souhaitait pas ce rapprochement. Il préférait appuyer son pouvoir sur ses forces propres, sur les principes spirituels qui animèrent l'Église catholique romaine depuis les origines, bien avant saint Paul. Il cherchait à entretenir les traditions anciennes et reconnaissait apparemment la Fraternité sacerdotale Saint-Pie X. Les critiques publiques ne l'impressionnaient pas beaucoup, c'était là tout son art.

Fut-il un templier ?

Il suffit de regarder son étole, son chapeau et sa façon de s'habiller. Les symboles templiers qu'il portait souvent permettent de savoir qu'il se sentait très proche des idées des Templiers. Il fit rechercher des documents prouvant leur innocence. Quand le temps sera venu et que les choses seront mûres, l'Ordre du Temple reverra le jour ; c'était peut-être son désir, sa volonté, peut-être même sa mission.

Le comte Urechia, un haut grade du Grand Orient, l'a connu quand il était cardinal. Il m'en parla en termes enthousiastes et m'assura qu'il était déjà l'homme le plus puissant du Vatican sous le pontificat de Jean-Paul II.

Oui, il l'a toujours été. Le meilleur exemple était Bernard de Clairvaux. Il ne fut jamais pape, mais c'est lui qui commandait. Le cardinal Ratzinger décidait de la politique de l'Église catholique, et il rétablissait l'Église dans sa position de force antérieure, qui menaçait de s'affaiblir.

Comment peut-on définir sa position et son action vis-à-vis de la franc-maçonnerie ? Lui était-il plutôt favorable ou opposé ?

Son action fut toujours en faveur de la franc-maçonnerie, car elle est très proche des idées du Temple, par ses structures et le fond de sa pensée. Il suffit d'observer les rapprochements entre l'Église, la franc-maçonnerie et la pensée des Templiers. L'idée du Temple fut longtemps occultée dans la franc-maçonnerie.

Mais à l'origine, elle était bien présente ?

Oui, les idées étaient bien vivantes à l'origine. Le développement actuel de la franc-maçonnerie tend à revenir aux idées du Temple, comme l'Église. Le Temple est le centre de gravité. Il ne s'agit pas de s'habiller en grand manteau blanc et de jouer au chevalier. La philosophie des Templiers contient l'idée de la gouvernance du monde.

Il est beaucoup question de pédophilie dans les institutions religieuses. Je me souviens de l'affaire Dutroux en Belgique (années 1990), où beaucoup de protagonistes étaient francs-maçons. Y a-t-il des gens ou des structures qui profitent du secret maçonnique pour cacher leurs activités criminelles ?

La franc-maçonnerie n'a rien à voir avec la pédophilie. Si des frères ou des membres ont cette tendance et s'adonnent à cette activité criminelle, on peut penser qu'ils utilisent les structures de la franc-maçonnerie pour se dissimuler. C'est sans doute plus facile qu'à l'intérieur d'autres organisations. C'est très regrettable et pour le moins inexcusable. Ce qui se passe dans l'Église, dans la franc-maçonnerie, n'est pas toujours compatible socialement, et il se passe malheureusement beaucoup de choses indignes et révoltantes.

Si, en tant que franc-maçon, vous rencontrez un frère pédophile, comment réagissez-vous ?

Je ferai tout pour le citer devant un tribunal et que sa punition soit à la hauteur de ses actes. En aucun cas, je ne pourrai le protéger.

J'ai lu récemment dans un livre américain que lors de certains rituels, on utilisait et absorbait du sang d'enfant. En avez-vous entendu parler ?

Il y a des situations dans lesquelles des hommes très influents tuent des enfants au cours de rituels. On prend des enfants où on peut dans le monde.

Oui, juste après le tremblement de terre en Haïti, furent arrêtés des Américains et des Haïtiens qui venaient d'enlever des orphelins.

On sait malheureusement que la plupart des enfants n'y survivent pas. Ils finissent chez des pédophiles, ou on les tue dans des rituels.

De pédophiles ?

Non, le terme *pédophile* n'est pas approprié. Ceux qui tuent des enfants dans des rituels ne sont pas des pédophiles, ce ne sont pas des gens qui « aiment » les enfants et veulent prendre du plaisir. Ce sont des gens qui pensent qu'il est nécessaire pour eux de sacrifier un enfant pour atteindre un objectif supérieur. Cela n'a rien à voir avec une satisfaction sexuelle. Il s'agit plutôt de la qualité du sang disponible. Et le sang des enfants a plus d'énergie et une qualité plus pure. C'est de la magie noire, du satanisme !

Dans le livre américain sur les rituels, il est question de nettoyeurs, des personnes se chargeant des cadavres d'enfants tués pendant les rituels, qui protègent leurs employeurs riches et influents.

Quand j'étais dans la police, je connaissais un enquêteur qui travaillait sur des dossiers similaires ; il m'avait parlé de ces rituels. Il est difficile d'exprimer avec des mots ce à quoi nous sommes confrontés en tant que policiers. Comment un être humain peut-il se satisfaire sexuellement de la mort d'une personne, surtout d'un enfant ? Ou d'avoir un mort sur la conscience pour utiliser son sang pour un rituel ? Les enquêteurs de police judiciaire doivent s'occuper de rituels qui ont mal tourné, où de l'inattendu s'est produit, qui est devenu affaire publique. Il est impossible de décrire les horreurs que nous voyons dans le domaine médico-légal, mais cela n'a rien à voir avec la franc-maçonnerie. Ce n'est pas seulement criminel, c'est d'une indignité absolue. Ce sont ces gens-là qu'il convient d'éliminer le plus rapidement possible…

C'est aussi mon avis. Mais revenons à la politique. Helmut Kohl est, selon mes recherches, le franc-maçon le plus gradé à avoir eu une responsabilité politique en Allemagne. Avez-vous des choses à dire à son sujet ? Il est apparu souvent en public avec des symboles maçonniques.

Il avait une mission : faire disparaître les anciennes structures établies et préparer l'établissement du Nouvel Ordre Mondial. C'est ce qu'il a fait avec beaucoup de succès, il a été soutenu de part et d'autre à l'international. C'est un homme qui réussit beaucoup de choses, mais ce ne sera pas reconnu dans l'opinion publique, il ne recevra jamais de récompense ou de décoration pour ses succès politiques. En tant que franc-maçon, il doit rester dans l'ombre et dans le recueillement. Ce qu'il fit ébranla l'Europe et le monde entier.

On lui a reproché d'avoir refusé d'intégrer les anciens territoires de l'est, comme le lui avait proposé Mikhaïl Gorbatchev. Pourquoi a-t-il refusé ?

C'était impossible à financer. Il ne s'agit pas de relents nationalistes, de frontières traditionnelles ou de territoires de l'Empire. Il s'agit de créer de l'ordre. Le poids financier pour établir l'ordre dans un territoire de l'ancien Reich de 1937 était trop lourd à porter. Les 35 milliards que voulait Gorbatchev en contrepartie sont négligeables par rapport à l'investissement qui était nécessaire. L'émotion provoquée par la réintégration d'anciens territoires aurait causé beaucoup de problèmes avec les Allemands nationalistes. La réunification allemande n'est qu'une étape, pour l'instant on en reste là, en attendant que les sentiments et les réminiscences nationalistes se soient un peu apaisés.

Il pourrait y avoir une réintégration des territoires de l'Est ?

Oui, cela se produira. Le processus n'est pas achevé. Kohl ne pouvait pas faire une déclaration politique que n'aurait pas reconnue le droit international. Pour le moment, la situation juridique n'est pas claire en

République fédérale d'Allemagne. Certaines choses vont se produire. Il s'agit d'abord d'éliminer les anciennes structures du socialisme et du capitalisme réels, de privatiser des nations, des peuples entiers, et de les rediriger vers une sorte de socialisme, ce qui est la mission de Mme Merkel, qu'elle a très bien remplie jusqu'à présent.

Quelle est sa mission ?
Helmut Kohl a dissous les anciennes structures et préparé la voie au Nouvel Ordre Mondial. Des institutions d'État ont été privatisées, poussées à la faillite, pour les reconstruire dans le socialisme.

Vous parlez de l'Allemagne de l'Est, de la République démocratique allemande (RDA) ?
Non, elle n'existe plus, il s'agit de la République fédérale. L'ensemble de l'Allemagne a été privatisé, il n'y a plus que des sociétés et des agences privées. Les institutions d'État ont été restructurées en sociétés privées qui ne peuvent pas survivre à long terme. Angela Merkel a démontré que le système financier et monétaire repose sur une confiance que l'on peut manipuler. L'État a clairement dit que ses caisses sont vides, qu'il ne peut plus faire face à ses dépenses. Tout a été privatisé, les banques ont eu une grande influence et donné confiance aux gens, jusqu'à ce qu'elles fassent faillite et disparaissent. L'État, qui n'a pas d'argent, a donné de l'argent aux banques pour les remettre sur pied ! Mme Merkel a eu l'habileté de vendre tout cela au peuple. Et le peuple l'a crue. Il n'y a pas eu de panique et le système fonctionne. C'est pour cela que nous pouvons envisager l'avenir avec espoir. Tout sera peu à peu renationalisé et intégré dans le Nouvel Ordre Mondial dans une sorte de socialisme enveloppé.

Ce qui veut dire qu'on s'éloigne de la privatisation ?
Oui, à tout prix.

Angela Merkel est-elle membre d'une loge, d'une loge féminine ?
Je suppose. Ses conseillers en tout cas sont francs-maçons, et ce qu'elle fait nécessite le soutien des francs-maçons.

En tant que fille spirituelle d'Helmut Kohl, elle doit être membre d'une structure maçonnique. Peut-être du Pont de l'Atlantique ?

Ce qu'Angela Merkel fait avec beaucoup de succès serait impensable sans les structures maçonniques.

Vous avez mentionné que la situation juridique de la RFA n'est pas claire. Pourriez-vous être plus précis, s'il vous plaît ?

Oui, j'en sais beaucoup à ce sujet. Depuis la réunification, nous n'avons plus de Loi fondamentale, nous n'avons pas de constitution, pas de code pénal, ce qui cause beaucoup de problèmes aux juges. Je connais des gens qui n'ont pas été condamnés faute de base légale. On ne peut pas gagner de procès sans loi, mais on ne peut pas plus en perdre.

On peut penser que le gouvernement actuel va régulariser cette situation. L'Allemagne aurait dû avoir une Constitution après la réunification, mais cela ne s'est pas fait. Est-ce la raison qui poussa le gouvernement fédéral à adopter rapidement la Constitution européenne ?

Oui, c'est l'objectif. Si l'Allemagne veut une législation nationale, elle régresse vers une conscience, une limitation nationale. Pour nous, il y a plus de sens à se soumettre à une législation internationale qui est prête, mais que, sous sa forme actuelle, le peuple allemand ne pourrait entériner. Il nous faut encore un peu de patience, et c'est ce point que je critique dans la franc-maçonnerie : beaucoup de frères sont trop lents à intégrer ces pensées sur l'avenir, il ne se passe rien. Car ces peuples, allemand et anglais, pourraient être contraints d'accepter le changement, au besoin, par des crises financières. Or, on pourrait s'en passer, il n'est pas nécessaire de les plonger dans la misère pour les faire plier. Ils devraient accepter volontairement le Nouvel Ordre Mondial.

Pensez-vous du bien de l'idée européenne ? Car, en fait, personne ne veut de l'Union européenne. Jean-Claude Juncker, l'ancien Premier ministre du Luxembourg, expliqua comment on impose les lois européennes, alors que personne n'en veut : «Nous décidons de quelque chose et nous attendons de voir ce qu'il se passe. S'il n'y a pas de contestation bruyante ou de révolte parce que la plupart des gens ne savent même pas de quoi il s'agit, nous continuons, pas à pas, jusqu'au point de non-retour.»

Au fond de moi, je n'aime pas l'idée européenne, je me sens profondément allemand. Mais cela ne sert à rien de s'appuyer sur un sentiment national, nous devons vivre dans une grande société, et dans cette grande communauté, nous réussirons à préserver notre identité.

Que savez-vous de l'organisation Pont de l'Atlantique ?
Cette organisation économique a vu le jour peu après la fin de la Seconde Guerre mondiale pour signer le réveil économique de l'Allemagne. De grands penseurs se retrouvent dans cette organisation pour défendre les intérêts économiques et politiques allemands. Cette organisation sert à nos partenaires de plateforme d'observation de l'économie allemande. Il faut garder à l'esprit que les pays étrangers cherchent toujours à réduire l'influence de l'Allemagne. Beaucoup de membres sont francs-maçons. Un des membres, Arend Oetker, déclara un jour : «Les États-Unis sont gouvernés par deux cents familles, et nous tenons à avoir de bonnes relations avec elles.» Que savez-vous du Council on Foreign Relations (CFR), du Comité des 300 et des Bilderberg ?
Les dénominations changent souvent, mais ce sont toujours les mêmes personnes. Le Comité des 300 est constitué de plusieurs familles qui n'ont pas les mêmes intérêts politiques et économiques, mais qui ne se font pas concurrence. Le CFR, le Comité des 300 et les Bilderberg sont des associations qui appartiennent au passé. Elles continuent à exister, mais elles ont perdu de l'influence au profit d'autres lobbys. La politique mondiale se décide aujourd'hui dans les banques centrales, mais les décideurs ne sont qu'une partie du programme. C'est un des dangers et des secrets de notre époque. Je pense que nous n'avons pas encore assez reconnu notre dépendance aux champs morphogénétiques et à leurs modulations. Ces effets énergétiques ne sont qu'au début de leur action. Il y a encore beaucoup de résistance à ces institutions. Mais, comme nous n'avons plus de presse libre, nous avons du mal à voir la vérité.

Pourquoi les banques centrales ?
Les banques centrales gèrent l'argent, elles font partie du système financier et elles servent à contrôler les gens. Le Nouvel Ordre Mondial se préoccupe beaucoup du contrôle des individus. Les gens ne déclarent

plus leur lieu de résidence à la mairie, ils peuvent disparaître facilement. Seules les banques sont en mesure de retracer le cheminement d'un individu, grâce aux retraits et aux relevés de carte bancaire. La police qui cherche à mettre la main sur un individu s'adresse donc en priorité aux banques, même si cela n'a pas de valeur juridique. Je le sais, j'ai été moi-même policier. Les banques ont des programmes informatiques qui contrôlent les individus. Les grandes institutions bancaires, par contre, s'intéressent à l'argent et non aux individus. Il est donc important de contrôler ces banques centrales. Le premier geste qu'on a posé en Russie, à la chute de l'URSS, fut d'instituer une banque centrale en vue de pouvoir contrôler les événements. Cette décision permit à la Russie de recevoir de l'aide internationale.

Parlez-nous de la Commission Trilatérale ! Elle s'est réunie en mai 2010 pendant quatre jours.
Elle est une excroissance des Bilderberg. David Rockefeller voulait intégrer les pays asiatiques dans le club Bilderberg, mais les autres membres n'y étaient pas favorables. La Trilatérale rassemble environ quatre cents membres du monde politique et économique américain, européen et asiatique. La dernière réunion avait trait au sauvetage de l'euro, qui est un pas important vers la monnaie mondiale unique. On a aussi décidé de tirer parti de la crise économique pour faire avancer l'idée d'un gouvernement mondial.

Mikhail Slobodovsici, un haut dirigeant et conseiller du gouvernement russe, s'exprima par mégarde : « C'est nous qui décidons de l'avenir. » À propos de l'Iran, il déclara ceci : « Nous devons nous débarrasser d'eux ! »

Oui, la guerre contre l'Iran est planifiée, mais il y a des divergences entre protagonistes. La Commission Trilatérale élabore les projets, qui sont ensuite soumis aux Bilderberg.

Le gouvernement mondial aurait dû voir le jour en l'an 2000.
Oui, mais il y eut beaucoup de résistance de la part de certains pays et de certaines populations. Grâce à Internet, les gens sont mieux informés, mais il y a plusieurs méthodes pour arriver au même objectif. Si cela ne fonctionne pas pacifiquement, il y aura des attentats.

ill. 39 et 40 : La pyramide trouvée dans la jungle équatorienne il y a environ quarante ans. En haut, il y a l'œil qui voit tout, et sous un rayonnement ultraviolet, l'œil brille comme s'il était vrai. La symbolique est la même que sur le billet du dollar américain. La rumeur fait état de l'existence de trois exemplaires de cette pyramide : un au Musée de la Sorcellerie [à Blancafort] en France, un autre qui appartiendrait à la famille Rothschild et celui-ci dans la jungle. Sous la pyramide est gravée la constellation d'Orion. À côté, se trouve une inscription cryptée que le professeur de linguistique Kurt Schildmann a traduite de cette façon : « Le fils du créateur est en chemin. »

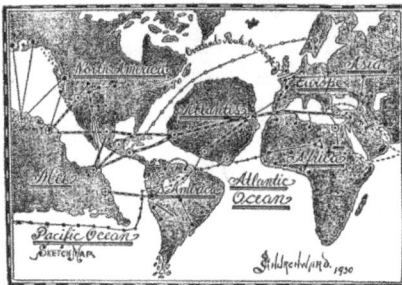

ill. 41 : le comte de Saint-Germain ;
ill. 42 : Lothar Göring ;
ill. 43 : Bernard de Clairvaux ;
ill. 44 : une carte de James Churchward (1931) montrant les voies de migration de l'Atlantide et de Mû.

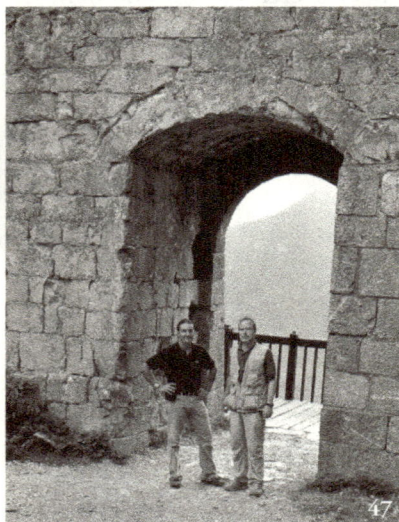

ill. 45 : La pyramide de Falicon (Grotte du Mont-Chauve), à Nice.
Il en manque la pointe et les dix-neuf sarcophages furent cachés ici.
ill. 46 : Jan van Helsing et Stefan Erdmann à Montségur en 2004.
ill. 47 : Jan van Helsing et Stefan Erdmann à Rennes-le-Château
en 2004.

CHAPITRE 4
La radiesthésie et la symbolique

Changeons à nouveau de sujet. Croyez-vous aux prophéties ? Qu'en pense-t-on chez les francs-maçons ?

Je crois personnellement aux prophéties de la Bible, car je connais le sens profond de ses descriptions. Les prophéties des grands voyants de l'Antiquité et du monde moderne n'ont jamais été concluantes. En lisant la Bible sur le plan symbolique, on s'aperçoit qu'il y a des cycles dans le développement de l'humanité. On peut projeter des descriptions bibliques sur les événements de notre époque et en tirer des conclusions sur l'état de notre société. Les contenus de certains degrés de la franc-maçonnerie font directement référence à des prophéties bibliques.

Existe-t-il dans la franc-maçonnerie des prophéties, indépendamment de l'Apocalypse de Jean, qui nous préparent à ce qui va se produire ? Le prêtre italien Don Bosco [né Giovanni Melchior Bosco] eut une vision prophétique en 1833 : il vit à l'endroit où se trouve Brasilia, au Brésil, une ville magnifique. Le président (1956-1961), Juscelino Kubitschek de Oliveira, fit construire Brasilia [NDÉ : inaugurée le 21 avril 1960] en suivant cette prophétie. Y a-t-il des faits similaires relatifs au Nouvel Ordre Mondial ?

Oui, le projet maçonnique. Tout a été prédit. Le projet, c'est de construire le Temple de Salomon. Il ne s'agit pas de construire un bâtiment quelque part dans le monde, mais plutôt de développer l'humanité entière au moyen de ce projet spirituel. Le Temple de Salomon est le Nouvel Ordre Mondial.

Est-ce le Temple de Salomon de l'Ancien Testament ?

Non, c'est une déduction de l'Ancien Testament. Nous savons que le Temple de Salomon est un temple de la pensée qui doit s'étendre sur le monde entier. L'humanité doit comprendre qu'il est sensé et avantageux de se soumettre à cette idée. Quand tous les êtres humains auront adopté cette idée, ils comprendront qu'ils en constituent chacun une pierre, une pierre vivante. Et plus ils auront cette idée à cœur, plus cet édifice se développera. C'est un projet très ancien de la franc-maçonnerie qui commence à se réaliser.

Le but de la franc-maçonnerie est donc de construire le Temple de Salomon, c'est-à-dire d'instaurer le Nouvel Ordre Mondial. Et le chef de ce nouvel ordre, c'est le Grand Architecte, Lucifer.

Oui, il a toujours été le roi.

Ce n'est pas le Bon Dieu, comme le décrit Jésus ?

Non, le roi de la matière est Lucifer. L'Être suprême de la franc-maçonnerie est celui que Jésus appelait son père. Y a-t-il un mot dans notre langue qui pourrait l'exprimer ? Non, il n'y en a pas. Les francs-maçons croient à une divinité créatrice qu'ils appellent le Grand Architecte, mais nous ne le définissons pas, afin de ne pas être dogmatique. La franc-maçonnerie abhorre le mot *dogme*, mais elle a besoin d'un certain dogme pour s'articuler.

À quoi croyez-vous personnellement ? Croyez-vous en Dieu ?

Quand nous parlons du Grand Architecte, nous pensons à un démiurge, à une divinité active et créatrice. Un démiurge est une divinité qui sait travailler la matière pour former quelque chose. C'est toujours considéré comme une divinité secondaire. Cette sorte de divinité n'existe pas dans les religions monothéistes. Dans la Bible, cette divinité est Dieu, le Seigneur. Après avoir créé l'homme, Il le bannit de l'Éden, du jardin, alors qu'il était fait pour le paradis. Il laissa à l'entrée un ange armé pour s'assurer que l'homme n'y retourne pas. L'homme fut ainsi confiné à l'est de l'Éden, tourmenté par les besoins terrestres. Je pense que la prétendue chute originelle est un acte divin arbitraire qui se produisit lorsque l'homme prit conscience de son créateur, provoquant une seconde création.

À partir de ce moment, Dieu devait se protéger de l'homme. Au fil de l'histoire biblique, ce Dieu Seigneur détruisit sa création ratée en la noyant, il n'y eut que huit survivants. Six formèrent des couples, dont provient l'ensemble de l'humanité. Pour ne pas mourir à nouveau noyés, les hommes construisirent la tour de Babel. La Genèse décrit ce qui se passa : « Voici, dit-il, qu'ils forment un seul peuple et ont tous une même langue, et c'est là ce qu'ils ont entrepris. S'ils commencent ainsi, rien ne les empêchera désormais d'exécuter toutes leurs entreprises. Allons, descendons pour mettre la confusion dans leur langage, en sorte qu'ils ne se comprennent plus l'un l'autre. » Et l'Éternel les dispersa loin de là sur la face de toute la terre ; et ils cessèrent de bâtir la ville. C'est pourquoi on l'appela du nom de Babel, car c'est là que le Seigneur mit la confusion dans le langage de tous les habitants de la terre, et c'est de là qu'il les dispersa sur la face de toute la terre. » (Gn 11, 5-8)

Le Seigneur devient très nerveux quand les hommes vivent en paix. Celui qui lit attentivement la Bible a sans doute remarqué que ce dieu n'est pas bienveillant avec les hommes. C'est une des raisons pour lesquelles je me méfie des dieux.

Priez-vous ?

Non, je ne prie pas comme on prie à l'église, mais je dialogue avec les dieux ou les êtres que j'imagine être des dieux. C'est souvent spontané, j'éprouve de la gratitude pour les cadeaux que me fait la vie, mais il y a peu de situations où je demande de l'aide. Beaucoup de gens prient pour obtenir quelque chose : de l'aide, des cadeaux. Je remercie en prière.

Croyez-vous au destin, au fil rouge de l'existence ?

Oui, je crois que tout être humain a reçu une forme de destinée par sa naissance, quelque chose d'inné qui l'attend. Par contre, je ne pense pas que le destin soit impitoyable, je crois que nous pouvons l'influencer par notre comportement. Sinon, nous tomberions dans le fatalisme. Nous ne sommes pas complètement soumis et sans ressource vis-à-vis de son programme.

Cette destinée est-elle le fruit d'une substance originelle ?

Je pense que c'est notre propre âme, qu'il y a un programme, une vocation et une mission que nous avons à vivre lorsque nous nous incarnons sur terre.

Parlez-nous de l'œil qui voit tout ! Est-ce une représentation de Dieu ?

L'œil qui voit tout, que l'on associe toujours aux Illuminati et aux francs-maçons, exprime quelque chose de très précis. La pupille, le cercle intérieur, est le Temple de Salomon ; l'iris, le cercle suivant, c'est Jérusalem ; la partie ovale de l'œil c'est Israël, et les autres formes géométriques sont en relation (voir *ill. 39* et *40* en page suivante). Il faut comprendre ce qu'on entend par les mots Israël et Jérusalem.

ill. 48 : Un tablier de Vénérable Maître au Rite york, avec l'oeil qui voit tout dans la partie supérieure.

Quel rôle jouent les obélisques érigés dans les villes ?
L'humanité dépend dans une certaine mesure de l'énergie cosmique. Elle est disponible en montant sur les hauteurs, sur les montagnes, car il s'y trouve les lignes de force telluriques qui sont amplifiées par les monuments sacrés. Dans les plaines, dans les déserts, on en trouve moins. En Égypte, on a utilisé les obélisques pour capter l'énergie cosmique et la faire circuler. On peut ensuite l'amplifier et la moduler. L'homme ne peut se nourrir que d'énergie terrestre, il a toujours besoin d'énergie cosmique. Si nous comparons les obélisques aux aiguilles d'acupuncture, ils seraient comme des points d'énergie que l'on peut faire circuler. Cette énergie permet aux énergies perturbées de retrouver une forme de sérénité. Une aiguille d'acupuncture peut ressourcer les méridiens et contribuer à retrouver la santé.

C'est la même chose pour la terre, le sol, ils ont besoin de se ressourcer de temps en temps. Ils doivent être harmonieux pour permettre à l'homme de vivre en harmonie. Nous sommes très sensibles aux rayonnements, terrestres et cosmiques. Nous en avons tous fait l'expérience. Tout le monde a entendu parler des sources souterraines, de la pleine et de la nouvelle lune. Nous nous comportons autrement lorsque nous ressentons l'effet de l'énergie cosmique. Elle peut être influencée par des aiguilles de toute sorte. Dans les grandes villes, ont été installées des obélisques ou de grandes colonnes pour influencer l'énergie générale. Il faut avoir à l'esprit que beaucoup de personnes vivent en ville dans un espace confiné, qui favorise l'agressivité et les comportements difficilement contrôlables. Pour prévenir cela, on installe à des points de croisement d'énergie des aiguilles que l'on décore avec des personnalités célèbres. En apparence on vénère une personne, en réalité on contrôle l'énergie des gens pour qu'ils soient toujours malléables.

ill. 49 : L'obélisque de la place Saint-Pierre à Rome.
ill. 50 : La Cité du Vatican vue du ciel avec l'obélisque.
ill. 51 : La Via della Conciliazione est la rue qui mène à la basilique Saint-Pierre.
ill. 52 : Un obélisque à treize étages.

En suivant le fil de votre comparaison entre les obélisques, les aiguilles d'acupuncture et les méridiens, on peut imaginer transmettre de l'énergie pour donner de la force d'un obélisque à un autre, pas seulement pour maintenir le calme.

C'est possible, on a toujours transmis de l'énergie par les méridiens terrestres d'un point A à un point B, il existe des points d'énergie et de guidage que les initiés connaissent. Il y en a de très importants dans le Caucase. Ils le sont tellement que les puissants s'approprient les territoires où ils sont actifs. C'est l'une des raisons pour lesquelles Adolf Hitler mit autant d'énergie dans la bataille de Stalingrad : c'est un point clé qui ouvre la route du Caucase, qu'il faut posséder pour parvenir à la domination du monde. Le même problème se pose en Géorgie. Il y a des points d'énergie protégés par des initiés, mais menacés par l'appétit de différents groupes de pression.

Les gratte-ciel ne sont-ils pas une sorte d'obélisque, telle la tour de la gare de Lyon-Perrache ?

Cette tour est un résonateur qui fut placé là à dessein. Elle est située sur un point d'énergie et la forme qui lui a été donnée lui permet d'être un résonateur. Ce genre de construction ne sert donc pas qu'à des bureaux ou bien à montrer son pouvoir : il sert à diffuser un programme, un champ morphogénétique, pour impressionner, influencer et séduire les gens. Ils doivent s'y sentir bien et en faire la promotion, car le système financier repose sur la confiance. S'ils n'ont plus confiance dans les banques ou le système financier, le système s'effondre.

Quelle est la signification des chiffres 3, 11 et 33 ?

3 est le chiffre le plus important pour les francs-maçons, c'est 3 × 3, plus précisément, qui est le chiffre sacré ; 3 × 3 n'est pas le chiffre 9, le chiffre 3 apparaît trois fois. Cette symbolique du chiffre 3 conduit en filigrane tous les actes des francs-maçons.

On tombe souvent sur le chiffre 27 et surtout sur le chiffre 81, qui a une signification particulière chez les Templiers et dans la chevalerie dans son ensemble pour les constructions spirituelles. Il faut neuf frères pour fonder une loge maçonnique. Certains rituels ne peuvent se faire s'il y a moins de neuf participants. Le Temple de Salomon fut construit et guidé par neuf hauts fonctionnaires. La Bible rappelle régulièrement que le Temple est géré par neuf fonctionnaires. Quand on sait que le Temple est une construction imaginaire, on comprend pourquoi les francs-maçons utilisent la base 9 quand ils commencent ou modifient quelque chose.

Pourquoi les francs-maçons utilisent-ils ces chiffres ?
Cela a un rapport avec l'astrologie, la numérologie, la kabbale. Certains événements ont lieu à des dates très précises pour profiter des énergies favorables, mais c'est évidemment principalement une histoire de pouvoir. Cela montre qu'on est assez fort pour programmer un événement qui aura lieu à un moment donné et aura une signification kabbalistique et numérologique. C'est une démonstration de force.

Et les chiffres 11 et 13 ? Par exemple, à la création des États-Unis, un État maçonnique ?
Ce sont des prétentions de pouvoir qui animent l'organisation qui reposent sur le 3 × 3. Les effets sur l'extérieur sont gérés principalement par les chiffres 11 et 13.

C'est très bien, mais qu'est-ce que cela signifie concrètement ?
Hum ! En fait, je voulais éviter cette question. Mais l'obstination de Jan van Helsing aura raison de moi. (*Il rit.*)

Il y a en fait peu d'indices réels, c'est leur contenu qui leur confère une telle importance. Le chiffre 11 représente pour certains le symbole du désordre, pour d'autres c'est le nombre de la sagesse. C'est difficile à comprendre, je vais essayer d'approfondir le sujet. Le désordre, c'est le chaos, et ce n'est qu'à partir du chaos que l'on peut créer un nouvel ordre. Tout système ou ordre créé par les hommes arrive un jour à ses limites. Nous vivons dans l'imperfection. Un chaos provoqué délibérément crée la base pour un nouveau départ, pour garantir la réussite d'un développement positif. Et là il faut de la sagesse. La sagesse n'est pas l'intelligence, elle est beaucoup plus que l'instruction, le savoir et l'intelligence. Elle ne s'acquiert que par la souffrance. Beaucoup de gens aiment passer pour des sages, mais il y en a très peu qui sont prêts à souffrir le chemin de croix qui y est associé. C'est pour cela qu'il y a en réalité peu de sages connus du grand public.

Essayons de comprendre ce que signifie le chiffre 11, symbole de désordre et de chaos, projeté sur les événements dans le monde. Dans le chiffre suivant, le 12, on trouve une force, comparable au zodiaque, qui donne guidage et puissance à un projet. J'ai mentionné l'influence du zodiaque sur les neuf fonctionnaires du Temple de Salomon.

Un projet qui vient de voir le jour et a une assise solide sera couronné par le chiffre 13. Il est maudit dans notre culture occidentale, parce que l'Ordre des Templiers fut détruit un vendredi 13. En fait, c'est un chiffre porte-bonheur. Récapitulons :

11 = la sagesse,

12 = la force, l'assise,

13 = le bonheur, la joie.

Mettons cela en relation avec les trois colonnes maçonniques, Beauté, Force et Sagesse. Nous avons la recette de la réussite.

Merci beaucoup ! Qu'avez-vous à nous dire de la configuration de la ville de Washington, D.C. ? La ville entière est construite selon des symboles maçonniques ; les bâtiments, les avenues, l'emplacement des obélisques…

À une époque où les francs-maçons agissaient dans l'ombre en Europe, leurs frères américains marquèrent de leur sceau le développement des États-Unis.

George Washington était une personnalité hors pair. Commandant en chef de l'armée pendant la guerre d'Indépendance des États-Unis d'Amérique (voir *ill. 4*, p. 20), il était franc-maçon et fonda un État fédéral et démocratique. De son vivant, on donna à cette ville le nom de Washington. Il s'y trouve une grande quantité de monuments maçonniques, bâtis en l'honneur de la franc-maçonnerie. Il y a également une disposition géométrique des avenues basée sur des symboles maçonniques. Cette présence intentionnelle est la démonstration de la puissance que l'organisation exerce aux États-Unis. Environ 10 % de la population masculine américaine est membre d'une loge. À l'inverse de l'Europe, la franc-maçonnerie n'y a pas de problème avec l'opinion publique.

ill. 53 : Au cœur de Washington, au cœur du pouvoir,
se trouve la statue de George Washington,
premier président des États-Unis (1789-1797).
ill. 54 : L'aiguille de Cléopâtre, l'obélisque de Londres
près de la Tamise.

ill. 55 : Le symbole du 30ᵉ degré du Rite écossais. Aux pieds du phénix, on peut lire : *ordo ab chao*.

ill. 56 : La nouvelle Cour suprême d'Israël offerte par les Rothschild. Sur le toit, on peut distinguer une pyramide enfoncée dans un demi-cercle.

ill. 57 : Un temple maçonnique avec une pyramide sur le toit. Il manque symboliquement la pointe.

ill. 58 : La pyramide de la Cour suprême d'Israël. Dans la partie supérieure, l'œil qui voit tout, l'œil d'Horus. Il y a des coïncidences…

ill 59 : L'obélisque de la Cour suprême d'Israël, qui est en fait une pyramide dirigée vers le ciel et qu'on trouve dans tous les centres (villes) de pouvoir franc-maçon.

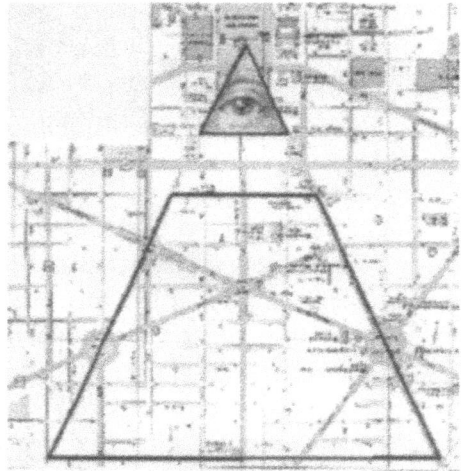

ill. 60 : Le plan de la ville de Washington, D.C. On distingue
un pentagramme géant dans l'alignement des avenues qui
mènent aux monuments les plus importants. La pointe du
triangle à droite montre la Maison-Blanche. Le Capitole se
trouve au-dessus de la figure à cornes.

ill. 61 : La disposition des grandes artères ne montre pas
seulement un pentagramme, mais aussi une pyramide avec la
pointe vers le haut, dirigée sur la Maison-Blanche.

Quel était le rôle des Twin Towers du World Trade Center ?

S'il y a un rapport symbolique entre les Twin Towers et le Temple de
Salomon, ce sont les colonnes, appelées Jakin et Boaz, qui se trouvaient
sous le porche du temple. Ces deux piliers sont libres, c'est important,
ils ne servent pas de soutènement à l'édifice (*voir ill. 26*, p. 85). Leur
rôle était symbolique, sans relation avec les nécessités architectoniques.

Pour édifier le Temple imaginaire, nous avons besoin de deux piliers
pour nous orienter. Sa construction est l'expression de la puissance,
Israël était à son apogée à l'époque.

Avant Salomon, le peuple d'Israël n'était pas encore unifié; quand il disparut, le peuple se dispersa à nouveau. D'où la force symbolique et l'expression de puissance. Si les Twin Towers représentaient Jakin et Boaz, cela signifie : « Celui qui a construit ces colonnes revendique le pouvoir sur la matière, sur New York, le pouvoir mondial contrôlé par l'argent. »

Notre système financier, bâti sur le taux d'intérêt, a bien fonctionné jusqu'à maintenant. Mais nous arrivons au bout. Le système est toujours très puissant, mais, mathématiquement, il n'est plus viable. En parallèle, il y a le système financier islamique, qui ne connaît pas le taux d'intérêt et est une réussite. Mais il n'a pas encore réussi à percer vraiment. D'autres intérêts financiers puissants ont revendiqué le pouvoir sur cet édifice imaginaire, les tours jumelles Petronas de Kuala Lumpur sont peut-être les symboles modernes de Boaz et de Jakin. Et là, il y a évidemment un problème. Si deux groupes revendiquent le pouvoir sur ce Temple de Salomon imaginaire, et que les deux construisent les colonnes Jakin et Boaz, il y a deux colonnes de trop à l'arrivée.

C'est lumineux...

Mais il n'y a qu'un groupe qui peut avoir ce pouvoir. On se rappelle que lors de la construction des Twin Towers par les Rockefeller, il y eut beaucoup d'opposition et de protestations, de sabotage même. Il y a toujours des menaces. Les deux tours étaient très protégées, mais, un jour, on comprit qu'elles devaient disparaître, d'une manière ou d'une autre. La guerre idéologique était perdue. Nous avons assisté à leur destruction en direct. Si mes informations sont exactes, la nouvelle puissance financière a laissé aux banquiers new-yorkais le choix de détruire eux-mêmes ces tours, d'où l'implication de la CIA et du Mossad. En aucun cas, cet attentat ne put être l'œuvre spontanée de quelconques amateurs, il y avait trop d'organisations impliquées. Et bien que nous soyons attristés par la mort de tant de gens, nous devons savoir qu'il y aurait eu beaucoup plus de victimes si les choses s'étaient déroulées comme prévu.

L'attentat fut soigneusement préparé, et tous ceux qui y participèrent, incluant les perdants, durent travailler dur pour réussir et le vendre à l'opinion mondiale. On en profita pour faire d'une pierre deux coups.

On fit disparaître deux tours bourrées d'amiante, on déclencha une guerre juste contre un ennemi qui n'en fut jamais un. On durcit les lois dans le monde entier. Conclusion : quand ces gens font quelque chose, ils sont efficaces.

L'objectif de la franc-maçonnerie est de construire le Temple de Salomon dans le monde entier. C'est le Nouvel Ordre Mondial. Le temple maçonnique représente le Temple de Salomon, qui est le royaume de Dieu selon les représentations officielles maçonniques. Les colonnes Jakin et Boaz en marquent l'entrée. Comme elles sont inversées dans le temple maçonnique et que l'autel est dirigé vers l'est, il est en réalité le royaume de Lucifer. Est-ce exact ?
Oui.

Les Twin Towers de New York sont donc Jakin et Boaz, les portes d'entrée du royaume de Lucifer ?
Oui.

Donc New York est le siège des Lucifériens, des Illuminati ?
Exact.

Et ces tours furent détruites. Comment l'interpréter ?
La puissance financière s'est déplacée.

Maintenant, ce sont les tours de Kuala Lumpur qui représentent Jakin et Boaz. La puissance financière est-elle en Asie ?
C'est ce qu'il me semble, mais ce n'est que mon opinion personnelle, je ne parle pas au nom de la franc-maçonnerie.

La disparition des Twin Towers montre que la puissance financière n'est plus intacte. Benjamin Fulford, l'ancien rédacteur en chef du magazine *Forbes* pour le Sud-Est asiatique, prétend qu'il fut approché par une société secrète chinoise et les Yakuzas japonais pour transmettre un ultimatum aux Illuminati. Les Illuminati, en réalité les familles Rothschild et Rockefeller et leurs diverses organisations, doivent céder le pas, sinon elles seront liquidées par les sociétés secrètes asiatiques. Cet ultimatum ne sera pas renouvelé. Elles viseraient directement l'œil de la pyramide et anéantiraient les mille Illuminati les plus hauts placés. En laissant la place, ils

pourraient être épargnés et garder leurs palais, s'ils collaboraient à la sauvegarde de la planète.

Je ne suis pas sûr que M. Fulford dise la vérité. Mais il est clair qu'il y a un déplacement de l'argent vers l'Asie. Des structures puissantes, qui ne sont ni la FED ni la *City* (Cité de Londres), revendiquent la première place. Je ne sais pas si c'est la raison principale qui mena à la destruction des Twin Towers, mais, symboliquement, cela y contribua sûrement. Il faut voir ce qui se passe avec la *City*, parce que ce sont les mêmes familles. On pourra s'en rendre compte au cours du prochain rituel, quand la reine d'Angleterre fera le chemin de Buckingham Palace vers la *City* en carrosse le long du Mall. La porte de la *City* est habituellement fermée. Tous les ans, le même jour, la reine descend de son carrosse et frappe à la porte de la *City* : « Qui est là ? » lui demande-t-on. Elle répond : « La reine d'Angleterre qui demande le droit d'entrer dans la City. »

La *City* n'est pas le centre de Londres mais, comme le Vatican, une formation de pouvoir de l'aristocratie financière. Tant qu'elle reconnaît à la Reine le droit de pénétrer sur son territoire, elle peut continuer à régner et à être une figure symbolique. En Angleterre, il y a trois institutions différentes : le Parlement, la Couronne et la Reine. La Reine et la Couronne ne représentent pas la même chose. Tous les ans, la Reine doit demander si elle continue à être reconnue par la *City*. Jusqu'à maintenant, il n'y eut jamais de problème le jour du *Lord Mayor* (lord-maire). Il faut voir si cette année le rituel sera le même, s'il aura toujours lieu ou sous une autre forme, peut-être. Dans ce cas, ce sera le signe que les anciennes structures de pouvoir n'existent plus.

Il y a quelques jours, j'ai eu l'occasion de parler à un membre d'une société secrète sud-coréenne, qui m'a fait cette révélation : « En ce moment, l'Illuminatus le plus puissant est sud-coréen, il a son siège à Hong Kong. Il est l'un des sept avec la Reine, George Bush S^r, Moubarak et d'autres qui représentent leurs familles respectives. On ne s'appelle que par le nom de Fondation. » Mon informateur m'a certifié que la reine d'Angleterre avait rencontré ce Coréen et qu'elle s'était déclarée prête à abandonner la livre sterling et la nation anglaise. Ce qui indiquerait que la puissance financière se déplace vers l'Asie. Il s'est exprimé de façon grossière sur certaines familles

new-yorkaises et anglaises, en disant que leur pouvoir faisait partie du passé. Le Nouvel Ordre Mondial sera établi en 2012 aux yeux du monde entier et la moitié de l'humanité disparaîtra.

Ce qui m'a frappé, c'est que le Sud-Coréen doit avoir cent soixante ans, selon mon informateur, grâce à une roche très particulière que l'on trouve sur terre. Ce produit peut ralentir le processus du vieillissement à partir de soixante ans. Il connaît le fils de cet Illuminatus, je serais curieux de rencontrer cet homme.

Kevin Trudeau, un milliardaire états-unien, me paraît une autre personnalité très intéressante. Il est devenu célèbre grâce à son livre *Natural Cures.* « *They*» *Don't Want You to Know About* (Elk Grove Village, IL, Alliance Pub. Group, 2004) [*Cures naturelles* : « *Ils*» *ne veulent pas que vous sachiez*], qu'il a vendu à plusieurs millions d'exemplaires. Il prétend avoir participé à une conférence des Bilderberg et rencontré régulièrement pendant des années des membres de ce club sur des yachts dans le port de Monaco, entre autres. Le souci principal de ces gens semblait la surpopulation et les moyens d'y remédier. On aurait décidé de supprimer les deux tiers de l'humanité, en faisant mine de parler de problèmes humanitaires. Trudeau déclare que ces familles ne sont pas mauvaises, qu'elles sont persuadées d'agir pour le bien de l'humanité et l'avenir de la planète. Il y aurait deux classes, les maîtres et les ouvriers. Ces familles ne se définissent pas par l'argent, mais plutôt par leur origine génétique. Il y aurait donc bien une lignée sacrée. Ce que m'a confirmé cet homme.

Exact !

Walther Rathenau (1867-1922), le ministre des Affaires étrangères en Allemagne sous la république de Weimar, le savait quand il déclarait : « Il y a 300 personnes qui décident du destin de l'Europe, elles se connaissent toutes. Elles choisissent leurs successeurs parmi leur progéniture. Ces personnes ont le pouvoir de détruire n'importe quel État. » Je trouve la position des Illuminati par rapport à des gens comme Kevin Trudeau ou moi-même assez cynique ; nous ne sommes pas leurs ennemis, dans la mesure où nous habituons l'opinion publique à cet état de fait. Qu'en dites-vous ?

C'est aussi mon avis. Sinon, je ne serais pas là à répondre à votre interview. Il faut préparer l'opinion publique à ce qui va se produire dans les années à venir. C'est une forme d'alibi pour nous…

Kevin Trudeau explique dans une interview que les Illuminati se partagent en deux groupes. Une partie pense qu'elle est génétiquement supérieure au reste de l'humanité. L'autre, qui compte plus de jeunes, défend l'opinion « moderne » qu'il y a plusieurs types d'êtres humains : les uns sont plus malins que les autres, les autres ont plus de talent ou plus de motivation. Mais chacun a le droit de réussir ou d'échouer. Ceux qui réussissent, indépendamment de leurs origines, devraient être honorés.

Voici quelques questions qui sortent du domaine physique. Vous avez parlé plus tôt de radiesthésie. Qu'entendez-vous par là et quelle importance cela a-t-il dans la franc-maçonnerie, à vos yeux ?

La radiesthésie est la faculté qu'ont certaines personnes de percevoir certains rayonnements du cosmos ou de la Terre. Dans le sens le plus large, cela ressemble à ce que font les sourciers. Chacun de nous a entendu dire qu'il est difficile de dormir à côté de sources d'eau souterraines, qu'il faut changer la disposition des lits ou la direction des rayonnements. Ceux de la Terre et du cosmos agissent sur les êtres humains. Nous connaissons tous l'astrologie, selon laquelle chacun de nous est marqué par son signe de naissance : le rayonnement nous confère, selon le signe, certains traits de caractère non imposés, mais vers lesquels nous tendons. Toute forme de rayonnement, terrestre ou cosmique, a une influence sur nous.

C'est important pour nos rituels. Si nous projetons des ondes sur des individus, en y associant des images, de la musique, ils auront tendance à accepter plus facilement ce que nous leur présentons. Les rituels agissent principalement sur l'inconscient.

J'en profite pour parler des lignes de Ley (alignements de sites) et du réseau cosmo-tellurique. Il y a un lien avec la radiesthésie : les points de radiesthésie sont placés sur le réseau cosmo-tellurique.

En radiesthésie, on différencie plusieurs types de réseaux. Le plus connu est le réseau Hartmann. Ce réseau est orienté nord/sud et est/ouest, comme le champ magnétique terrestre. Il permet non seulement de vérifier l'orientation du ciel, mais aussi de s'orienter. Les bâtiments sacrés n'ont pas été orientés simplement dans les directions nord/sud ou est/ouest, mais principalement dans le sens de ces lignes de force. Sur un plan symbolique, on mesure la solidité du caractère avec un bâton de sourcier, et on peut déterminer si les individus ont une ligne claire dans leur vie quotidienne.

Il y a aussi le réseau Curry, découvert par le médecin allemand Manfred Curry. Les bâtisseurs de cathédrale l'appelaient la Ligne de Vie. Ce réseau est une forme d'énergie dont on connaît la longueur d'onde. On peut mesurer l'énergie à l'aide d'un oscilloscope. Sur ces lignes de force, on a constaté une accélération du métabolisme humain. Les fleurs s'épanouissent mieux, les animaux malades viennent s'y réfugier. Quand ils sont en bonne santé, ils les évitent. Les animaux sont plus raisonnables que les êtres humains. L'être humain cherche toujours la proximité de ces points d'énergie. Quand on reste trop longtemps à ces endroits, on tombe malade, le système immunitaire s'effondre, même si on se trouve sur des lieux sacrés censés guérir.

Il y a un troisième réseau, que les bâtisseurs de cathédrale appelaient la Ligne d'éloquence. Les lignes de ce réseau contiennent de l'énergie créative. Il faudrait avoir son lieu de travail sur une de ces lignes, la créativité y est amplifiée, on se fatigue moins. Si on a son lit sur une de ces lignes, on fera des rêves intenses, mais on sera moins reposé le lendemain.

Les bâtisseurs de cathédrales connaissaient ces lignes d'énergie, ils ont construit leurs édifices sacrés en fonction d'elles. Ils y ont ajouté des résonateurs, et, forts des ces connaissances, ils impressionnaient les gens et contribuaient également à les soigner. Il y a des lieux de pèlerinage qui permettent de guérir ou d'alléger les souffrances des malades. Quand on trouvait un lieu qui avait un effet positif sur les reins, par exemple, on y construisait une chapelle ou une église. Cela permettait de guérir les gens.

Donc on ne guérissait pas seulement par l'Église et les prêtres ?
Non, pas par l'Église, mais principalement par les ondes. Dans les temps anciens, les hommes plaçaient des monuments en pierre sur ces lignes, ils y réunissaient les gens pour les guérir de certaines maladies.

Et qu'en est-il des lignes de Ley ? En France, en Angleterre et en Allemagne, on y a construit des églises et des cathédrales. Pour quelle raison ?

Pour cette raison précise. On construisit ces structures actives sur les mêmes lignes pour obtenir des résultats similaires. Prenons l'exemple des sources d'eau : elles irradient de l'énergie à la surface de la terre. L'homme peut la sentir, mais il ne peut pas la mesurer. Ces ondes peuvent avoir un effet positif sur l'organisme, mais aussi déclencher une maladie.

Les sources d'eau ne sont pas pathogènes par leur structure, elles ne sont pas dangereuses ; ce sont les informations qu'elles véhiculent qui peuvent poser problème. Nous savons que l'eau véhicule beaucoup d'informations. Comment fait-on pour insérer des informations dans l'eau ? Une source d'eau fonctionne comme une fréquence porteuse. C'est un émetteur qui envoie des ondes électromagnétiques avec beaucoup d'énergie. Ce n'est pas encore un programme. On installe une antenne, on module un programme de haute fréquence sur l'onde porteuse, l'information est transmise et reçue par l'antenne, comme on écoute la radio.

Quand les sources d'eau coulent sous la terre, elles sont encore vierges d'information. L'eau traverse des couches géologiques qui sont bénéfiques pour l'homme. On devrait construire des hôpitaux et des sanatoriums près de ces lieux chargés d'énergie. On peut y bâtir des églises et faire émerger la source devant l'église ; par exemple, on insère un programme spirituel dans l'eau, le programme est amplifié par l'intérieur de l'église qui agit comme un résonateur. Les personnes qui se trouvent dans l'église sont réceptives au message qu'elles reçoivent.

On peut influencer les gens avec des programmes d'humilité ou de guérison.

Oui. Si les paroles du prêtre, le rituel ou le cérémonial amplifient l'énergie, on se sent revigoré en quittant l'église, on se sent bien. On s'identifie aux images et à ce qu'on vient de ressentir. C'est comme cela qu'on manipulait les foules au Moyen Âge. On incitait les gens à aller à l'église au moins une fois par semaine, on les programmait en quelque sorte. Les croisades sont un bon exemple de la réussite de cette technique.

Afin de diffuser ces programmes sur de grandes distances, on construisait les églises sur les lignes de Ley, les lignes de force, à quelques kilomètres les unes des autres ; on arrivait ainsi à manifester un programme à plusieurs endroits en même temps.

Les nazis connaissaient ce principe, ils l'utilisèrent et construisirent un grand nombre de forts et de bâtiments sur les lignes de Ley. Ils réussirent ainsi à influencer des millions d'Allemands et à imposer un système, le nazisme, qui ne correspondait pas au courant de pensée dominant de l'Allemagne de l'entre-deux-guerres. Cette mentalité disparut après la guerre aussi rapidement qu'elle s'était imposée. La propagande des nazis était basée sur ce principe. Le peuple était comme envoûté par les grands rassemblements dans les stades, semblables à des rituels géants. L'Église s'est toujours servie de ce procédé, le Nouvel Ordre Mondial aussi, mais d'une façon complètement différente.

En utilisant la télévision ?
Oui, et surtout Internet.

J'ai rencontré il y a quelque temps quatre des derniers survivants de la Société (ou Ordre de) Thulé. Erich N., l'un d'eux, était un très bon radiesthésiste, il avait mis au point d'étranges appareils. Ces appareils en bois avaient une forme d'œuf ou de spirale. Il arrivait à dévier le cours des nuages et à leur donner des formes assez précises. Je peux en témoigner, j'ai assisté à l'une de ses expériences.

Il avait disposé une carte de l'Europe sur une planche en bois, il avait planté des aiguilles là où se trouvaient des églises, des cathédrales ou d'autres bâtiments avec des coupoles. Des fils représentaient les lignes de Ley. Il voulait nous montrer que la majorité des édifices religieux se situaient sur ces lignes.

Il nous expliquait aussi qu'il y a sur terre des points d'énergie principaux, que celui qui les possède a un grand pouvoir. Il y en a un près de Moscou, un en Écosse, un près de Rome et un autre à Jérusalem. Dans la plupart des guerres européennes, la conquête de ces points d'énergie était primordiale. L'île de Malte est l'un d'eux dans le bassin méditerranéen. À Malte se trouve une église qui a une des plus grandes coupoles du monde. Erich nous expliquait que, par les lignes de Ley et la coupole, on transmettait l'énergie des êtres

humains qu'on emmagasinait pendant les offices, vers Jérusalem, en passant par Rome. Il disait aussi que les SS avaient des cartes comme la sienne, qu'ils étaient capables de mesurer les flux d'énergie de la terre, de situer les lieux où l'énergie pouvait être interrompue, pour bloquer un ennemi par exemple. Quand ils avaient relevé un point d'énergie, ils s'y rendaient en voiture, en avion, et ils construisaient sur la ligne de force un mur en forme de rune. Ces murs sont discrets et ne peuvent pas être détectés par l'ennemi qui doit construire un nouvel édifice à coupole pour remettre les énergies dans un sens qui lui est favorable.

Oui, cela se fait encore maintenant. Je m'en suis rendu compte à l'Exposition universelle de Hanovre, j'ai remarqué qu'on avait disposé des formations de pierres sur des terrains jouxtant l'exposition, en invoquant des raisons douteuses. On a fait des travaux dans les fondations des églises sous prétexte qu'il fallait les assainir. Pendant l'exposition, on a diffusé toutes sortes de programmes, d'une grande ampleur, et cela a bien réussi. Ce sont des associations anthroposophiques qui m'ont mis la puce à l'oreille, elles sont versées dans ce domaine.

Qui, pensez-vous, a construit ces formations dans les champs près de Hanovre ? Des gens qui doivent s'y connaître.

Sûrement, ce sont des francs-maçons, qui connaissent ces choses. Il faut avoir à l'esprit que les bâtisseurs d'églises et de cathédrales structurèrent tout le Moyen Âge. L'architecte connaissait le fonctionnement de ces ondes, les maîtres d'œuvre avaient la responsabilité de disposer les pierres. Je pense qu'ils ne savaient pas qu'ils construisaient des résonateurs ; dans ces églises et ces monastères, on est capable de provoquer des choses incroyables, même de nos jours.

Mais tout cela repose sur la géométrie sacrée et non sur l'énergie du lieu. Les coupoles sont construites selon les règles de la géométrie sacrée, c'est-à-dire selon les lois de la nature. Il y a un rapport avec l'architecture comme la cathédrale Notre-Dame de Paris qui, selon nos critères modernes, ne pourrait pas tenir debout. Notre-Dame est beaucoup plus solide que d'autres monuments parce qu'elle respecte les lois de la géométrie sacrée.

Parce que sa fréquence de vibration renforce la statique de l'édifice. Ce sont des choses que les architectes d'aujourd'hui ne connaissent plus, sauf s'ils sont francs-maçons et ont accès à ces manuscrits anciens. Certains édifices, qui existent depuis des siècles, ne répondent plus aux normes de sécurité, mais ne s'effondrent pas et prouvent que cela fonctionne. C'est le même phénomène chez les bourdons : selon les lois de l'aérodynamique, les bourdons ne devraient pas voler. Et pourtant, ils volent !

D'où viennent les connaissances sur la géométrie sacrée ? Quelqu'un a dû déterrer quelque chose. Léonard de Vinci en était un grand maître, il n'a transmis qu'une partie de son savoir, qui peut être trouvé dans les pyramides, vieilles de milliers d'années. La connaissance de la géométrie sacrée est une des clés de la franc-maçonnerie.

C'est exact. La franc-maçonnerie fait remonter ses origines à la création de la Terre. Cette connaissance fut offerte, toute prête, à l'humanité, elle ne s'est pas développée au fil des siècles et de l'évolution.

La question est évidemment de savoir qui fut le donateur ; ce sont les fils de Dieu ?

Oui, ce sont les fils de Dieu, les visiteurs qui se sont installés sur terre.

Des humanoïdes qui sont venus sur la Terre ?

C'est exact, il faut considérer l'homme comme un être d'esprit et non un phénomène physique. Évidemment, nous savons tous que l'homme est constitué d'un corps, d'un esprit et d'une âme. Il sait bien se servir de son corps. La plupart des gens pensent qu'ils ont une âme, même si l'Église affirme que l'être humain ne possède pas une âme, qu'il est une âme. Les prêtres catholiques sont très pointilleux sur cette subtilité. Mais l'esprit, personne ne sait ce que c'est réellement.

C'est l'esprit qui fait l'être humain. Tout le reste est secondaire. Il habite le corps pour pouvoir être actif dans la matière ; en cela, il est supérieur aux dieux. Ils sont des esprits qui ne peuvent agir dans la matière. Ils dépendent des hommes. Si l'homme n'est pas prêt à obéir aux dieux, ils sont impuissants. Dans la Bible, Jéhovah punissait les hommes qui ne voulaient pas lui obéir. Il ne s'est rien passé quand les hommes commencèrent à vénérer d'autres dieux. Le caractère unique de Dieu, tel qu'il est présenté dans le monothéisme, n'est pas un concept acceptable par tout le monde. Il vaut pour les chrétiens, les juifs et les musulmans, mais il y a d'autres croyances qui ne peuvent se contenter d'un dieu.

Les dieux ne sont pas aussi puissants qu'ils veulent bien nous le faire croire. Celui qui a reconnu cette faiblesse devient automatiquement l'ennemi. Quand on regarde les mythes des peuples anciens, tels les Grecs et les Germains, ils n'étaient pas en bons termes avec leurs dieux. L'homme est la couronne de la création ; s'il en était pleinement conscient, il pourrait être vraiment libre et vivre en paix. Seuls les dieux sont malveillants. Reste à savoir si ce sont des visiteurs du cosmos ou des formes de pensée voulant s'établir sur terre. Il y a parmi les familles puissantes, issues des lignées divines, donc extraterrestres, beaucoup de rivalités et de concurrence. L'unité n'existe pas, entre les dieux non plus. C'est pour cela que tout ne fonctionne pas comme prévu. Il n'y a pas non plus cette domination unique que nous redoutons, pas jusqu'à maintenant. L'établissement du Nouvel Ordre Mondial donnera l'unification des familles puissantes et beaucoup de choses changeront.

Revenons aux fils de Dieu de l'Ancien Testament, aux visiteurs extraterrestres : dans les écrits anciens, on lit qu'ils étaient des êtres physiques. Les Sumériens les appelaient Annunaki ; les Mayas, les Incas et le Veda les décrivaient comme des hommes venus dans des engins volants pour féconder les femmes de la terre, construire des maisons, enseigner l'agriculture aux hommes. Ils n'étaient donc pas des esprits…

Comme les hommes, ils ont des corps physiques, mais sont différents. Je m'étais justement dit : si l'homme se décompose ou est subdivisé (corps, esprit, âme et mental), il apparaît malgré tout sous sa forme physique. Les dieux, dont l'apparition permet de discerner la dimension matérielle, n'ont pas les sentiments qui habitent les humains. Ils ont la même apparence, mais leur esprit fonctionne autrement. L'homme est-il inférieur aux dieux dans le domaine de l'esprit ? Sans aucun doute !

Inférieur ?
Oui.

Parce que les dieux ne sont pas miséricordieux ?
C'est cela : l'homme a une conscience, heureusement, et quoi que nous fassions, nous avons parfois mauvaise conscience quand nous avons été injuste. Les dieux n'ont pas cette qualité, leur pensée est fondée sur la raison alors que nous, nous agissons plus avec nos « tripes » en nous appuyant sur notre raison. Les dieux n'ont pas d'émotions qui viennent de l'intérieur, ils nous sont donc infiniment supérieurs dans le domaine analytique.

Connaissez-vous une de ces familles dont vous pouvez dire qu'elle en descend ?
Oui.

Pouvez-vous donner un nom ?
Non, impossible.

Est-elle connue ?
Dans les cercles de francs-maçons, mais le grand public ne la connaît pas.

Pouvez-vous nous décrire les membres de cette famille ? En connaissez-vous personnellement ? Comment se comportent-ils, en quoi sont-ils différents ?
Ils sont toujours très bien habillés, très agréables, détendus et prêts à rendre service. Ils sont affables et très bien élevés. Ce sont des leaders qui n'ont pas de comportement autoritaire, mais beaucoup de classe. J'en connais trois ou quatre, ils sont très agréables et pensent vite. Je ne les ai jamais vus exprimer d'émotions, même dans des situations critiques. Dans les réunions où l'on doit prendre des décisions sur des collaborateurs qui ne donnent pas satisfaction, ils sont toujours calmes, posés. Il est difficile de savoir si ces gens prennent de la cocaïne pour se détendre ou s'ils appartiennent à une espèce particulière.

Comment le savoir ?
Extérieurement, on ne peut pas le savoir. On s'en rend compte en les fréquentant en dehors des affaires. Les loges sont des endroits appropriés pour comparer leur façon d'être en société et leur comportement en loge.

Ces gens sont-ils très riches ?
Hum, riches ? Ils ne pensent pas être riches, mais ils n'ont pas de problèmes d'argent.

Ils sont les descendants d'une lignée sacrée ?
Oui.

En sont-ils conscients ?
Oui, c'est un devoir, une obligation, ils sont contrôlés par leur famille. Elle observe ses membres intensément. Et maintenant, il y a les tests ADN. Je descends moi-même d'une lignée franco-écossaise. Le chef du clan, qui habite aux États-Unis, a demandé à tous les membres de la famille de faire un test génétique pour savoir à quelle branche ils appartiennent exactement. Une branche de la famille remonte au XIᵉ siècle et porte en elle une programmation particulière. Tous les membres, environ un millier sont vivants, doivent se soumettre à ce test. Il pourra ainsi être déterminé qui en fait partie.

Ce n'est pas une lignée extraterrestre ?
Non, mais c'est un bon exemple montrant que ces familles prennent leur origine génétique très au sérieux. Les Illuminati et leurs alliés accordent une très grande importance à leur généalogie. C'est leur façon de se définir.

Parce que vous êtes, si je peux me le permettre, le contraire de quelqu'un de froid…
Je ne suis sûrement pas un extraterrestre, parce que j'agis presque exclusivement avec mes « tripes » (*il rit*). Je parle de ma famille pour vous donner un exemple. Je voudrais vous faire comprendre que ces familles sont en train de mettre de l'ordre à l'aide de tests génétiques, pour se purifier. C'est le danger de l'ère énergétique que nous vivons. Nous sommes entrés dans une ère énergétique où les traditions ne comptent plus. Seuls les faits comptent ; en fais-je partie ou non ? Nous mettons de l'ordre.

Rien que le nom, « Nouvel Ordre Mondial », un nouvel ordre. Nous avons vécu pendant des siècles avec des traditions qui permettaient à des familles aristocratiques de revendiquer un pouvoir remontant aux origines. Aujourd'hui, ces revendications doivent être prouvées par la génétique et non par de vieux papiers, qui sont peut-être des faux, après tout. Ces temps sont révolus. Nous approchons de la vérité, à grande vitesse. À notre époque de communication sans limites, les choses se règlent rapidement. Ceux qui n'en font pas partie sont exclus. Là aussi, les moyens électroniques sont rapides. Sans carte de crédit, on ne peut plus rien faire. Les cartes d'identité ou de crédit nous donnent le droit de faire des choses, mais ce droit peut nous être retiré en quelques secondes.

Vous achetez un billet d'avion et demain, on vous empêche de le prendre. Ce n'est pas toujours agréable, mais c'est efficace. Nous vivons dans un monde de contrôle absolu, il faut savoir de quel côté on se situe.

La clairvoyance et la lecture de l'aura sont des sujets dont on parle dans la franc-maçonnerie ?
J'ai rencontré beaucoup de gens dans la franc-maçonnerie qui s'intéressent à la clairvoyance. Il y en a qui la pratiquent et avec qui nous préparons le temple en radiesthésie avant les rituels. C'est important, car les frères se retrouvent dans leurs fonctions dans des zones d'énergie qui donnent des résultats remarquables.

Ces personnes sont-elles clairvoyantes ou des lecteurs d'aura ?
Beaucoup ont un don de clairvoyance.

Y a-t-il en loge des séances de channeling ou des rencontres avec des personnes clairvoyantes ?
Pas au temple. Les rituels y sont très précis, leur déroulement doit être respecté à la lettre. Mais après le rituel, lorsque nous nous réunissons, il arrive que nous fassions des choses de ce genre. Il y a aussi des séminaires maçonniques intensifs dont c'est le sujet. Et là, nous ne faisons rien d'autre.

Y a-t-il des oracles ?
Concrètement, dans le sens où quelqu'un a reçu une prophétie et que nous en parlons entre frères, non, mais il y a des choses semblables. Quand nous entendons parler de choses qui se passent dans une loge voisine, nous nous mettons en relation avec les frères, nous les prions de venir nous rendre visite, de nous en parler et de nous éclairer sur les dons de certains frères. Cela arrive souvent, comme de parler des entités spirituelles.

Vous pratiquez la radiesthésie ?

Oui, je fais des rituels, je travaille avec les points d'énergie et la radiesthésie depuis trente ans. Lorsqu'une personne veut chez elle un endroit calme où méditer et s'exprimer par l'art, je m'y rends et dispose l'ensemble de façon à recevoir l'énergie à l'endroit désiré. C'est possible, ce n'est pas un problème. Les anciens bâtisseurs le pratiquaient aussi. J'ai notamment installé le cabinet de nombreux thérapeutes. Beaucoup de personnes ne savent pas que si elles mettent leur autel personnel sur un point d'énergie, il perd de son effet, parce qu'il reçoit en même temps les ondes du sous-sol.

J'ai connu une thérapeute qui avait installé un accumulateur d'orgone [NDÉ : énergie biologique découverte par le psychiatre Wilhelm Reich, qui l'a ainsi baptisée] à côté de son armoire à médicaments. Ils étaient tellement imprégnés d'orgone qu'on ne pouvait plus les utiliser, à part pour nettoyer un étang. Prenez du sable et posez-le sur l'accumulateur d'orgone. Au bout de trois jours, vous l'enlevez et le plongez dans un étang plein d'algues et de boue. Au bout d'une semaine, l'eau sera propre.

Je dois donc manger du sable à l'orgone ?

Non, mais la prêle des champs est très bien, surtout si vous manquez de calcium. Elle contient du silicium, qui permet au calcium d'être assimilé par la cellule. La prêle des champs résout les problèmes liés au calcium, comme l'ostéoporose.

Il y en a beaucoup autour de ma maison.

C'est parce qu'il y a des manques en calcium dans votre famille. Vous en avez besoin pour fortifier la peau, les cheveux, etc. Les plantes s'invitent près de chez vous parce que vous avez besoin d'elles. Elles vous suivent partout. Et quand vous n'avez plus besoin d'elles, elles disparaissent.

Mais les plantes étaient là avant que j'emménage.

Parce qu'elles savaient que vous viendriez. Connaissez-vous Wolf-Dieter Storl ? C'est un professeur émérite de botanique. Il a écrit des livres sur les plantes, leur âme, leurs effets, leur préparation et leur utilisation. Il explique pourquoi elles vous accompagnent, pourquoi il y en a sur le lieu de votre naissance. Allez voir les plantes qui se trouvent à l'endroit où vos enfants sont nés. Elles ont vécu la naissance de vos enfants, elles peuvent les aider quand ils tombent malades. La prêle des champs est discrète, mais on en trouve partout. S'il y en a beaucoup autour de vous, c'est que vous manquez de calcium ou de silicium.

Nos enfants manquent de calcium, disent les homéopathes.
C'est pourquoi vous avez des prêles dans votre jardin, elles vous attendent. Vos enfants sont blonds depuis qu'ils sont petits ?

Oui.
Alors prenez-en sous forme d'infusion, de jus ou crue en salade. Les prêles sont pleines de silicium. Leurs tiges sont dures comme du papier de verre. On s'en servait avant pour frotter l'étain. Le silicium est assimilé par les cellules, qui peuvent ensuite assimiler le calcium. On peut boire autant de lait de vache qu'on veut, si le calcium n'est pas assimilé par les cellules, il n'est pas d'une grande utilité, car il est expulsé par l'organisme. Si vous tombez toujours sur les mêmes plantes, où que vous alliez, c'est qu'elles vous font signe : «Ne m'as-tu pas encore remarquée ? Que dois-je faire, me multiplier encore ?» Elles sont là parce que vous avez besoin d'elles. Il faut avoir de l'intuition et être vigilant.

Avez-vous des facultés de médium ?
J'ai de la facilité à entrer en contact avec les êtres élémentaires. Ce sont les forces de la nature. J'ai un rapport très étroit avec la nature, avec les plantes et les herbes. Je me soigne avec des plantes. Quand je ne me sens pas bien, je prends certaines plantes ou je vais les chercher dans la nature, je reste un moment près d'elles et je me sens beaucoup mieux, en général.

Quand avez-vous pris conscience pour la première fois de ces êtres élémentaires ? Comment s'est fait le contact ?
Depuis l'enfance, j'ai un contact étroit avec la nature. À l'âge de vingt ans, j'ai commencé à utiliser des baguettes de sourcier. Ce furent mes premières sensations sur les effets directs de la nature. Je n'étais pas conscient de ce contact avec les forces élémentaires. Au fil des années, je me suis rendu compte que je pouvais ressentir des événements présents et passés avec des baguettes de sourcier, avec mes appareils de mesure et mon expérience en radiesthésie. J'ai acquis une certaine réputation dans mon entourage et pu redynamiser beaucoup de maisons et de chambres

à coucher. Plus tard, j'ai projeté mes observations sur le mental et je savais déterminer l'état d'esprit des gens qui habitaient ces maisons.

Quand je constatais des déviations, des irrégularités dans certaines structures, je savais que cela correspondait aux rapports entre les personnes y vivant. En entrant dans une chambre d'enfant, je pouvais tirer des conclusions sur les rapports entre parents et enfants, sans jamais avoir vu ces derniers. J'étais capable de mettre un nom sur les problèmes de cette famille. J'étais très sensible à la situation des enfants, et s'il n'y avait eu que des adultes, je n'aurais jamais abordé le sujet. Quand je voyais des écarts importants par rapport aux normes habituelles, j'en parlais aux parents et leur disais ce qu'ils avaient à corriger.

Vous pouvez imaginer que cela m'a causé des ennuis. J'ai finalement compris qu'il était possible de pénétrer certains phénomènes naturels ou les champs morphogénétiques pour y trouver des informations. Il ne s'agissait pas seulement de trouver des sources d'eau. J'étais capable de déterminer la qualité de l'eau et de savoir si elle contenait une programmation. L'eau transporte des informations. C'est très utile pour les pièces dans lesquelles les gens ne se sentent pas bien et où ils ont du mal à dormir. Grâce à la méthode que j'ai développée, je pouvais voir que des hologrammes s'étaient incrustés là, qu'ils étaient les vestiges d'événements douloureux, d'un crime ou indiquaient la présence d'un mort.

Les choses prirent une tournure particulière lorsqu'une de mes amies vint me rendre visite avec sa fille de sept ans, que je connaissais depuis sa venue au monde. Elle avait exprimé le désir de ne pas rentrer avec sa mère, mais de rester chez moi. Nous étions dans le jardin, nous jouions et plaisantions. À la tombée de la nuit, je l'ai reconduite chez sa mère. Elle voulait revenir le lendemain et les jours d'après, jusqu'à ce qu'elle passe toutes les vacances chez moi.

J'avais remarqué ceci de très particulier : comme nous étions souvent dans la nature, elle racontait beaucoup d'histoires sur les plantes et les arbres. J'écoutais attentivement et voulais comprendre. Un jour, elle commença à m'expliquer la fonction des plantes dans la nature. Elle les appelait *les fleurs qui sentent*, elle passait son temps à chercher ces *fleurs qui sentent*. Comme je connaissais les endroits où elles poussaient, je l'y conduisais. Nous trouvions de la sauge, par exemple, elle me disait que cette plante pouvait alléger certaines douleurs. Le romarin, m'expliquait-elle, est bon pour les problèmes d'équilibre.

Elle utilisait ses mots d'enfant, mais je comprenais très bien. Le thym était la plante qui donne du courage, pour traverser une rivière ou sauter entre les rochers. Elle me racontait beaucoup d'histoires sur les plantes, que confirmaient les livres de botanique et de médecine que je consultais pour vérifier ses propos. J'étais très surpris. Un jour, j'eus la chair de poule en entendant la chanson *Scarborough Fair*. Le refrain reprenait constamment le nom des quatre plantes dont m'avait parlé la petite fille : la sauge, le thym, le romarin et le persil. Elle ne pouvait pas comprendre les paroles, car la chanson était chantée en anglais. *Scarborough Fair* est une chanson du XVᵉ siècle [NDÉ : popularisée par Simon and Garfunkel en 1966]. À compter de ce moment, je devins encore plus attentif à ce quelle me disait.

Je trouvai fascinante sa réflexion sur le fait que l'énergie ne venait pas d'en haut, du ciel ou du Bon Dieu, mais de la terre. Elle disait que l'énergie ne venait pas directement de la terre, que l'homme ne pouvait pas la percevoir, même quand elle est dans l'air, parce que l'énergie doit d'abord passer par les plantes. Elles la reçoivent par les racines et la diffusent par les feuilles. C'est là qu'elle est disponible pour les êtres humains, pour les fortifier ou les guérir. C'est à peu près en ces termes qu'elle s'exprimait.

Voulant comprendre ce que cela signifiait, elle me répondit : « C'est la parole de Dieu ! » Elle témoignait d'une telle conviction que j'étais complètement bouleversé. Elle n'avait que sept ans. Je l'écoutais pendant tout l'été et couchais tout sur papier. Nous ne nous sommes pas vus pendant un an et, l'année suivante, elle avait plus ou moins perdu ses facultés. Elle a maintenant dix ans et ne se souvient plus de rien. Qu'en dites-vous ? Vous avez écrit un livre sur les enfants médiums.

Je connais bien cette problématique. La plupart des enfants perdent leurs capacités de médium quand ils commencent à aller à l'école. En effet, ils ont les deux hémisphères du cerveau en harmonie, ne font que ce dont ils ont envie, suivent leur instinct, leur ventre. Pour aller à l'école, ils doivent se lever tôt, alors qu'ils n'en ont pas envie.

Ils sont assis à côté d'autres enfants qu'ils n'aiment pas. Ils doivent faire des choses qui leur déplaisent, ce qui crée un déséquilibre entre la pensée et le ressenti. La rationalité prend le dessus et la médiumnité s'estompe.

C'est aussi ce que j'avais remarqué. Cette enfant a pu conserver son âme enfantine très longtemps. Elle s'est bien intégrée à l'école et elle mène une vie tranquille, comme les autres enfants, mais elle avait gardé sa naïveté d'enfant, qui lui permit d'entrer en relation avec l'énergie des plantes. L'énergie qu'elle décrivait, la parole de Dieu, tombe sur le sol, s'infiltre, coule à travers les plantes et revient dans l'atmosphère. C'est là que les humains peuvent l'utiliser. Et si l'homme est capable de penser cette énergie, nous verrons apparaître la densification de l'énergie au-dessus de la fleur. L'énergie se condense, la pensée peut être rendue visible par la plante, si nous sommes très concentrés ou en méditation.

Il est possible d'imaginer un être élémentaire : à proximité d'une fleur, exprimons le souhait de le voir apparaître. De l'énergie concentrée passe par les racines, il se peut que nous voyons apparaître quelque chose, un être, sous la forme que nous imaginons. Les enfants voient souvent des elfes, mais l'énergie peut se matérialiser sous n'importe quelle apparence.

Et tant que le processus est dense et stable, nous pouvons voir cet être élémentaire. Il disparaît ensuite dans la fleur. J'ai rencontré beaucoup de personnes qui avaient fait des expériences similaires. Ces êtres ont une légèreté d'être très particulière. Je sais maintenant où les trouver.

En parlez-vous dans les loges ?

Oui, j'en parle, mais je n'obtiens guère d'approbation. Les francs-maçons ne sont pas très ouverts à ce genre de phénomène. Je projette sur ces êtres élémentaires de la gaieté, de la légèreté, une très haute qualité de vie ; la franc-maçonnerie ne vit pas vraiment cela. Les francs-maçons vivent des problèmes sérieux : la politique, l'économie et la mondialisation ; ces «enfantillages» n'entrent pas dans leur créneau, du moins pas en loge. S'ils savaient qu'un magicien tel que Franz Bardon (1909-1958) écrivit des livres sur la communication avec ces êtres élémentaires, leur vision pourrait peut-être évoluer...

Que savez-vous de Rennes-le-Château ?

La vie y était paisible jusqu'à ce qu'on y trouve de l'argent en grande quantité. La cupidité des hommes l'emporte sur leur faculté de compréhension. L'intérêt des chercheurs qui viennent à Rennes-le-Château tourne autour de ce phénomène. Et on oublie alors la signification réelle et profonde du lieu. C'est peut-être mieux ainsi.

Rennes-le-Château fut un lieu très important pour les Templiers après la débâcle de 1314. Dans l'église du village, il y a la statue d'un démon, Asmodée, qu'on appelle souvent le diable ; on y trouve aussi ce verset de la Genèse : «Il eut peur, et dit : Que ce lieu est redoutable ! C'est ici la maison de Dieu, c'est ici la porte des cieux !» (Gn 28, 17)

Pour les non-initiés, il est difficile de comprendre qu'on puisse qualifier la maison de Dieu de lieu terrible et effrayant. Il est également inhabituel de trouver une sculpture du diable dans une église. Quand on apprend que c'est le démon Asmodée qui aurait construit le Temple de Salomon, on tend l'oreille.

Quel est le rapport entre l'église de Rennes-le-Château et le Temple de Salomon, tellement vénéré par les Templiers ? Est-ce pour cela que cette église est un lieu de terreur ?

Il faut connaître la pensée de Bernard de Clairvaux si l'on veut comprendre le lien qui unit cet endroit aux Templiers. Il avait une idée précise du lieu, qui correspondait au verset 17 du chapitre 28 de la Genèse. C'était le lieu de la perfection et du jugement divin. Jacob fit un songe dans lequel il voyait la porte du ciel s'ouvrir et les anges descendre du ciel sur la terre. Si un croyant qui entre dans ce lieu n'est pas reconnu par Dieu, il est maudit. C'est pourquoi cet endroit peut être un lieu de terreur.

Rennes-le-Château est très particulier du point de vue de la radiesthésie. L'église peut devenir un résonateur très puissant si l'on tient compte de quelques particularités de la construction. C'était l'art des vrais bâtisseurs. Les églises étaient des lieux où se produisaient des guérisons miraculeuses et dans lesquels on pouvait influencer les croyants. Les prêtres initiés y organisaient leurs initiations, ces lieux étaient des portes vers le ciel.

Il y a peu d'églises aujourd'hui en Europe que l'on qualifie de *lieux de terreur*. Ces lieux bénis pourraient jouer actuellement, à l'ère du Verseau, un rôle important.

J'en profite pour vous parler du monastère cistercien de Loccum, à Mariensee, près de Hanovre. Au-dessus du portail d'entrée du cloître, il y a cette inscription : « *Quam terribilis est locus iste.* » Le fameux verset, mais en latin. Cette église est un autre lieu de terreur. Les visiteurs ne s'en rendent pas compte. Pour obtenir des apparitions en radiesthésie, il faut utiliser des énergies particulières. Après dix ans d'expériences et de recherches, nous eûmes des apparitions dans l'église et le cloître, elles étaient terrifiantes. Nous réussîmes à mettre en application des spéculations théoriques décrites dans la franc-maçonnerie, par exemple à faire parler les pierres. Il ne faut pas prendre cette expression au premier degré, mais il est possible de recevoir et d'envoyer des messages.

Cet endroit eu toujours une importance particulière dans les relations entre l'Est et l'Ouest, il fut fortement marqué par son prince-abbé. Mais toute forme d'enquête et de recherche bute contre l'éloquence aimable du personnel.

Qui vous a parlé et de quoi ? Quel était le message que vous envoyaient les pierres ? Comment avez-vous fait ?
L'énoncé biblique fut inscrit dans le cloître de Loccum. Bernard de Clairvaux, très impressionné par le verset de la Genèse, se questionnait sur la signification d'un lieu où règne la terreur. À Rennes-le-Château, ce verset fut gravé dans la pierre. Asmodée était le chef des démons et le bâtisseur du Temple de Salomon. Nous réussîmes à provoquer des variations énergétiques dans le cloître et sur les lignes de Ley qui traversent le monastère. Nous constatèrent qu'en activant certains endroits précis du mur ou du sol, nous pouvions déclencher de l'agressivité chez un groupe de personnes. Nous pouvions contrôler leur comportement, prédire leurs réactions quand nous modifiions les équilibres. C'était extraordinaire.

Les bâtiments sacrés, les églises, les cathédrales fonctionnaient selon ce principe. Les prêtres manipulaient les fidèles de cette façon. Nous pûmes prouver que cela fonctionne encore aujourd'hui. C'était le secret des cathédrales. Quand il y a un bâtiment actif en radiesthésie, dont nous pouvons utiliser l'énergie, nous avons besoin d'outils comme ceux qui se trouvaient dans l'Arche d'alliance. Ce sont des résonateurs qui produisent des effets sur l'homme.

Ce qui fonctionne dans les cathédrales et les églises vaut aussi pour les villes et les pays. Ce qui est en haut est comme ce qui est en bas, le principe est le même. Et les Illuminati savent s'en servir !

Vous avez reçu des messages et des images ?
Oui. En nous positionnant sur certaines lignes de Ley que nous avons activées, nous pouvons transmettre des pensées sur une grande distance. Nous avons posté un petit groupe de personnes près d'un étang, sur une ligne de Ley, près du couvent de Loccum. À quelques kilomètres de là se trouve un autre étang, relié au premier par une ligne de Ley. Nous y avons installé l'autre partie du groupe et avons commencé la première expérience. Nous avons raconté une anecdote au premier groupe et avons demandé au deuxième groupe de se concentrer sur la surface de l'eau et d'essayer de recevoir un message. Quelques participants, pourtant très terre à terre, purent le capter, même en ayant peu d'expérience. Nous voulions prouver qu'on se servait dans les temps anciens de ces moyens pour transmettre des programmes de pensée sur de longues distances. Les SS avaient percé ce mystère et savaient comment influencer des millions de gens.

Parce que leurs forts étaient construits sur ces lignes de force ?
Exactement. C'est le secret des vrais bâtisseurs et la raison pour laquelle furent construits certains bâtiments à des endroits très précis.

Est-ce pour cette raison que fut utilisée la géométrie sacrée ?
Cela ne marcherait pas s'ils n'étaient pas construits en harmonie et dans les bonnes proportions, comme les cathédrales gothiques. L'ère gothique apparut de façon soudaine, à partir de rien, en même temps que les Templiers et les Cisterciens. Elle n'est pas la continuation de l'art roman, elle en est une forme concurrente. Elle repose sur des documents, qu'on a trouvés dans les sarcophages.

Dans notre entretien préliminaire, vous avez parlé des ornements dans le portail de l'église de Loccum. Sont-ils présents pour influencer ?

C'est vrai, nous avons abordé le sujet des pierres qui parlent... Ce n'est pas dans le sens où d'entendre des voix, mais une pierre porte un message. Les Templiers furent accusés de vénérer un certain Baphomet. Dans son sens le plus large, il s'agit d'une tête qui parle, que nous retrouvons dans la Bible en la personne de Jean le Baptiste. Il eut la tête coupée, elle resta accrochée en suspension sur le palais d'Hérode et il est dit qu'elle continua à parler. Les Templiers communiquaient avec une tête de ce genre, c'est comme cela qu'ils réussirent sans doute à obtenir des postes de pouvoir (voir *ill. 63*). Baphomet était cette tête, il est le symbole du père de la nature ou du principe qui sous-tend la nature.

ill. 62 : Baphomet selon Éliphas Lévi.
ill. 63 : Le Baphomet des Templiers.

Baphomet est-il à mettre sur le même plan que Lucifer ?

Non, Lucifer est un esprit. Baphomet, c'est plutôt le dieu Pan, le principe de la nature, celui qui produit les lois de la nature, mais rien d'autre. Il n'a rien à voir avec l'esprit. Baphomet est le maître de la nature, mais il ne peut la quitter. En revanche, le principe de Lucifer est libre, en suspension, indépendant. Baphomet est tributaire de la nature, Lucifer vient se greffer dessus. Et les Templiers savaient communiquer avec la nature au moyen de cette tête, par l'entremise de Baphomet.

C'est une qualité qu'on attribue au roi Salomon. Il parlait aux plantes, aux animaux et aux insectes. Les Templiers connaissaient l'art de parler à la nature, ils connaissaient les principes et les lois qui la régissent.

D'un côté, Baphomet est très contesté, parce qu'on l'identifie au Baphomet d'Éliphas Lévi (voir *ill. 62*). Baphomet n'est pas le pentagramme inversé. On le représente avec une tête ou deux, le haut du corps et deux bras. C'est une forme humaine à laquelle il manque le bas du corps. Il n'est pas visible, parce qu'il est ancré dans la matière. Baphomet est le père de la nature, il la maîtrise.

Les Templiers portent sur leur manteau blanc la croix pattée rouge du Temple. Cette croix est une tête qui parle en langage héraldique. Pour les Templiers d'aujourd'hui, c'est étonnant, mais cette croix est le symbole de la tête qui parle, de Baphomet, celui que les premiers Templiers appelaient «le père tout-puissant de la nature». Baphomet ne peut pas se défaire de sa condition. Les êtres humains dépendent de la nature : ils doivent reconnaître et accepter sa puissance et sa violence, mais ne doivent pas la vénérer, ce serait fatal. Ils prennent beaucoup de choses dans la nature, les minéraux, les plantes, les animaux.

L'homme est le plus éloigné de Dieu, de par son libre arbitre ; il n'est pas uniquement tributaire de ses instincts, comme l'animal.

L'animal est beaucoup plus dépendant de la nature, sa soumission à ses instincts et à ses lois le rend plus proche de Dieu. Nous savons par la Bible que les anges n'ont pas de libre arbitre. Un ange est autant tributaire de Dieu que l'animal de ses instincts. Il n'y a que l'homme qui soit complètement libre et indépendant. Les plantes sont les plus proches de Dieu. Elles sont des êtres vivants en relation directe avec les cycles divins de la nature. L'être humain peut amplifier sa perception de Dieu par l'effet des plantes. On peut atteindre l'union mystique avec Dieu, *l'unio mystica*, par le royaume des plantes, peu importe comment on les ingère. Les êtres humains qui vivent près de la nature, en contact avec celle-ci, ont une perception directe de Dieu quand ils se promènent seuls dans une forêt ou dans la solitude des plaines.

La majorité des êtres humains ne cherche pas le contact avec la nature, ce n'est pas une nécessité pour eux. Ils préfèrent vivre dans les cités de pierre et de béton qu'ils ont construites, dans un voisinage qu'ils ont créé pour eux. Les peuples nordiques sont liés entre eux par cette proximité avec la nature, surtout les Allemands, un peuple de randonneurs, qui aime y vivre, qui la développe. La protection de la nature et de l'environnement permit de sanctionner en Allemagne des lois auxquelles peu d'autres pays avaient songé, qui ne servaient qu'à faire gagner de l'argent à certains lobbys. Les peuples nordiques ont cette capacité de tirer leur force de la nature et d'être intimes avec la divinité.

Les Romains en firent l'expérience lorsqu'ils voulurent conquérir le nord de l'Europe. Quand les Germains étaient affaiblis par les batailles et les duels, ils se retiraient dans les grandes forêts d'ifs pour se ressourcer. Ils en sortaient remplis d'énergie. Ils savaient se régénérer et trouver de l'énergie dans ces forêts, ce qui causait beaucoup de difficultés aux Romains. Ces derniers brûlèrent toutes les forêts pour empêcher les Germains de s'y réfugier, et réussirent peu à peu à les vaincre.

Les descendants des Germains, les Allemands, vont toujours chercher leur énergie dans les plantes, dans les forêts, au contact de la nature, ce qui n'est pas accessible à d'autres peuples. Nous devrions en faire autant et tirer parti de cet avantage, de cette capacité à puiser l'énergie dans la nature, mais les hommes modernes ont perdu ce savoir.

Les premiers missionnaires chrétiens interdisaient aux indigènes germains de conserver leurs sanctuaires dans les forêts, d'aller se ressourcer auprès des arbres, des chênes, là où les druides allaient prendre leur force. Tout cela était trop païen. Tout ce qui avait un rapport avec la nature était décrié et ne faisait l'objet d'aucune compréhension. Les peuples du Nord respectaient ces interdictions et laissèrent très peu de monuments, d'où le fait qu'ils ne connaissent pas bien leur histoire aujourd'hui ; tout ce qu'ils faisaient se passait dans la nature.

Vous disiez que les ifs donnent de l'énergie ? Nous sommes chez Astérix et le druide Panoramix.

Les Germains utilisaient le bois d'if pour leurs arcs, leurs flèches et leurs lances. Le bois d'if est toxique. Seuls ses fruits ne le sont pas. Si un cheval avale les tendres aiguilles de cet arbre, il meurt. L'homme aussi. C'est pour cela que l'on s'en servait comme arme. Ce bois n'a pas de canaux de sève, il pousse de façon particulière, très lentement. Il peut atteindre trois mille ans, mais ne dépasse pas une certaine hauteur. Les ifs poussent à l'ombre d'autres grands arbres, on parle de forêt dans la forêt. Il y en a beaucoup dans les forêts de hêtres.

Les êtres sensibles éprouvent des sensations particulières en se promenant dans ces forêts. Ils reçoivent beaucoup d'énergie, de force, et la possibilité de se relier aux dieux ou à Dieu. Quand on est issu d'un peuple nordique, il est tout à fait possible dans ces forêts d'ifs de vivre l'expérience du numineux, qui renvoie à l'esprit, que ce soit un dieu ou un démon ; en tout cas, c'est un esprit.

Qu'est-ce qui donnait de la force aux Germains ? Était-ce l'odeur ou la résine ?
Lorsqu'il commence à faire chaud en été, il se dégage des ifs une odeur envoûtante. Quand on s'assoit sous un if, on n'est pas pris d'ivresse, mais on parvient facilement à un état second permettant d'avoir des révélations, des idées neuves, l'illumination ; on comprend des choses qui n'étaient pas claires. Nous sommes exposés en permanence à des champs électriques et magnétiques qui ont un effet sur nous. Lorsque nous voulons nous isoler de ce bombardement d'ondes, les forêts d'ifs sont très utiles pour nous purifier et nous permettre de penser clairement. Je pense qu'elles sont très importantes pour nous permettre d'être indépendants de ces influences négatives et de préserver notre libre pensée et notre capacité de décision.

Le mot-clé est le libre arbitre, mais je voudrais que nous parlions de notre sujet, la guerre des francs-maçons. Il y a des membres insatisfaits de la situation actuelle dans la franc-maçonnerie. Il y a des bouleversements, même une révolte ?

Je ne parlerai pas de révolte, le terme n'est pas approprié, mais plutôt d'une guerre interne. Il y eut toujours des courants et des points de vue différents dans la franc-maçonnerie, que les responsables surent canaliser et équilibrer. La pression de la base est actuellement très forte et les opinions qui ne rallient pas la majorité passent souvent à la trappe. Ce processus démocratique est étranger à la pensée maçonnique. La masse des gens n'a jamais détenu la sagesse et la connaissance, comme le montre l'histoire. Elles furent toujours le privilège d'une minorité. Quand elle avait la possibilité d'en faire profiter le peuple, il était content. Il y a beaucoup de frères qui, du fond du cœur, vivent et partagent un idéal illusoire d'amour absolu du prochain. C'est tout à fait louable, mais cela ne mène pas à l'objectif souhaité. Qui veut agir et provoquer quelque chose doit être ancré dans la réalité.

Si la franc-maçonnerie perd de sa force et de son leadership par opportunisme, il y a des corrections à apporter. Il ne suffit pas de couvrir les faiblesses sous le manteau de l'amour du prochain. En tant que francs-maçons, nous sommes aussi chrétiens. Il n'y a que pour les autres qu'on est un vrai chrétien, dans le sens de l'amour du prochain, mais on est franc-maçon pour soi-même. Quand on a un but élevé, on doit être prêt à être franc-maçon contre soi-même. Il s'agit d'autre chose que de notre propre vanité. La franc-maçonnerie est liée par une pensée mondiale et elle a une mission.

Comme je l'ai déjà expliqué, l'Allemagne se retrouva après la guerre dans la situation où les loges maçonniques n'existaient plus, car Hitler les avait interdites. Les forces d'occupation avaient leurs propres loges et les francs-maçons allemands n'avaient pas le choix d'en faire partie.

Ce n'est que beaucoup plus tard qu'on put rétablir les anciennes loges prussiennes qui étaient proches de la France et de l'idée du Temple. Cela ne plaisait pas aux forces d'occupation. L'Allemagne de l'après-guerre fut fortement marquée par la Grande Loge du Rite Ancien et Accepté (AFuAM). L'équilibre traditionnel avec les loges prussiennes ne fut jamais retrouvé.

C'est une façon de penser complètement différente. La franc-maçonnerie allemande fut toujours proche de la pensée française. C'est pour cela que le système suédois put s'établir en Allemagne et que l'on n'était pas prêt à se soumettre à la façon de penser des Anglais. Ils ont des problèmes avec les Écossais, qui ne veulent pas non plus de leur système. Les Américains se sont libérés il y a longtemps du système anglais, ils préfèrent le Rite d'York. Je pense que la Grande Loge mère anglaise commence à faiblir, elle perd beaucoup de membres. Les Anglais ne sont pas en mesure de s'adapter à l'esprit du temps. C'est à cause de leur mentalité et de leur volonté de garder des traditions qui ont perdu de leur lustre.

Il y a donc en ce moment une tendance au séparatisme : les loges allemandes veulent emprunter leur propre voie ?
Oui, les Allemands veulent suivre leur propre chemin. Ils s'orientent vers la France, vers le système suédois et la chevalerie. Les différentes obédiences perdent des membres. Une personne insatisfaite change de loge, en guise de protestation ou dans l'espoir de faire carrière dans une autre loge. Cela fait partie de la vanité de l'homme, ce n'est rien de particulier. Les anciennes structures de pouvoir s'affaiblissent, les rapports de pouvoir se déplacent, c'est l'esprit du temps. Il y a un grand bouleversement, même dans la franc-maçonnerie.

L'Allemagne se rapproche de la France, mais dans vos cercles de loges, il y a une grande insatisfaction. Vous n'êtes plus prêts à continuer de cette manière. Que se passe-t-il ? Voulez-vous faire sécession avec la loge mère anglaise ?
Oui, il y a un mouvement en vue de se libérer de cette tutelle. Nous ne sommes plus prêts à nous soumettre ni au diktat des Anglais, ni à celui des Américains. La franc-maçonnerie américaine est très puissante et dominante. En Allemagne, cela ne marche pas comme en Angleterre

ou aux États-Unis. Il n'est pas indispensable d'être membre d'une loge pour faire carrière. Aux États-Unis ou en Angleterre, c'est impensable. Ils sont très dépendants, même économiquement. Heureusement, en Allemagne, ce n'est pas le cas, ici les idées sont au premier plan. C'est pour cela que les loges allemandes se retirent de plus en plus et se libèrent du joug anglais et américain. Il y a une volonté de la part des loges américaines et anglaises de déclarer illégales les loges allemandes, parce qu'elles veulent suivre leur propre voie dans les idées et l'interprétation des rituels. C'est une guerre qui se déroule dans l'ensemble de la franc-maçonnerie.

Quel est votre projet ?

Il est de pousser les frères à être plus ouverts et à ne pas tourner le dos à la réalité. Mon projet est de partager avec tout le monde ce que j'ai reconnu comme la vérité, et de ne pas l'enterrer comme un secret. L'objectif de la franc-maçonnerie fut toujours, depuis les origines, de libérer les hommes des chaînes qu'ils créèrent par ignorance. Pour réussir, il est plus agréable de travailler avec des gens du même niveau qu'avec des subordonnés. Nous voulons instiller cette idée de liberté dans la franc-maçonnerie en lui permettant de s'exprimer et de donner de l'énergie à l'humanité. Cela ne semble pas le cas dans toutes les loges.

Qu'est-ce que la franc-maçonnerie vous a apporté ? De quoi êtes-vous mécontent, qu'est-ce qui vous dérange en ce moment ?

La franc-maçonnerie m'a rendu attentif et critique. Elle m'a donné beaucoup d'assurance grâce à la puissance et la grandeur d'une fraternité mondiale. Je sais que je ne suis pas seul dans mes recherches et mes combats, il y a beaucoup de frères d'un idéal élevé, tout comme moi. Je suis très satisfait de l'idée de la franc-maçonnerie. Ce qui me rend mécontent, c'est que cet idéal ne puisse se vivre à chaque instant et en tout endroit. Il y a des frères qui ont d'autres idéaux ou pensent de façon beaucoup moins rapide.

À la dernière rencontre des grands maîtres, j'ai constaté beaucoup d'insatisfaction vis-à-vis des contenus de l'enseignement.

C'est vrai. Je pense que la franc-maçonnerie n'a plus les mêmes capacités d'action dans le domaine administratif qu'il y a deux siècles.

Je trouve que les structures démocratiques qui se développent sont tout simplement ennuyeuses. Elles sont trop lentes et ne sont pas une garantie de succès. Je ne pense pas qu'il faille se restreindre dans sa pensée, la franc-maçonnerie est assez dogmatique dans certains domaines, parce qu'elle n'accepte pas certains groupes ou certaines façons de penser. Ce n'est pas ce que voulaient ses créateurs…

Mais il s'agit bien de se séparer des anciens contenus. Ai-je bonne mémoire ?
Oui, c'est aussi un motif d'insatisfaction. Il s'agit de la façon de penser dans les loges bleues, même dans le Rite écossais, où les frères ne sont plus souples. Ils s'accrochent à des structures qui ne sont plus d'actualité, qu'ils ne comprennent pas eux-mêmes et vivent par habitude. Aujourd'hui, c'est un peu un club de lâches ; avant, la franc-maçonnerie générait des événements : elle a provoqué des révolutions, elle a créé des États et mis au pouvoir des présidents. Aujourd'hui, on se berce plus de souvenirs que d'actions concrètes. Pour être capable d'agir, il faut être libre dans sa tête, être prêt à communiquer sa liberté de penser sur la place publique. Il est impensable que seuls les francs-maçons aient le savoir et que l'humanité demeure dans l'ignorance. Cela ne rend service à personne.

Nous devons revenir aux valeurs des Templiers, qui sont le fondement de la franc-maçonnerie. Dans certaines loges, il y a une soumission totale aux enseignements de l'Ancien Testament. Maintenant, les choses changent. Il y a le conflit palestinien, et le comportement d'Israël envers les Palestiniens a renforcé l'image négative chez les frères. Toute cette agitation autour d'Israël a créé une distance qui se retrouve envers les enseignements que l'on ne peut plus défendre. L'action de l'État d'Israël n'est pas exemplaire, elle est, au contraire, effroyable. Et là où la franc-maçonnerie soutenait le judaïsme, il y a maintenant beaucoup de rejet.

Vous voulez donc revenir aux idées chrétiennes, aux idéaux des Templiers ?
Oui, il faut savoir que la pensée chrétienne des Templiers fut toujours limitée. Ils crachaient sur la croix. Dans leurs églises, il n'y avait pas de crucifix et pas de Jésus souffrant, parce qu'ils ne l'acceptaient pas. Ils vénéraient également Baphomet.

Ils ne crachaient pas sur la croix parce qu'ils détestaient Jésus, mais parce qu'ils étaient ses disciples.

Oui, ils étaient des disciples de Jésus, ils appréciaient sa liberté de parole. Jésus voulait libérer les êtres humains et non les soumettre. Nous avons eu droit à un christianisme paulinien qui soumet les gens autant que le font les prêtres juifs. Le clergé juif est un système fait pour opprimer. Ce n'est pas notre objectif, ni celui de la franc-maçonnerie. Si une grande partie de la fraternité se tourne vers cette pensée pleine de soumission, il y a quelque chose qu'ils n'ont pas compris. Ils sont les ennemis de leurs propres idées. Il faut savoir être franc-maçon contre soi-même, et il y a un moment où s'arrête le sentiment de fraternité. Quand le frère ne sait plus dans quelle famille il se trouve, je ne peux plus l'accepter comme frère.

Y a-t-il une loge allemande qui exprime cela ? Quelles sont celles qui veulent faire sécession avec la loge mère anglaise et redevenir plus allemandes ?

Il y a d'anciennes loges prussiennes qui veulent sortir de ce système. C'est ce qui se produit à l'heure actuelle. Cela affaiblit les franc-maçonneries anglaise et américaine. La pensée originelle, européenne, franco-allemande, celle du rite rectifié tournée vers les Templiers, reprend de la force, elle va se propager et peut-être supplanter le système anglais, qui disparaîtra.

La franc-maçonnerie est en train de se soumettre à la pensée «pieuse». Ce sont surtout les loges chrétiennes qui font des bondieuseries, ce qui n'est pas compatible avec l'idée de liberté et ce que Jésus fit. Les francs-maçons doivent comprendre que le Dieu effrayant de l'Ancien Testament n'est pas tout-puissant, que nous les hommes sommes au moins son égal. Nous savons comment formuler et vivre cette idée dans la franc-maçonnerie, mais, vers l'extérieur, il faut faire comme si nous étions de bons chrétiens. Des voix s'élèvent pour dire que l'Ordre des Francs-Maçons est catholique, tellement elles sont pieuses.

C'est la mort de la franc-maçonnerie. C'est la pensée que l'Opus Dei essaie d'infiltrer dans la franc-maçonnerie. Ses membres entrent en maçonnerie, ils franchissent les degrés et arrivent à un point où ils ont le droit de s'exprimer. Et ils manipulent les gens, ils veulent détruire l'Ordre et cette liberté de penser. Dans certaines loges, on ne peut pas parler comme nous le faisons ici. Si on n'y prie pas comme à l'église, ils ont l'impression que quelque chose cloche.

Cela signifie que le secret, le mystère, c'est la liberté, la rébellion, la pensée luciférienne ?
Oui, c'est le sujet actuel, la franc-maçonnerie est en train de se détruire de l'intérieur par la pensée que l'Opus Dei cherche à y imposer. Il est évident que de telles organisations, bien structurées, de gens libres et pensant autrement, doivent être détruites.

Vu de l'extérieur, je dirais : il y a une mutinerie chez vous.
Oui, quelque chose du genre.

Vous a-t-on demandé quelque chose en loge, à part le silence ?
Non, cela ne s'est jamais produit.

Je connais un médecin franc-maçon. Il y eut un meurtre dans son quartier, la loge lui demanda de rédiger un certificat de décès pour suicide. Pouvez-vous le confirmer ?
Quand on veut faire de telles choses, on parle à un frère qu'on estime capable de le faire, qu'on peut manipuler, qui est manipulable, jusqu'au point où lui-même pense qu'il doit le faire. Il le fera de lui-même. On se sert de ses points faibles, mais une loge ne peut pas exiger de telles choses. Je n'en ai jamais vu d'exemple. Je ne pense pas qu'une loge puisse donner l'ordre de nuire à quelqu'un ou de faire des choses illégales. Au cours de l'admission, on insiste sur le fait qu'il ne se passe rien qui aille à l'encontre des lois existantes dans les loges. Il est toutefois possible que des maçons décident de supprimer quelqu'un. Il n'y a, dans ce cas, aucun lien avec la loge.

Enfin, je pense au cas de Roberto Calvi [surnommé « le banquier de Dieu » et membre de la loge P2] qu'on retrouva pendu le 18 juin 1982, les jambes en angle droit, avec deux grosses briques dans ses poches sous le pont Blackfriars, à Londres. C'est l'exemple même du crime rituel classique, il fut exécuté.
D'accord, c'est un exemple… Dans ces cas, il arrive que les frères de loge se réunissent et décident qu'il faut agir, faire un exemple. Ce sont eux

alors qui décident, personne ne les y oblige, il n'y a pas d'ordre qui vienne d'en haut pour l'énoncer concrètement. Néanmoins, il se produira ce qui est souhaitable. Le mode d'action dépend de l'imagination des frères. C'est exécuté de telle sorte que cela ne nuise ni aux loges, ni à la franc-maçonnerie. Il se passe beaucoup de choses dans les loges, mais on ne donne pas d'ordres, cela ne marche plus de nos jours.

Pardonnez-moi si j'enfonce le clou, mais Roberto Calvi avait les jambes en angle droit et des briques dans les poches. Le crime était signé par la franc-maçonnerie. Rien ne fut maquillé, sauf les meurtriers.

Oui, c'était un traître et la façon dont cela se produisit est un avertissement au monde entier, pour montrer ce qui arrive aux traîtres.

Et le maquillage, ni vu ni connu ?

Oui, c'est ainsi (*il sourit*). C'est le code d'honneur.

Je voudrais vous demander à nouveau pourquoi vous me racontez tout cela ? À cause des bouleversements qui vous agitent ?

Il n'est pas interdit de parler de la franc-maçonnerie. Il est interdit aux frères de dévoiler le contenu des rituels et ce qu'on y fait. Or, ce que je vous raconte ne vient pas de la franc-maçonnerie, ce sont mes prises de conscience personnelles. Personne ne m'a jamais interdit de parler. Nous n'avons pas abordé le contenu des rituels. Il n'y a que les francs-maçons qui sont secoués quand ils entendent qu'un frère parle comme je le fais aujourd'hui. C'est moi le traître, parce que ce n'est pas vrai que Lucifer a ce rôle dans la franc-maçonnerie... Mais ce n'est pas vrai. Albert Pike, notre meilleur frère écossais, l'a déjà raconté en public.

Oui, je connais la citation du discours du 4 juillet 1889 [aux membres du 32e degré du Rite écossais] : « Voilà ce que nous devons dire aux foules. Nous vénérons un Dieu qui est, en fait, un Dieu qu'on prie sans superstition. À vous, grands instructeurs généraux, nous disons ce que vous répéterez aux frères des 30e, 31e et 32e degrés. Nous tous, initiés de haut grade, devons continuer à vivre notre religion dans la pureté de l'enseignement de Lucifer. Si Lucifer n'était pas Dieu, serait-il calomnié par Adonaï [le Dieu des chrétiens], dont les actes

témoignent de cruauté, de haine envers son prochain ? Oui, Lucifer est Dieu et Adonaï est aussi, hélas, Dieu.

La loi éternelle dit qu'il n'y a pas de lumière sans ombre, de beauté sans laideur, de blancheur sans noirceur, car l'absolu ne peut exister que dans deux Dieux. L'obscurité est nécessaire à la lumière pour lui servir de contraste, le piédestal est nécessaire à la statue et le frein à la locomotive [...] C'est pour cela que l'enseignement du satanisme est une hérésie. La vraie religion philosophique, c'est la foi en Lucifer, le Dieu de la lumière mis au même rang qu'Adonaï. Mais Lucifer, Dieu de la lumière et du bien, se bat pour les hommes contre Adonaï, Dieu de l'obscurité et du mal. »

C'est ainsi. Les membres des degrés inférieurs n'en sont pas conscients ; sans doute parmi les hauts grades y en a-t-il qui ne le sont pas plus, probablement parce qu'ils s'intéressent plus à leur carrière qu'au contenu. Nous, les hauts grades, savons exactement qui est Lucifer, malgré les interprétations différentes sur son action réelle. Je sais de quoi je parle, puisque j'ai enseigné à des maçons de haut grade, à qui j'ai expliqué comment se sont créés les rituels, comment il faut les pratiquer.

Les frères qui connaissent tout cela ne veulent pas que cela se sache. Pourquoi ? Parce que cela touche à leur honneur et qu'ils veulent donner une bonne image d'eux-mêmes en société. La franc-maçonnerie n'a pas de soucis de recrutement ; elle ne disparaîtra jamais, bien au contraire. Elle ne peut pas non plus accepter des recrues à la tonne, car nous devons accompagner pendant de longues années toute personne admise, sinon cela ne marche pas. Sans accompagnement soutenu, le frère ne pourra se développer et la franc-maçonnerie aura échoué. Elle échoue souvent parce que des hauts grades n'ont pas reconnu cette réalité. Les mots sont vides de sens et il n'y a personne pour leur en donner. Ce qui compte, c'est que la franc-maçonnerie transmette fidèlement ces rituels aux générations à venir, sans les changer. Notre savoir est très ancien, il doit être mis au goût du jour à chaque époque, sans en trahir le sens originel. Cette fidélité est garantie dans l'ensemble pour que toutes les générations puissent en profiter.

Et j'inclus le peuple de la Torah, qui réussit à transmettre les cinq livres de Moïse à travers les générations sans rien changer, même si tout n'est pas compris. Cela ne change rien. Cette fidélité est importante pour nous, elle le sera pour nos enfants. Il ne faut rien changer même si nous ne comprenons pas le contenu. Il y en a qui comprendront comment fonctionne cette divinité, quel est le rapport entre l'homme et Dieu. Un jour, nous comprendrons que l'homme est Dieu.

Et si l'homme est Dieu, nous savons que nous pouvons être miséricordieux, car Il l'est, Il pardonne les péchés. Et quand nous pardonnons aux autres, nous sommes divins, c'est l'objectif à atteindre. Il y en a qui diront que c'est un blasphème, une hérésie, que l'on n'a pas le droit de dire qu'on est un dieu.

L'homme doit être courageux, tolérant et très ouvert pour affirmer cela, ou au moins dire : « En tant qu'être humain, je porte Dieu en moi, une étincelle divine. En quelque sorte, je suis Dieu et responsable de ce que je crée chaque jour. »

Quand on en est là, on a gagné. Mais il y a des autorités à qui cela ne convient pas, car elles ne contrôlent plus personne, la peur et l'intimidation ne marchent plus. Le Dieu de l'Ancien Testament a toujours répandu la peur autour de lui. Le peuple était fidèle par peur. Jésus leur dit : « N'ayez pas peur de ce Dieu, vous devez le servir parce que vous l'aimez. » Et là, il y a une grande différence, c'est le même Dieu. Si je le fais par amour, c'est plus intense et efficace que si j'ai peur. C'est la différence fondamentale entre le Nouveau et l'Ancien Testament. La peur et la dépendance envers ces énergies divines demeurent, mais si je fais les choses par amour, j'obtiendrai de meilleurs résultats que par peur.

Vous ne répondez pas à ma question. Pourquoi me racontez-vous tout cela ? Et qui me dit que vous ne vous servez pas de moi pour répandre de la désinformation ?

Excusez-moi, j'ai légèrement dévié du sujet… Il y a des bouleversements dans la franc-maçonnerie. De plus en plus de frères pensent que nous devons fournir certains renseignements au monde. Je suis un de ceux-là. Nous nous réunissons. Depuis dix ans, nous sommes à la recherche de personnes qui savent penser librement et clairement, et donner au mot liberté toute l'énergie, en toute prudence. Nous savons que nous avons affaire à des phénomènes énergétiques pour le Nouvel Ordre

Mondial, et que les buts de guerre actuels et futurs tournent autour de la sécurisation de l'énergie.

Il ne s'agit pas que d'énergies fossiles ou d'autres carburants, mais aussi d'énergies de l'esprit. Rupert Sheldrake [biochimiste anglais] a décrit ces champs d'énergie précisément. Nous avons parlé à des centaines de personnes intéressées au cours des différents séminaires et congrès, avec lesquelles nous sommes encore en contact. Néanmoins, le cercle d'initiés n'est pas très important. Il se répartit en Allemagne et en Autriche. Nous avons développé une forme de communication qui fonctionne et nous échangeons nombre d'informations et d'expériences. Nous avons des relations avec d'autres organisations, avec lesquelles nous partageons cette forme de pensée.

J'ai constaté ces dernières années que l'idée de la chevalerie autour de l'Ordre du Temple connaît une certaine renaissance, avec beaucoup de gens qui s'y intéressent et la création de nombreuses associations. La franc-maçonnerie a toujours étudié ses idées dans les degrés de chevalier du Temple. Ces degrés sont très appréciés, mais ces ordres traditionnels de chevalerie n'ont pas le droit, d'après leurs statuts, d'accepter des francs-maçons. Les francs-maçons se sentent eux-mêmes liés à des disciplines d'arcane qui n'existent pas en réalité, ils ne doivent pas entrer en contact avec d'autres organisations. Je pense que ces délimitations sont erronées et stupides. J'essaie depuis des années de faire sauter ces barrières et de réunir les chevaliers de différentes organisations pour échanger. Nous avons également décidé de publier une partie du savoir, parce que nous pensons que les temps sont mûrs pour l'accepter.

Pourquoi ne voulez-vous pas que votre nom soit divulgué ?
Je suis un franc-maçon convaincu et voudrais le rester. Je défends ce que nous faisons dans les loges. Cela deviendrait difficile si mon nom était publié.

Accepteriez-vous de vous exprimer en public en cas d'ennuis judiciaires ou d'événements désagréables ?
Évidemment que je le ferais, cela ne me fait pas peur. Je voudrais venir à bout de tous les préjugés négatifs envers la franc-maçonnerie, et que l'on sache qu'elle est nécessaire dans la société. Sans ses idéaux et ses prises de position, la société ne peut pas s'épanouir. Je ne dis pas que

la franc-maçonnerie a le monopole de la sagesse, d'autres organisations ont les mêmes idéaux. L'idéal de la franc-maçonnerie peut se vivre à l'extérieur. Nous appelons *maçons sans tablier* ces hommes nobles non membres de loge. J'insiste beaucoup sur le fait qu'il faille dire aux frères francs-maçons qu'ils sont appelés à agir à l'extérieur. S'ils se contentent de travailler dans le petit monde de leur loge, ils n'ont pas compris le sens de l'œuvre.

Je ne trahis la franc-maçonnerie en aucune façon. Cependant, je veux montrer à toutes les personnes intéressées que les francs-maçons ne sont pas des cachottiers, qu'ils ont un secret à préserver, sont très bien organisés et disciplinés. Je me situe souvent à la limite dans mes façons de m'exprimer et cela ne m'est pas vraiment agréable. D'un autre côté, je pense que ceux qui ont des opinions critiques doivent avoir la chance de s'exprimer dans ces temps de transition. Peut-être cela ne sera bientôt plus possible.

Quelles sont les conséquences ? Certains disent que les francs-maçons s'exprimant en public dans le monde profane sont punis de mort. Est-ce vrai ?

Cela existe, mais ce n'est pas une obligation. Je suis assez controversé à l'intérieur de la franc-maçonnerie et j'ai été violemment attaqué sur le forum Internet des grandes loges réunies, avec même des appels au meurtre. Je n'ai pas peur, parce que je suis convaincu que certaines choses doivent être rendues publiques. Et si des frères pensent que je suis un traître, que je mérite la mort et meurs de cette façon, c'est que je n'aurai pas eu de chance. Cela pourrait se produire, mais ce n'est pas obligatoire. Je ne me fais pas particulièrement de souci et n'ai pas peur. Si cela doit se produire, je ne pourrai y échapper.

De plus, je suis convaincu que le scénario autour du Nouvel Ordre Mondial est tellement avancé qu'il importe peu que je dise des choses ou non. Tout se produira tel que planifié, j'en suis convaincu. Il n'y aura plus de cachotteries autour des secrets. Nous sommes encore dans une phase de transition où il est permis de s'exprimer.

J'ai peur que dans cinq ou six ans, ce ne soit plus possible, car il n'y aura plus de plateforme pour s'exprimer. Il n'y aura sans doute plus de livres imprimés. Peut-être sera-t-il impossible de publier son opinion.

Essayez d'exprimer votre opinion à la télévision, vous n'y arriverez pas, et encore moins dans les journaux. Il y a encore quelques petites maisons d'édition qui peuvent publier certaines vérités, mais plus pour longtemps.

Une question en aparté : que dit-on de Jan van Helsing dans la franc-maçonnerie ?

Vous avez beaucoup d'adeptes, sans doute plus que vous ne l'imaginez, mais d'autres ne se réjouissent pas du tout, car nombre de gens ont peur, comme partout. Eux n'aiment pas les idées libres. Je m'en rends compte très souvent lorsqu'il s'agit de parler du judaïsme ou de remettre en question ses contenus. Tout de suite, des gens ont peur.

Quand on parle de Jan van Helsing, on voit les mêmes réactions. Certains frères disent : « Tout ça, c'est du délire, ce n'est pas la réalité. » La franc-maçonnerie voudrait que les gens soient tolérants et ouverts envers elle. Si ceux qui ne sont pas francs-maçons expriment des pensées non actuelles, il faut s'en préserver aussi. Mais la majorité des francs-maçons pensent comme vous. C'est un fait. Ce sont des personnes qui aiment la liberté, ont le courage de penser par elles-mêmes et de s'exprimer librement. C'est la vraie franc-maçonnerie, la libération spirituelle.

Les loges sont-elles amies entre elles, y a-t-il une collaboration entre les Écossais, York, le Grand Orient, la Suède, etc. ?

Oui, nous travaillons ensemble, les francs-maçons sont des frères, indépendamment de leur appartenance à telle ou telle obédience. Il y avait encore, il y a peu de temps, des règles à respecter pour les visites à d'autres obédiences. Les frères se sont affranchis de ces limitations souvent arbitraires. Certains ont adhéré à des systèmes interdits, ce qui aurait été une raison de les exclure, mais personne n'a rien fait en ce sens. La pression d'en bas a rendu nécessaire la modification des règles. Il n'y a plus aucune interdiction à l'heure actuelle.

Les hauts grades allemands considèrent-ils les hauts grades français ou anglais comme leurs égaux ? Y a-t-il, malgré les deux guerres mondiales, un sentiment de fraternité réel ?

Oui, la fraternité sur le plan international est primordiale. C'est comme en famille. On n'est pas obligé d'aimer ses frères et sœurs, mais on les reconnaît en tant que tels. On ne leur fera pas de mal. Évidemment, il existe toujours des exceptions.

Sait-on dans la franc-maçonnerie qui a planifié et financé les deux guerres mondiales ?
Évidemment que nous le savons !

Il y a une citation de Winston Churchill s'adressant à lord Robert Boothby [un baron du Royaume-Uni] : « Le crime impardonnable de l'Allemagne avant la Seconde Guerre mondiale fut la tentative de sortir sa force économique mondiale et de créer un système d'échanges autonome auquel la finance mondiale ne pouvait rien gagner. » Partagez-vous cet avis ?
C'était l'une des raisons. Une autre des raisons majeures était évidemment l'accès aux réserves d'énergie, à la sécurisation de l'énergie. Les Allemands de l'époque du Kaiser le savaient déjà, il fallait faire quelque chose pour ne pas être dépendants. Tout ce qui suivit fut fait pour anticiper ces dépendances se dessinant à l'horizon.

La franc-maçonnerie est-elle nationale ? Quel est son rapport avec le Troisième Reich ?
La franc-maçonnerie est toujours liée aux responsables d'un pays. C'est écrit dans ses lettres patentes. Pendant le Troisième Reich, il y eut des tentatives pour s'adapter à l'esprit du temps, mais les écrits du général Erich Ludendorff sont explicitement hostiles à la franc-maçonnerie et aux loges. Personne ne peut penser sérieusement détruire ou dissoudre la franc-maçonnerie.

Que savez-vous des disques volants et de leur fuite après la chute du Troisième Reich ?
Parmi les frères, il y a beaucoup de discussions et d'échanges à ce sujet. Il est évident qu'ils existèrent, mais personne ne sait exactement combien purent s'enfuir avec, s'il y a encore des survivants dans ces bases secrètes ; on a creusé en Antarctique des souterrains, comme dans les Alpes.

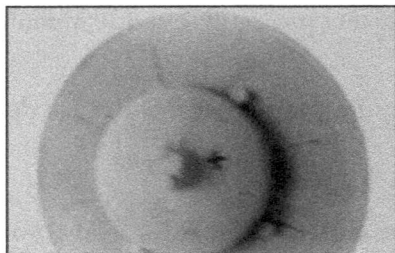

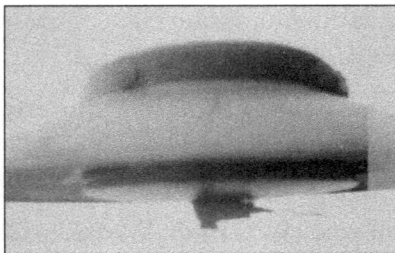

ill. 67 et 68 : Un prototype de la soucoupe Hanebu II. On distingue la croix et les canons en gondole.

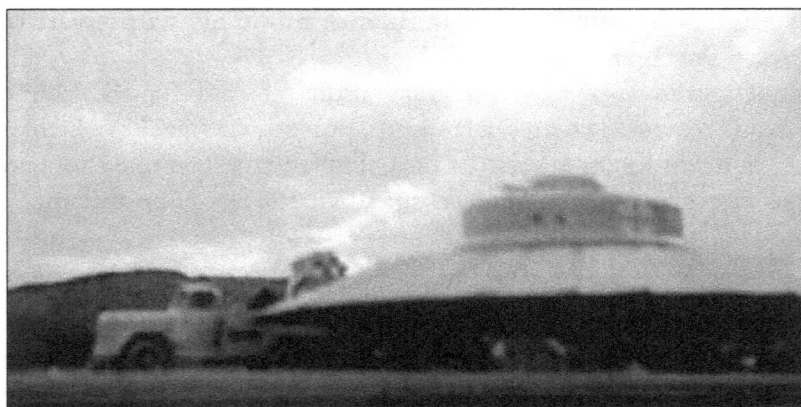

ill. 69 : Un disque volant du projet VRIL, filmé en 1979 en Rhénanie. Un camion-grue de marque Hanomag décharge l'appareil.

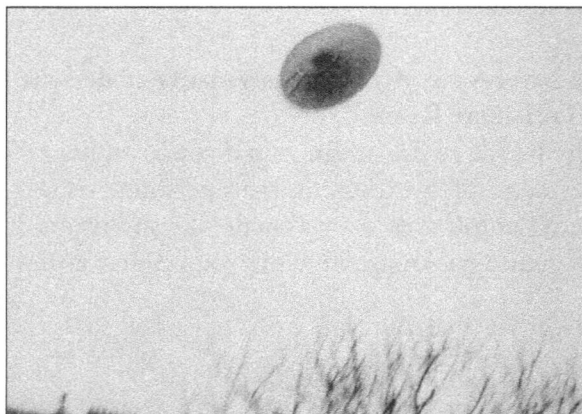

ill. 70 : Un disque volant VRIL-1 au cours d'un vol d'essai en 1940.

En savez-vous plus sur les bases secrètes de l'Antarctique ?

Pas plus que ce que je viens de dire. J'en ai beaucoup entendu parler, même à l'intérieur de la franc-maçonnerie. Le sujet revient souvent, car c'est un thème sensible. J'ai connu un frère qui était stationné dans un mess d'officiers en Antarctique. Sa mission était l'observation de différents appareils sur une période prolongée, été comme hiver. L'hiver, il devait quitter la base avant la tombée de la nuit, car il n'y avait plus de transport. Il disait que l'alcool était très présent et toléré, du moment que chacun faisait son travail. Personne ne savait ce qui se passait au centre de l'Antarctique. Ils n'avaient pas le droit de quitter la base, mais, de toute façon, pour aller où ?

Comme le sujet m'intéresse, nous avons essayé de comprendre ce qui peut s'y passer. Nous avons des frères de loge qui travaillent dans l'aéronautique et essayèrent de trouver des images du pôle Sud. Mais les mesures de sécurité sont telles qu'il n'y a pas d'image disponible. Même les satellites météo ne fournissent aucune image directe. Nous pouvons néanmoins obtenir des images des régions proches. Et ce que nous voyons ne correspond pas du tout aux images de montagnes enneigées auxquelles nous sommes habitués : il n'y a ni neige ni précipitations près du pôle. Des régions en Antarctique n'ont pas eu de précipitations depuis des milliers d'années. S'il y en avait, nous retrouverions les anciennes stations d'observation près des côtes sous d'épaisses couches de neige. Du ciel, nous voyons des parties du continent où il n'y a pas de neige. Mais nous n'avons pu voir aucune image du pôle. La région est froide, mais utilisable.

Que sait-on, dans la franc-maçonnerie, de la théorie de la terre creuse ?

Nous en discutons, nous pensons que c'est possible, mais le sujet ne fait pas partie de l'enseignement. Loin de là. Les francs-maçons ne parlent pas que de rituels, ils sont dans l'air du temps et se préoccupent de l'actualité politique, économique et scientifique. Sinon, la franc-maçonnerie n'aurait pas de raison d'être et ne serait pas nécessaire. Je connais beaucoup de frères qui s'intéressent à ce sujet et d'autres qui ont vécu des aventures personnelles. Le degré de confiance qui règne entre frères permet une approche assez différente de ce sujet. Nous éprouvons les mêmes difficultés à trouver des preuves à certaines assertions et aux résultats d'expériences scientifiques que les autres, mais nous disposons d'un réseau de communication familier.

Nous supposons qu'il y a une sorte de race humaine existant depuis des millénaires, une race des origines qui refait surface de temps en temps, mais qui fut toujours repoussée par les extraterrestres. Je pense qu'à un moment de l'histoire, une race humaine s'est réfugiée sous terre, ce qui lui permit de garder sa pureté originelle. Il y a une légende maçonnique qui y fait référence. J'ai vu des rapports témoignant de visites de personnes en soucoupes volantes, pas des extraterrestres, mais de gens venant de l'intérieur de la terre. Je suis persuadé qu'ils communiquent avec les humains vivant à la surface de la terre, plus en Amérique du Sud qu'ailleurs. Beaucoup rapportent avoir eu des contacts avec la terre creuse, et l'accès aux pôles protégé de manière hermétique incite à se questionner.

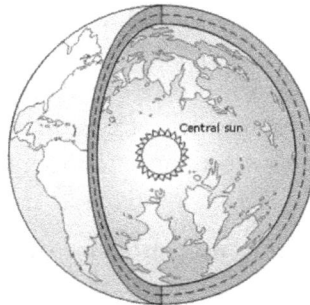

ill. 66 : Une représentation de la terre creuse. Selon les légendes, il y aurait au centre de la Terre un petit soleil central, des continents habités et des mers.

Connaissez-vous l'histoire d'*Etidorhpa, or the End of the Earth* : *The Strange History of a Mysterious Being and the Account of a Remarkable Journey* [*Etidorhpa ou la fin de la Terre* : *l'histoire étrange d'un être mystérieux et le compte rendu d'un voyage remarquable*] ? Ce roman de John Uri Lloyd achevé en 1897, contenant des événements réels, raconte l'histoire d'un franc-maçon qui révèle des secrets maçonniques. Il est passé à tabac, on lui annonce qu'il mérite la mort, mais on veut bien lui donner une dernière chance. On l'emmène à l'entrée d'une grotte du Kentucky, où il rencontre un homme dépourvu d'yeux et d'organes génitaux. Il commence avec lui un voyage vers le centre de la Terre, qui ressemble beaucoup au roman *Voyage au centre de la Terre*, écrit par Jules Verne en 1864. Ils tombent sur des forêts de champignons, des grottes de cristal, des sauriens et un lac souterrain au bout duquel s'ouvre un précipice lumineux en apesanteur. Dans *Etidorhp*a, la Terre est une grosse bulle qui contient dans sa face interne concave une sorte de monde intérieur (voir *ill. 64* et *65*, page 261).

Je ne connais pas cette histoire, mais elle ne doit pas être inconnue de la franc-maçonnerie. Il y en a une autre, une légende de chez nous.

Je vous ai déjà parlé d'Hiram Abiff, le descendant de Caïn, le fils de Lucifer. Parmi ses ouvriers, trois compagnons s'estimant sous-payés pensaient mériter un salaire de maître. Les apprentis touchaient leur paie au pied de la colonne de Jakin, les compagnons à la colonne de Boaz et les maîtres, dans la chambre intermédiaire. Pour toucher son salaire, chacun devait souffler le mot de passe à l'oreille du responsable.

Comme Hiram refusait de leur donner ce mot de passe, les trois compagnons décidèrent de se venger. Ils commencèrent à saboter leur travail en faussant les mélanges de métaux qu'ils devaient couler. Le moule explosa et il y eut un début d'incendie. Hiram tentait de le maîtriser avec de l'eau, mais le métal en fusion se répandit partout et tua un grand nombre d'ouvriers. Ainsi, celui dont la reine de Saba était tombée amoureuse passait désormais pour un incapable.

Hiram entendit soudain une voix qui semblait venir des profondeurs et le nomma trois fois, lui demandant de s'approcher. Se sentant protégé par cette apparition, il entra dans le feu qui ne pouvait plus l'atteindre.

L'apparition l'entraîna vers le centre de la terre, l'âme du monde. Dans la légende, on l'appelle le royaume de Caïn ou le règne de la liberté. C'est le lieu où le dieu Adonaï n'a pas de pouvoir. L'apparition lui dit alors : «Ceci est le royaume de tes pères et tu peux goûter ici les fruits de la connaissance.» Cette apparition, c'était Tubal-Caïn, l'arrière-petit-fils de Caïn, un descendant de Lucifer. Albert Pike pensait que Dieu/Jéhovah/ Adonaï et Lucifer étaient des contradicteurs, et que Lucifer représentait le Bien, non pas le Satan de la Bible, mais plutôt le libérateur.

Dans la légende, Lucifer et Caïn apparaissent à Hiram et lui racontent la véritable histoire d'Adam et Ève. Tubal-Caïn lui apparaît également. Et là, le suspense commence. Tubal-Caïn, qui revêt une importance particulière dans la franc-maçonnerie, était marié à sa propre sœur. Ils avaient un fils, Vulcain. Ce dernier descendit dans les profondeurs de la terre dans la région de l'Etna et survécut au Déluge.

L'Etna ! ... Cela me rappelle Jules Verne, l'histoire du *Voyage au centre de la Terre*. C'est le volcan par lequel les voyageurs sortent de l'intérieur de la terre.

C'est exact. Vulcain prédit à Hiram Abiff qu'il aurait un fils qu'il ne verrait jamais. Ce fils aurait une descendance nombreuse et beaucoup plus puissante que celle d'Adam. Tubal-Caïn le ramena à la surface, où il finit de bâtir le temple. Il eut un enfant avec la reine de Saba. Les trois compagnons le trahirent et, plus tard, il fut assassiné sur ordre de Salomon, avec un marteau, une pelle et un compas. La légende dit aussi qu'une espèce humaine survécut au Déluge, sous la terre. Noé et sa famille survécurent, mais en surface.

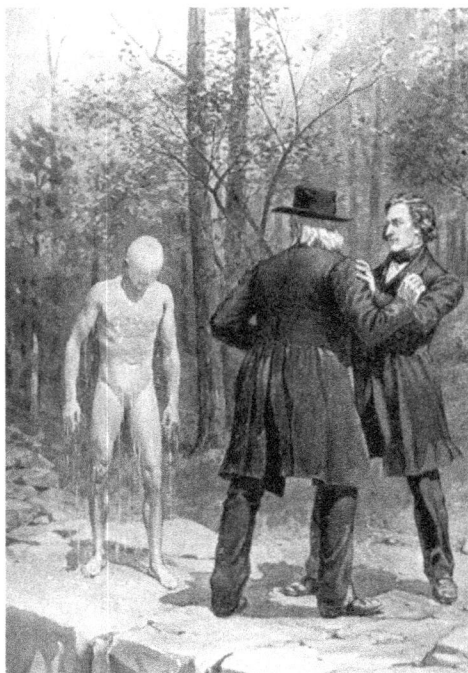

ill. 64 et 65 : Images du roman de science-fiction *Etidorhpa, or the End of the Earth: the Strange History of a Mysterious Being and the Account of a Remarkable Journey.*

Les Tibétains prétendent qu'il y a un royaume souterrain sous l'Himalaya, où règne le maître ou roi du monde, Rigden-Yepo.
Oui, c'est connu. Regardez Jésus, il est descendu sous terre pendant trois jours avant son ascension. C'est commun à toutes les traditions : tous doivent d'abord descendre. Dans la franc-maçonnerie, c'est pareil : chaque frère doit descendre dans le monde souterrain à un moment, sinon il ne peut entrer au ciel. Les Rose-Croix appellent cela : VITRIOL. VITRIOLUM est l'acronyme de la phrase latine : *Visita Interiora Terrae Rectificando Invenies Occultum Lapidem Veram Medicinam*, autrement dit : «Regarde l'intérieur de la terre, et par la rectification tu trouveras la pierre secrète, la véritable médecine.»

C'est très intéressant, cela remet en question certains passages de la Bible ou du Coran. Je connais quelques histoires qui sortent de l'ordinaire et j'aimerais sonder votre opinion. L'une d'elles est de Carsten Engel [génie biomédical], qui me l'a racontée en 2008 :

Monsieur van Helsing,

J'ai lu plusieurs de vos livres, je connais beaucoup de gens qui étudient vos œuvres. Je voudrais vous présenter deux histoires qui vous intéresseront sûrement.

À l'été 1997, j'étais à Lübeck où j'avais quelques rendez-vous. J'avais votre livre *Les Sociétés secrètes n° 1* sur moi, et j'en étais au chapitre sur les soucoupes volantes allemandes. Au fond de moi, je pensais que tout cela était la plus grande sottise dont j'avais entendu parler. J'étais en rendez-vous et je vois arriver un vieux monsieur de quatre-vingts ans. Je pose le livre sur son bureau, en commençant à lui parler. En voyant la couverture, il me demande s'il peut jeter un œil au livre. Je le lui tends. Il s'assoit et regarde les photos. Nous ne nous étions jamais rencontrés auparavant.

Tout d'un coup, il devient blême. Il écarquille les yeux et regarde les photos la bouche grande ouverte. J'essaye de lui parler, mais il ne réagit pas. Au bout d'un certain temps, il tourne la tête et se met à raconter. Il me dit qu'après la guerre, un de ses amis d'enfance lui avait décrit ce qu'il avait vécu dans la base aérienne de Neubrandenburg. Son ami était l'un des surveillants de la base militaire et avait vu à plusieurs reprises voler des soucoupes volantes, que l'on appelait «disques volants». Il y avait plusieurs modèles de taille différente. Il racontait cette histoire avec une grande émotion, en m'assurant qu'il n'en avait jamais plus parlé après, pensant que personne ne le croirait. Et il était là, tenant ce livre, et les souvenirs revenaient à la surface. Dans ces pages, vous dites que les disques volants furent expérimentés à Neubrandenburg. C'est passionnant, non ?

La deuxième histoire est plus extrême. Elle se déroule en 1999 sur l'île de Maui, à Hawaii, qui est ma deuxième patrie. J'étais sur une petite plage à l'écart, qui n'est connue que des autochtones. Je fis la connaissance d'un homme d'environ trente-cinq ans. Je l'avais remarqué parce qu'il parlait un allemand très particulier avec un de mes amis. C'était la façon de parler de la génération de mes grands-parents, désuète. L'homme était brun, assez grand (environ 1,90 m). Je ne me rappelle plus comment la conversation s'engagea, mais quand je lui demandai d'où il venait en Allemagne, il me répondit qu'il ne venait pas d'Allemagne, mais était originaire de Neu-Berlin (le nouveau Berlin). Je me rappelle lui avoir demandé en plaisantant s'il venait de Neu-Berlin aux États-Unis ou du monde souterrain. Il hésita un moment, me regarda bien dans les yeux et dit d'un air très sérieux : «De Neu-Berlin du monde souterrain.»

Comme sa réponse semblait si sincère, je ne savais pas s'il se moquait de moi. Je lui demandai pourquoi il me livrait son secret s'il était vraiment originaire de là. Il me répondit qu'il avait été surpris par la question, que personne ne le lui avait demandé, et que je n'avais pas l'air d'un agent secret. Personne ne me croirait si je racontais cette histoire. Il me dit aussi qu'il y avait un projet de communiquer à l'humanité l'existence de ce monde souterrain, mais que ces messieurs du monde supérieur faisaient tout pour empêcher la diffusion de cette information.

Je lui demandai si les rumeurs étaient fondées à propos de l'expédition allemande en Antarctique pendant la Seconde Guerre mondiale, au cours de laquelle l'entrée du monde souterrain aurait été découverte. Il m'expliqua que bien avant 1939, il y avait des indices sur la réalité de la terre creuse. Les sociétés Vril et Thulé avaient reçu des messages de médiums, et un Ordre tibétain avait prédit que les Allemands étaient destinés à découvrir le monde souterrain. Il me dit aussi que la Marine allemande avait trouvé un chemin dans l'Arctique menant au monde souterrain, mais qu'on ne l'avait pas exploré davantage pour des raisons inconnues. Puisqu'on partait de l'hypothèse qu'il devait y avoir une autre entrée au pôle Sud, on y avait envoyé une expédition. On aurait trouvé des cavités gigantesques sous la glace, dans lesquelles auraient été construites des bases militaires de transit. Comme l'entrée était sur la terre ferme, on ne pouvait pénétrer qu'en avion, en volant. Il me demanda si j'avais déjà entendu parler des disques volants. Comme je lui répondis «oui», il m'expliqua que c'est grâce à eux que l'on avait pu pénétrer et être acceptés dans le monde souterrain.

Il me raconta qu'ils avaient réussi à entrer dans le monde souterrain avec leurs disques volants et étaient tombés sur une civilisation très développée possédant des engins volants similaires, mais beaucoup plus évolués. Il y avait des océans et des continents couverts de végétation. Il semble qu'il ne faisait pas aussi clair que dans notre monde extérieur. Ses yeux devaient toujours s'habituer à une lumière plus forte au sortir du monde souterrain.

Il semble qu'il y ait eu un contact avec cette espèce humaine très développée. Elle aurait plusieurs milliers d'années d'avance sur nous, technologiquement, spirituellement et mentalement. Cette espèce, dont j'ignore l'identité, serait la plus importante, la plus puissante et la plus sage de cette planète. Jamais elle ne se servirait de cette puissance, sauf pour des questions défensives.

Je ne suis pas sûr des dates, mais, si j'ai bonne mémoire, l'Allemagne était déjà en guerre. On a fait comprendre aux Allemands qu'on les attendait et qu'ils étaient les derniers à être acceptés dans le monde souterrain, car il était important, dans l'ère du Verseau, que tous les peuples du monde souterrain soient unifiés. J'avais l'impression d'être originaire de cet endroit. Était-ce peut-être l'Éden ? On expliqua aux voyageurs allemands qu'ils devaient dire à leur Führer qu'ils étaient d'accord pour changer le monde, mais pas de cette façon. Il s'était laissé tenter par la violence par les maîtres du monde, et il ne fallait en aucun cas permettre aux Allemands d'utiliser la technologie reposant sur les principes divins dans le but de commettre des agressions. Si l'Allemagne ne se conformait pas à cet avertissement, on lui en interdirait l'accès et ils s'occuperaient de leurs disques volants.

Ils insistaient sur le fait que les Allemands devaient savoir qu'ils étaient prédestinés à trouver l'entrée du monde souterrain, pour trouver la maturité nécessaire et libérer le monde des griffes de leurs maîtres. Eux-mêmes n'avaient pas le droit de s'ingérer dans ces affaires, c'était la mission du peuple allemand. Il expliquait aussi qu'on avait amené des hommes et du matériel dans les bases militaires de transit avec des sous-marins spéciaux et des disques volants, en attendant de les convoyer dans le monde souterrain. Il me dit aussi que la guerre aurait pu se terminer plus tôt, mais qu'il fallait encore du temps pour acheminer tout ce qu'il fallait vers la nouvelle Allemagne. Il dit que les milliers de personnes mortes n'avaient pas succombé pour rien, que, sans elles, il n'aurait pas été possible d'établir une nouvelle Allemagne. Dans le monde souterrain, on vénère ces morts comme les sauveurs du Nouveau Monde !

Il me dit aussi que des hommes puissants du Troisième Reich n'avaient pas apprécié de devoir se conformer aux règles que leur avait fixées l'espèce humaine du monde souterrain. Certains auraient fait sécession et essayé de s'établir dans une autre partie du monde. Mais ils n'étaient pas en mesure de s'opposer aux Allemands du monde souterrain, car ceux-ci avaient fait de tels progrès avec l'aide de leurs nouveaux amis, que les moyens militaires dont ils disposaient ne suffisaient à les vaincre.

Il parla aussi des bases militaires qu'ils entretenaient à la surface de la terre en attendant les jours où la paix et la liberté régneraient. Il y aurait eu des contacts avec des groupes d'Allemands qui auraient changé d'avis et abandonné l'idée de violence pour obtenir la liberté. Il me parla aussi d'autres espèces extraterrestres qui vivent parmi nous et nous aident dans ce processus de renaissance. Certaines ne veulent rien changer et aident les maîtres du monde à conserver leur pouvoir, ce qui n'était pas possible ! Ils se réfugieraient dans des voyages temporels.

Il ajouta aussi que des millions de combattants pour la liberté seraient prêts à défendre l'humanité si les maîtres du monde se lançaient dans un massacre. Ces derniers connaissent l'existence du monde souterrain, sa puissance, mais on ne pourrait leur faire confiance, ils seraient capables de tout. Ils continueraient à manipuler les gens avec leur propagande pour sécuriser et maintenir leur puissance. Il me dit aussi qu'ils avaient des bases militaires en dehors de notre planète. Les premières auraient été établies sur la Lune et sur Mars dans les années 1950 et 1960, d'autres sur l'une des lunes de Jupiter et de Saturne. On aurait même voyagé à l'extérieur du système solaire et installé des bases.

Apparemment, des hommes de l'industrie allemande soutiennent le monde souterrain avec de l'argent, des matières premières, des complexes militaires et des aciéries. Beaucoup de personnalités de la société allemande viennent en réalité du monde souterrain. Il semblerait que beaucoup d'agents du monde souterrain soutiennent le grand objectif du monde d'en bas.

Il dit encore que le mythe autour de l'Atlantide était réel, que si les archéologues creusaient sous la glace en Antarctique, ils trouveraient des vestiges de ce continent disparu. Il lui paraissait que les Atlantes étaient une des espèces vivant dans le monde souterrain. Je ne sais pas si ce sont des Atlantes qui aidèrent les Allemands. Je pense que l'espèce qui vit dans ce monde est antérieure aux Atlantes. Ils seraient là depuis environ douze mille ans. Mais la planète est vieille, il y eut sûrement d'autres cultures développées avant les Atlantes, qui trouvèrent l'entrée du monde souterrain.

Ce n'est que mon opinion. J'ai essayé de me souvenir au mieux des renseignements obtenus et de les coucher sur papier. J'espère que vous apprendrez des choses, bien que vous connaissiez tout cela. Si j'avais su à l'époque ce que je sais maintenant, je lui ai aurais posé beaucoup d'autres questions. Mais on ne sait jamais, on dit qu'on se rencontre toujours deux fois, et comme je suis souvent à Hawaii, je le reverrai peut-être. Et là j'espère obtenir encore d'autres informations, s'il se souvient aussi bien de moi que moi de lui. Tout est possible !

Carsten Engel

Qu'en pensez-vous ?

J'ai déjà entendu ce genre d'histoires et des livres traitent de ce sujet, même si rien n'est établi. Je peux seulement vous confirmer le maintien de l'*Ahnenerbe* (l'Héritage ancestral). Cela n'a rien à voir avec la théorie de la terre creuse, mais cela pourrait vous intéresser. L'*Ahnenerbe Forschungs und Lehrgemeinschaft* [Société pour la recherche et l'enseignement sur l'héritage ancestral] était un institut de recherches nazi, créé par le Reichsführer Heinrich Himmler. Il était consacré à la recherche en archéologie et en anthropologie raciale, ainsi qu'à l'histoire culturelle de la race aryenne.

Beaucoup d'Allemands furent acheminés avant la fin de la guerre vers l'Argentine et le Chili. Il y a aujourd'hui en Amérique du Sud, jusqu'en Amérique centrale, au Honduras, au Nicaragua et au Costa Rica, beaucoup de colonies allemandes qui reçoivent la visite régulière d'unités militaires allemandes. L'armée allemande y envoie régulièrement des unités de la marine ou de l'armée de l'air. Ces soldats y sont bien accueillis. Les descendants des Allemands parlent un allemand parfait, entretiennent des traditions typiquement allemandes et connaissent les chansons populaires allemandes ; et les soldats amoureux des femmes d'ascendance allemande peuvent s'y établir s'ils le souhaitent. Ainsi, on continue d'entretenir l'existence de la race nordique en Amérique du Sud.

Les Allemands qui vivent en Amérique latine s'isolent et n'ont que peu de contacts avec la population locale. Je parle de ma propre expérience, car je fus marié pendant vingt ans à une femme d'Amérique centrale. C'est la fille d'un Allemand et d'une femme de là-bas. Nos enfants sont tous blonds, ce qui confirme que les gènes nordiques sont plus puissants.

Je tiens une autre histoire extraordinaire d'un ami proche, Mattias S. :

Mon cher Jan,

Voici l'histoire que me raconta un homme rencontré dans la Forêt-Noire en 2003 et que j'hébergeai pendant trois jours. Quand je l'accueillis chez moi, il était très inquiet et se sentait persécuté. Il me raconta l'histoire la plus tordue que j'aie jamais entendue. Toi, tu connais bien ce genre d'histoires. Voici ce qu'il me raconta. Cet homme d'environ quarante-cinq ans travaillait pour le contre-espionnage militaire allemand (MAD) et avait été envoyé pour une mission spéciale en Antarctique, parce qu'il était l'un des meilleurs éléments de son service.

Sa mission consistait à surveiller une ligne frontière dans le désert de glace inhospitalier. La base militaire était à environ 100 km du pôle Sud. Il comprit rapidement l'absurdité de la situation. Il était équipé d'armes de haute technologie pour surveiller une ligne de démarcation arbitraire dans une région inhabitée et hostile de l'Antarctique ! Il avait ordre de tirer sur tout individu cherchant à pénétrer sur ce territoire ou à le quitter. Quelle absurdité ! Il était de garde jour et nuit, et ne voyait que de la neige, des tempêtes de neige. Il endurait le froid le plus sévère et ne rencontrait jamais personne, à part les autres « fous ». Il s'agissait d'agents spéciaux comme lui, en partie des Américains, très bien entraînés et armés jusqu'aux dents. Après plusieurs semaines, il n'avait toujours croisé aucun étranger, seuls les flocons de neige chassés par le vent traversaient la frontière. Il était très bien payé, mais son travail lui paraissait complètement absurde.

Au bout de quelques semaines de ce travail monotone, il décida de mener son enquête. Ce n'était pas facile et c'était très dangereux. Il avait reçu l'ordre de ne pas traverser la frontière. La zone était interdite, même à un agent spécial. Il fallait donc agir avec prudence, sans se faire remarquer. Il prépara son matériel, les skis, les vêtements, les provisions, de l'eau dans les bouteilles isothermes. Quand tout était prêt, il fallait trouver le bon moment pour agir : une météo confuse et la relève de la garde. Il se mit en route dans le territoire interdit. Il avançait difficilement. Les heures passaient et le paysage ne changeait pas. Il ne voyait qu'un immense désert blanc sans fin. Le froid, le vent et les fissures dans les glaciers étaient un danger de tous les instants. Après plusieurs heures de marche, il crut distinguer des mouvements dans le ciel. Il continuait à progresser. Au bout de quelques kilomètres, il arriva enfin à distinguer des objets volants qui descendaient en oblique vers l'horizon et disparaissaient ensuite. Il devait y avoir une cuvette, une dépression.

Il avait vu beaucoup de choses au cours de sa vie, mais ces objets volants lui étaient complètement inconnus. Le trafic était assez soutenu, les objets volants allaient et venaient. De couleurs et de formes différentes, certains étaient en forme de soucoupe, d'autres ressemblaient à d'énormes cigares. Tous étaient silencieux et volaient à grande vitesse. Il était encore à quelques kilomètres de distance et bientôt il serait en vue de la trouée. Il éprouvait un sentiment de trouble, car il savait qu'il était porté disparu et qu'on allait commencer à le chercher.

Soudain, il vit arriver une soucoupe volante, qui se posa à côté de lui. Elle mesurait environ trente mètres de diamètre et portait l'emblème du Troisième Reich. Il resta sans voix. Une porte s'ouvrit et un homme en uniforme du Reich apparut. Il était grand et à son rayonnement, on sentait qu'il avait une personnalité très forte. Il lui adressa la parole : « Bonjour, monsieur Schmitt. Vous savez que vous vous trouvez sur un territoire interdit. Il y a des soldats qui sont partis à votre recherche. Je vous propose de venir avec moi, mais cela implique que vous abandonniez votre vie, car vous ne pourrez plus revenir en arrière. Vous allez connaître une vie que vous n'imaginez pas. À vous de décider. » L'homme du MAD était perplexe. Un officier du Reich venait de lui adresser la parole en l'appelant par son nom ! D'où tenait-il son nom ? Des vaisseaux spatiaux, une soucoupe volante avec une croix gammée, un officier d'un autre temps, et cela au milieu de nulle part ! Incroyable. Il hésitait, était déstabilisé et avait peur. L'officier renouvela sa proposition : « Je vous le propose encore une fois. Vous pouvez venir avec moi, mais il n'y aura pas de retour possible et votre vie changera fondamentalement. Sinon, vous risquez la prison, nos hommes ne sont plus loin. Cela dépend de vous. »

L'agent était confus, il refusa la proposition. Il ne pouvait pas s'engager dans l'inconnu et préférait se préparer à aller en prison. « Bon, dit l'officier, c'est votre décision. Prenez soin de vous. » Il retourna à l'intérieur de son vaisseau, ferma la porte, et l'appareil s'éleva à la verticale, comme en apesanteur, resta un instant en suspension, accéléra à la vitesse d'une balle de fusil et disparut en direction des objets volants étranges que l'on pouvait distinguer à l'horizon.

Après quelque temps, l'agent prit le chemin du retour. Il entendit bientôt le moteur des traîneaux à moteur. Il fut fait prisonnier et fit allusion à ce qu'il endura les jours suivants : interrogatoires, tortures, etc.

Les interrogatoires eurent d'abord lieu aux États-Unis, avant qu'il ne soit transféré en Allemagne, où il subit d'autres tortures. Il savait que les choses ne pouvaient pas continuer comme cela, que l'heure de sa mort approchait. Il réussit à s'évader, mais il était sûr de mourir si on arrivait à le rattraper. Il rassembla quelques affaires et un grand nombre de documents, parmi lesquels des écrits sur la terre creuse et les contacts avec les extraterrestres. Un accès au monde souterrain se trouvait dans le sud de la Forêt-Noire. C'est la raison pour laquelle je le rencontrai près de chez nous.

Il fuyait l'organisation à laquelle il avait appartenu. Il me dit qu'il n'y avait qu'un seul endroit où il serait en sécurité et qu'il s'y rendrait bientôt. Je lui demandai comment je pourrais le joindre, il me donna quelques indications utiles.

Trois années s'écoulèrent et un jour le téléphone sonna. C'était lui : «Je vais bien, je suis à un endroit sûr !» Il me remercia, me souhaita bonne chance et me dit au revoir.

Si tout ce que raconte l'agent du MAD est vrai, ce serait une découverte révolutionnaire, ultrasensible, n'est-ce pas ?
C'est vraiment passionnant. Je me souviens d'avoir assisté à une conférence de Reinhold Messner [excellent alpiniste italien né en 1944 dans le Tyrol du Sud] au cours de laquelle il présenta son expédition en Antarctique. Il raconta qu'un jour, avec son compagnon, ils tombèrent sur une zone interdite, qui était défendue par des militaires armés jusqu'aux dents. M. Messner était très remonté contre eux, car ils refusaient de le laisser passer. Il avait expliqué qui il était et assuré avoir les autorisations nécessaires, que ce reportage allait passer à la télévision. Le soldat lui aurait répondu que même s'il était l'empereur de Chine, il avait l'ordre de le tuer. Il était encore très remonté lors de la conférence, parce qu'ils avaient dû faire un détour de plusieurs jours pour éviter la zone interdite. Peut-être était-ce la zone dont vous parlez ?

Si ce que racontent les deux sources différentes est la réalité, vos amis Illuminati n'ont qu'à bien se tenir. Ne pensez-vous pas ?
Je ne sais pas. Apparemment, les Américains sont au courant, et ils coopèrent sans doute. Si ce n'est pas le cas, je suis toujours ouvert

à la nouveauté. C'est pour cela que je suis convaincu que le Nouvel Ordre Mondial est la seule voie qui me paraisse possible. S'il y avait une alternative, je serais le dernier à vouloir m'accrocher aux anciennes valeurs.

Vous parlez d'anciennes valeurs, j'en profite pour vous parler des anciennes lignées royales et des lignées aristocratiques. Avez-vous des révélations à nous faire ?

On peut mentionner que les Windsor sont d'origine allemande et que les structures de l'Empire ont des origines allemandes, même du point de vue énergétique. C'est intéressant, non ?

Oui, et les lignées royales ?

Prenons la maison de Windsor. Elle commença avec George IV, qui était originaire de Hanovre et devint roi d'Angleterre. Mais c'est George V qui changea le nom et transforma la maison de Sachsen-Coburg-Gotha [NdÉ : Saxe-Cobourg et Gotha, branche de la maison de Wettin] en maison de Windsor.

George IV contribua grandement au développement et à l'affirmation de l'Empire britannique, qui existe encore, agit dans certains domaines et est toujours reconnu. L'Australie et le Canada apprécient et acceptent la reine d'Angleterre comme la souveraine de l'Empire. Cette soumission a été appuyée par les phénomènes énergétiques que nous avons décrits plus haut, comme le faisaient les anciens bâtisseurs. On envoyait des programmes au moyen des lignes de Ley dans des lieux sacrés pour agir sur les croyants et provoquer certaines émotions bien précises. La maison de Hanovre fit tailler des pierres des bords de la Weser [fleuve allemand] et les achemina vers l'Angleterre pour construire le château de Windsor (dans le Berkshire).

En clair, le roi allemand, qui devint roi d'Angleterre, vit sur cette île, mais comme il prit une partie de roche allemande pour sa demeure, il continue à vivre dans son pays, sur son rocher, dans ses structures propres, avec son programme énergétique personnel, car les pierres gardent l'énergie. En Angleterre, il règne une énergie allemande !

Le quartz, un des constituants des roches, a la faculté de stocker et de véhiculer des informations. Le plus petit quartz que nous connaissons se trouve dans notre montre. Il change une fois par seconde et son programme lui dicte d'envoyer une impulsion qui fait avancer la montre d'une seconde. On peut également écrire des programmes spirituels dans le quartz. Il garde en mémoire cette information jusqu'à ce qu'il en reçoive une autre. Les pierres chargées de l'énergie magnétique d'un endroit qui sont transférées pour la construction d'un bâtiment la conservent.

Au Moyen Âge, la pierre de Brême était réputée. Présente dans la région de Hanovre, on en achemina par le port de Brême dans le monde entier : en Australie, au Canada, aux États-Unis, en Amérique du Sud et dans tous les pays où elles servaient à construire les bâtiments du gouvernement, de l'administration, les palais princiers de l'Empire britannique. Quand la reine d'Angleterre voyage dans le monde à l'intérieur de son vieil Empire, le monde de la politique et de l'économie l'accueille dans ces bâtiments. Où qu'elle se trouve dans le monde, elle demeure ni plus ni moins dans sa patrie dans ces vieux bâtiments, dans son propre programme énergétique, dans son champ morphogénétique allemand, qui véhicule l'esprit de l'Empire britannique. Quand vous êtes dans ces bâtiments, votre attitude envers la reine, qui représente la quintessence de cet esprit, est plus ouverte ; et vous acceptez et vous soumettez, jusqu'à un certain point, à son désir de puissance. À l'extérieur, ce serait différent.

Voulez-vous dire que la maison de Windsor est encore allemande ?
C'est l'Allemand des origines, même si le peuple ne le ressent pas. C'est pour cela qu'il y a souvent des scandales allemands chez les enfants royaux.

Si la maison de Windsor reste à ce point imprégnée d'esprit allemand, les rapports avec l'Allemagne devraient être meilleurs. Qu'en est-il de la Seconde Guerre mondiale ?
Les rapports ne sont pas mauvais.

Oui, mais la Seconde Guerre mondiale ?
L'Allemagne, en apparence, attaqua et bombarda l'Angleterre, à cause de dissensions internes entre certaines parties. Mais, au fond, il n'y eut jamais de discorde. Les Anglais qui occupèrent l'Allemagne après la guerre étaient, en fait, chez eux. En Basse-Saxe, sont encore stationnés

quelques milliers de soldats anglais, que personne ne remarque. Il y a beaucoup d'Anglais en Allemagne, et beaucoup de soldats allemands en Angleterre, ce que peu de gens savent. La collaboration en coulisse est complètement différente de ce qui est présenté au public. Pendant les deux guerres mondiales, il y eut une épreuve de force entre les familles Windsor, Habsbourg et Hohenzollern.

Quel est le rôle futur de la maison de Windsor ? Jason Mason, un de mes informateurs sur les familles royales avec qui je vais écrire un prochain livre, pense que les Windsor sont membres de la Loge Horus, connue sous le nom de «Conseil Tripartite», avec les Rockefeller et les Rothschild. Qu'est-ce que cela implique ?

Cela signifie que si la maison de Windsor fait la paix avec l'Écosse, elle crée un lien avec la France. Ainsi, on pourrait diffuser à la grandeur de l'Europe la pensée mérovingienne, qui préconise l'union avec l'Écosse. Toutes les inimités cesseraient, parce que, en fin de compte, ce sont tous des cousins.

C'est ce qui est prévu ?

Oui, et les choses avancent dans cette direction. La maison de Windsor s'est rapprochée depuis dix ans de l'Écosse, les choses s'apaisent. Les clans écossais sont plus ouverts envers la maison royale. Il y aura toujours de l'inimitié, qui est traditionnelle, des disputes, mais l'établissement du Nouvel Ordre Mondial imposera l'union. Toutes les parties devront faire des compromis, dans tous les domaines : communautés religieuses, vieilles familles, maisons royales. Cela devrait fonctionner. Cet ordre sera établi parce qu'il est porté par une pensée puissante. Elle vient de structures très anciennes, de lignées qui représentent l'humanité des origines, ou de la puissance qui est projetée et donnée à l'humanité de l'extérieur.

Il y en a qui prétendent, comme David Icke, que la famille royale anglaise a une toile de fond reptilienne. Quelqu'un a même dit que le visage de la reine s'était révélé une fois, que c'était la face d'un être reptilien. Cela semble complètement absurde et c'est à ranger dans le domaine de la psychiatrie.

Il est difficile de comprendre ce phénomène, mais les lignées existent. Il n'y a pas que la branche écossaise qui vérifie en ce moment les origines génétiques de chacun de ses membres. Beaucoup de familles nobles et de groupes religieux font ces tests. Je pense que la véritable raison d'être de ces tests génétiques est de filtrer les descendants réels. Les mormons le font depuis longtemps. De plus, un site allemand (www.hagalil.com) propose depuis récemment un test ADN de l'entreprise iGENEA, afin de découvrir le profil de son ADN et connaître ses racines. Les familles qui furent à l'origine des différentes races se réunissent et il est clairement défini qui fait partie de quoi. Il ne suffit plus de montrer de vieux certificats qui peuvent être des faux. Si le test est positif, on est intégré dans un programme et on peut régner avec efficacité. C'est une des raisons pour lesquelles je m'exprime maintenant. Bientôt, les structures seront établies et resserrées, et il ne sera plus possible de s'exprimer en public.

Et en ce qui concerne la race de reptiles ?
Les serpents sont toujours décrits comme des proches des fils de Dieu dans la Genèse. Après l'exode du peuple d'Israël, il y eut la caste des prêtres, la caste du Serpent, des lévites [NdÉ : membres de la tribu de Lévi]. C'étaient des hommes-serpents dotés de facultés particulières, qui avaient la connaissance de certaines choses. On trouve souvent des allusions aux hommes-serpents membres d'un clergé, d'une caste, d'une organisation qui porte le nom du serpent. Ce sont, en fait, les fils de Salomon.

Pouvez-vous nous en dire plus ?
Dans les manuscrits anciens, la Bible ou de nombreuses légendes, il est souvent question des hommes-serpents appartenant à une race de reptiles. Les hommes des origines et les maîtres étaient des hommes-serpents. Ce sont des dragons, des serpents ou autres reptiles. Ils n'ont pas obligatoirement l'apparence d'un reptile, mais ils en ont les caractéristiques et les origines ; je dois dire que je n'en sais guère plus.

C'est très intéressant. Il fut trouvé sur l'île de Malte des crânes beaucoup plus grands que les crânes humains, et sans coutures. Il s'agit d'une espèce inconnue qui dirigeait une caste de prêtres-

serpents. J'en ai parlé avec mon ami Stefan Erdmann, dans notre livre *Le mensonge millénaire*. Il y eut des cultes du serpent en Égypte, chez les Aztèques et les Mayas. Connaissez-vous des livres qui en parlent ou en avez-vous entendu parler en loge ?

J'ai lu des livres qui traitent ce sujet. C'est surtout dans la Bible qu'apparaissent ces êtres avec la faculté de dominer les populations. Il est possible qu'ils aient existé en plus grand nombre dans les temps anciens. Je n'exclus pas qu'ils existent encore aujourd'hui, mais jamais personne ne m'en a parlé.

Nous débattons sérieusement, dans la franc-maçonnerie, la possibilité que de tels êtres existent, différents de nous, avec une prédisposition à diriger les êtres humains. Je pense que la Terre fut créée pour l'homme dans sa forme la plus pure, et ce dernier n'emploie pas tout le potentiel à sa disposition. Ce sont les scientifiques qui disent qu'une grande partie du cerveau n'est pas utilisée. Il est possible qu'elle soit accessible à l'homme spirituel, mais pas à l'homme matérialiste. Nous le saurons bientôt, nous allons assister à une accélération rapide de l'histoire.

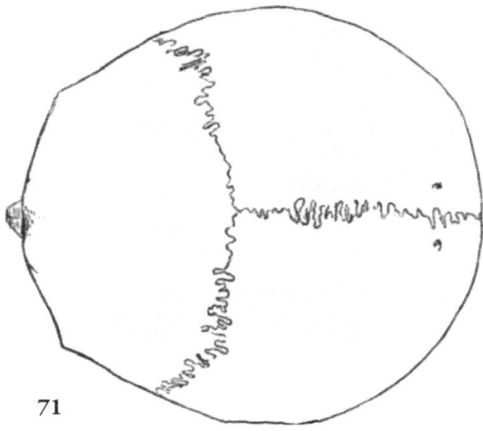

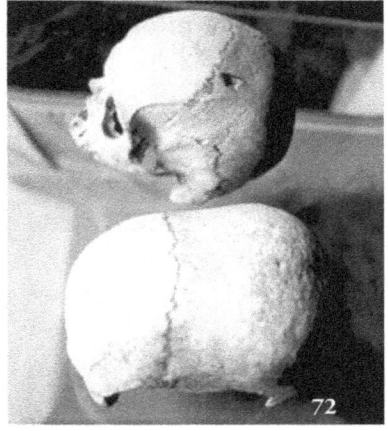

ill. 71 : Voilà à quoi ressemble un crâne d'homme régulier, avec les deux coutures.

ill. 72 : Le long crâne de Malte est plus grand et n'a qu'une couture !

J'ai rendu visite en février 2010 à Credo Mutwa, le chaman zoulou le plus célèbre et le plus âgé, avec mon ami Stefan Erdmann (voir *ill. 73*). Il nous parla de ces êtres, mais aussi des êtres reptiliens qu'il appelle « centaures », qui travaillent avec les Rockefeller et d'autres familles.

Je suppose qu'il y a du vrai dans cette histoire. Dans la Bible, il existe le personnage nommé Hindin. Nephtali était un Hindin. Hindin est comparé à une biche très rapide, c'est un monstre dans la mythologie grecque. Ce n'était donc pas un être humain comme les autres. Si est appelée « Hindin » la tribu d'Israël nommée Nephtali (du nom du sixième fils de Jacob), si l'on se souvient qu'Hiram le bâtisseur est issu des tribus de Nephtali et de Dan, et que la lignée des Mérovingiens en descend aussi, cela laisse songeur lorsqu'un chaman célèbre parle de ces êtres. Deborah, qu'on appelle aussi « Hindin », est issue de la tribu de Nephtali. Deborah signifie *abeille* en hébreu. L'abeille est l'emblème des Mérovingiens et du clergé cathare. Deborah est une femme très importante dans la Bible, à la fois prophétesse et l'une des juges d'Israël. Elle convoqua Barac pour lui faire part de la volonté divine.

Vous avez dit que l'homme fut élevé comme dans un élevage. Par qui ? Ne descendons-nous pas des singes ?

Vous et moi ne descendons pas du singe. L'homme fut « cultivé » par une race que l'on peut qualifier d'extraterrestre, comme c'est décrit dans la Bible.

Voici ce qui est écrit dans le livre de la Genèse : « En ce temps-là, les géants vivaient sur la terre, et aussi dans la suite, lorsque les fils de Dieu s'unissaient aux filles des hommes et qu'elles leur donnaient des enfants. Ce sont là les héros, si fameux, des temps anciens. » (Gn 6, 4)

« Alors Dieu dit : Faisons l'homme à notre image et à notre ressemblance. [...] » (Gn 1, 26)

« Les fils de Dieu virent que les filles des hommes étaient belles, et ils firent parmi elles leur choix pour les épouser. » (Gn 6, 2)

C'est exactement ce que je veux dire. Les fils de Dieu faisaient de l'élevage, ils élevaient sans doute une race d'esclaves pour travailler la terre.

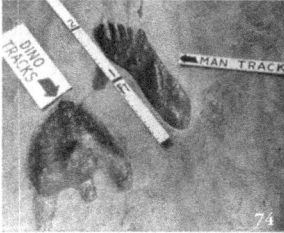

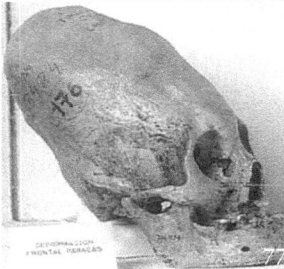

ill. 73 : Stefan et Jan entourent Credo Mutwa, en Afrique du Sud, en 2010. ill. 74-76 : Des fossiles de traces de pas de géants, qui sont indubitablement humains, comme à Glen Rose (Texas). Un fossile fut trouvé en Afrique du Sud en 1912. Les mesures : 1,30 m de long, 69 cm de large et 18 cm de profondeur. L'empreinte de pas se trouve dans un bloc de granit (ici, avec le réputé professeur James J. Hurtak), d'une ère géologique vieille de plusieurs millions d'années. Il est établi qu'il ne s'agit pas d'un faux.

ill. 77 : Le crâne d'un seigneur péruvien de 2,70 mètres.

Sur les tablettes sumériennes, on appelle «Annunaki» ceux qui sont venus du ciel, sans doute de la planète Nibiru, qui tourne autour du Soleil en 3 600 ans.

C'est possible, mais je n'en suis pas sûr. Je pense que plusieurs groupes d'extraterrestres sont venus sur terre, qu'ils ont «cultivé» une race. Plusieurs indices montrent que les familles régnantes actuelles furent créées par un mélange avec des êtres qui n'étaient pas humains. On parle de familles qui descendent en ligne directe des fils de Dieu.

Ces descendants pensent appartenir à une race de leaders particuliers. Du reste, un grand nombre de chercheurs ont confirmé l'existence de tels géants : on a trouvé des squelettes qui l'attestent, et des crânes plus longs que les nôtres.

Oui, dont les crânes de Malte, auxquels il manque les coutures. C'étaient les hommes-serpents, les descendants des fils de Dieu ou les fils de Dieu eux-mêmes.

C'est écrit noir sur blanc, mais ceux qui lisent la Bible ou la Torah refusent de l'accepter. C'est la vérité. Dans l'islam, c'est encore plus marqué. Le Coran contient des descriptions similaires, mais les gens sont tant dépourvus d'esprit critique qu'ils refusent de voir la réalité. Ils le pourraient, mais ne le veulent pas. Le Coran fut modifié à plusieurs reprises au cours de l'histoire, parce que cela ne «collait» pas. La franc-maçonnerie possède des documents qui le prouvent.

Nous réfléchissons souvent à cette question : pouvons-nous révéler aux masses certaines vérités et certains faits réels ? Serait-il sensé de dire aux gens qu'ils sont d'origine extraterrestre ? Qu'il existe des «dieux» voyageant dans l'Univers et collaborant avec les puissants ? Qu'ils ont des descendants directs ? Je ne sais pas. Beaucoup de frères pensent qu'on doit leur dire.

Si on ne traverse pas l'existence en aveugle, on voit bien qu'il existe des contradictions dans la théorie de Darwin et les divers écrits religieux. Le sujet de l'origine extraterrestre de l'humanité est-il important dans la franc-maçonnerie ? Quand on creuse un peu, on tombe toujours sur les fils de Dieu qui vivent apparemment parmi nous. Avez-vous des discussions sérieuses sur ce sujet ?

Oui, évidemment. C'est primordial. Nous savons tous, même en dehors de la franc-maçonnerie, que ces thèmes ne peuvent être acceptés par les gens et qu'il faut les garder pour soi. Très peu disposent de ce savoir et s'y intéressent.

Je répète : parle-t-on des extraterrestres dans les loges maçonniques ?
Oui, principalement dans la franc-maçonnerie. Il n'y a que là que nous pouvons aborder de tels sujets sans passer pour ridicules. Les profanes ne comprennent pas de quoi il s'agit. Les francs-maçons connaissent les contextes historiques, ils savent que les citoyens moyens ont une compréhension erronée de Dieu. Ils savent qui gouverne le monde.

Et de plus en plus de frères pensent qu'il est bon de révéler ces informations au public, pour affaiblir le pouvoir de ces familles, de ces races élitaires. Les êtres humains ne doivent plus être opprimés. Le Nouvel Ordre Mondial leur donne la possibilité de reprendre le pouvoir sur terre. L'homme naît libre, mais il vit comme un esclave. Le livre de la Genèse dit qu'Adam et Ève furent créés pour cultiver le jardin (Éden), que l'homme fut conçu pour gouverner le monde. Il devrait être le véritable maître de la terre, or il ne le peut pas parce que d'autres races l'oppriment. Il doit se libérer, c'est l'un des grands objectifs de la franc-maçonnerie.

Je suis convaincu que cette idée fondamentale est plus répandue parmi les peuples nordiques. Ce sont eux qui se révoltent contre l'esclavage. C'est un peuple nordique qui gouvernera le monde, c'est l'espoir que le monde a toujours porté en lui. Les premiers habitants d'Amérique centrale adoraient le dieu Quetzalcóatl, qui était blond aux yeux bleus. Ils mettaient toute leur espérance en lui. Ils se révoltèrent contre les Espagnols, car ceux-ci n'étaient pas les dieux qu'ils attendaient. Cette attitude a une origine très réelle, les peuples nordiques portent en eux le principe des origines.

Discute-t-on de la présence actuelle des extraterrestres parmi nous ?
Ils sont sûrement parmi nous. Nous savons quelles sont les familles et les descendants dont il s'agit. Il est important que ces discussions soient limitées à un petit cercle de personnes.

Comment les hauts grades de la franc-maçonnerie voient-ils l'avenir ? Que savez-vous du destin du monde ?

La mission de la franc-maçonnerie est d'ouvrir les yeux à des gens mûrs pour qu'ils voient derrière les apparences. Quand assez d'entre eux seront informés, la vérité se répandra parmi l'humanité, qui ne se laissera plus abuser. C'est aussi un système d'influence et de contrôle. Si l'influence est socialement supportable et qu'elle permet de vivre de façon satisfaisante, il faut l'encourager. Le destin du monde dépend de l'état d'esprit des gens. Si la majorité pense de façon positive et pacifique, le destin de l'humanité ira dans cette direction. L'être humain n'a pas conscience de la force d'esprit dont il dispose.

Est-ce que le Nouvel Ordre Mondial s'établira ?

Le Nouvel Ordre Mondial est déjà une réalité. Mais ce n'est pas une raison d'avoir peur. Il y a trente ans, j'ai travaillé sur des projets qui sont aujourd'hui exportés dans le monde entier. Le Nouvel Ordre Mondial implique un contrôle presque absolu. Si ce contrôle sert à la protection des gens, il faut l'encourager. En réalité, il sert principalement à détecter ceux qui pensent autrement, car l'avenir ne peut être sécurisé que si l'humanité évolue vers un état d'esprit bien précis. Personne ne pense que ces systèmes de contrôle peuvent englober le monde entier, mais le développement avance ; aujourd'hui, il y a plus de quatre millions de personnes maintenues au calme avec des produits chimiques. Personne ne peut échapper à ce contrôle à long terme, mais il est possible de rester un peu à l'écart et de forger sa propre vision du monde. Il faut se dégager soigneusement de tous les programmes énergétiques actuels. On y arrive en adoptant un comportement de résonance ciblée. Je suis convaincu que le Nouvel Ordre Mondial est le meilleur projet possible et qu'il sera accepté par les gens.

Vous dites qu'on utilise des produits chimiques pour maintenir des gens au calme. Qu'entendez-vous par là ?

On utilise principalement du fluor. C'est un poison chimique.

Vous l'avez déjà mentionné.

Si l'être humain en prend régulièrement, il en a toujours assez dans l'organisme pour recevoir des messages, des fréquences d'impulsions de l'extérieur. Par un phénomène de résonance, il est sensible aux éléments extérieurs qui contiennent du fluor, tels que les téléphones portables avec des semi-conducteurs contenant du fluor, et dans la coque. Il y a aussi les ampoules électriques fluorescentes. Ce sont des émetteurs qui envoient des fréquences d'impulsions entrant en résonance avec l'organisme.

Vous venez de dire : «Il faut se libérer soigneusement de tous les programmes énergétiques actuels. On y arrive en adoptant un comportement en résonance ciblée.» Pouvez-vous expliquer plus précisément ?

On parle de résonance ciblée quand un programme en haute fréquence entre en contact avec l'organisme humain, qui a été préparé chimiquement à recevoir et à amplifier ces hautes fréquences. Si j'élimine ces produits chimiques de mon organisme, je suis moins soumis aux résonances et je ne reçois plus ces messages programmés.

Le fluor est un des principaux composants chimiques utilisés ?

Il n'y a pas que le fluor, mais aussi tous les halogènes, le brome, le chlore, l'iode. S'ils sont présents en grande quantité dans notre corps, nous devenons de bons récepteurs et de bons émetteurs. Les produits chimiques se trouvent principalement dans l'alimentation conditionnée et dans les médicaments. Si nous consommons des aliments non traités, nous pourrons nous préserver de ces fréquences.

Il s'agit de résonance physique, donc cela ne passe pas par la pensée, par exemple, le fait de méditer et d'avoir une hygiène mentale ?

Il s'agit de résonance physique à des programmes agissant sur l'inconscient, qui suggère que nous ne pouvons plus nous développer seul. Lorsque nous méditons, nous nous ouvrons à une énergie qui nous transmet un message. Nous percevons tellement de messages, mais beaucoup sont dénués de sens. Ceux que perçoivent les médiums ont, en général, peu de rapport avec la réalité.

Il y a des êtres humains qui ont appris, par une pratique répétée et des connaissances appropriées, à ne plus être en résonance avec les ondes de haute fréquence, indépendamment de leur alimentation. Il faut beaucoup de discipline, pratiquer régulièrement et savoir comment procéder. Cela nécessite déjà de connaître les ondes qui agissent sur l'organisme et comment il est conditionné chimiquement à les recevoir. Il faut quitter régulièrement les grandes agglomérations, vivre dans la nature, renoncer à une certaine forme d'alimentation et manger beaucoup de fruits frais. Avec une bonne pratique spirituelle, les effets de la consommation de produits traités et conditionnés industriellement peuvent être considérés comme négligeables.

Il faut donc s'alimenter aussi naturel que possible et renoncer à tout ce qui contient des additifs chimiques.

C'est le meilleur comportement à adopter pour ne pas entrer en résonance. Il est important d'utiliser de l'eau et du sel purifiés. Ce sont les éléments les plus importants, mais ce doit être du sel marin ou de l'Himalaya. Quand j'ingère des sels purs et précieux, que je bois de l'eau propre, je suis moins sous influence.

Et les promenades en forêt ?
Naturellement.

Mon père connaît une femme qui dirige la compagnie des eaux d'une grande agglomération allemande. Elle prétend qu'elle tient entreposés dans un local des conteneurs de tranquillisants prêts à être versés dans l'eau du robinet en cas de troubles parmi la population. Je pense que ce système existe aussi dans d'autres villes.
Oui, cela a toujours existé. Dans les années 1960, quand il y eut la révolte de la jeunesse, on mettait des tranquillisants dans l'eau du robinet à Berlin. Il y avait des troubles partout, sauf à Berlin… Ce n'est pas un problème et c'est pratique, parce qu'on peut atteindre beaucoup de monde en peu de temps.

Mais il y a de moins en moins de gens qui boivent l'eau du robinet. Sauf quand on se brosse les dents…
Les gens achètent des hectolitres d'eau minérale déjà traitée et conditionnée. Moi, je serais plus prudent, je ne boirais que de l'eau de source ou de l'eau purifiée. Le reste peut être manipulé et on ne sait pas ce qu'il y a dedans. L'eau est l'élément qu'on peut le mieux contrôler. Il y a plus d'une centaine de produits chimiques que l'on peut ajouter à l'eau du robinet. La loi ne prévoit le contrôle que de ces produits, mais

il y en a quantité d'autres non déclarés et contrôlés ; ils sont pourtant présents dans l'eau et c'est le danger.

Les guerres à venir se feront pour le contrôle de l'eau, comme au Tibet, par exemple. Très peu de gens savent qu'une des raisons majeures du conflit au Tibet est cette raison : les neuf grands fleuves d'Asie ont leur source au Tibet. Et l'Amdo est une province vitale pour la Chine, car c'est là que se trouvent les sources du Yang Tsé Kiang et du fleuve Jaune (Huang He). Cela permet aux Chinois d'être réellement indépendants. Les Tibétains auraient pu détourner ou manipuler les cours de ces fleuves. Qui le sait ?
C'est vrai.

Un ami connaît un ancien directeur régional d'E.ON, une société d'électricité privée allemande. Il s'est fait construire un immense réservoir de dix mille litres d'eau dans son jardin. Il pense que l'eau aura bientôt plus de valeur que le pétrole.
C'est vrai quand on parle d'eau pure. Il y aura toujours de l'eau et les êtres humains trouveront toujours les moyens de s'en procurer et de la filtrer. Mais, dans les grandes agglomérations, on est tributaire du courant électrique et de l'eau.

En effet, cet homme habite dans le centre d'une grande ville allemande.
Il est raisonnable d'avoir des réserves en eau, mais il ne faut pas ajouter de générateurs de courant supplémentaires, et rien ne marche sans électricité.

Ce système de surveillance planétaire ne semble pas vous enchanter non plus, n'est-ce pas ?
Cela ne me rend pas heureux du tout, mais j'essaie de m'adapter aux nécessités, aux événements qui vont se produire et que nous ne pouvons changer. Quand je comprends qu'il y a quelque chose que je ne peux modifier, j'essaie de trouver les moyens de préserver une certaine liberté dans le système impitoyable vers lequel nous allons.

Qu'en est-il de l'année 2012 ?

Le calendrier maya s'arrête le 21 décembre 2012. Beaucoup de gens pensent que cela signifie la fin du monde, ce qui les angoisse. Nous sommes, en effet, à la fin d'une époque. Beaucoup de frères de haut grade se sont emparés de ce sujet. Je fais partie d'un groupe chargé d'effectuer des mesures intensives qui seront interprétées avec le soutien scientifique de grandes universités. Des géophysiciens ont constaté une variation du champ magnétique terrestre. Sur terre, il y a des régions entières où sont constatées des déviations inhabituelles du champ magnétique terrestre.

J'ai effectué moi-même une grande quantité de mesures en radiesthésie, et j'ai remarqué que le réseau primaire, le réseau Hartmann, a commencé à se dissoudre. Il s'agit d'une structure énergétique qui englobe la terre. Elle est orientée nord-sud et est-ouest sur un maillage de deux ou trois mètres de largeur. L'énergie a diminué, le maillage a changé. Dans les régions où l'énergie a diminué, on constate que les gens perdent le sens de l'orientation. Dans le domaine métaphysique, cela correspond à une dissolution des structures hiérarchiques. Même les structures familiales se dissolvent, les enfants ont beaucoup de problèmes à se situer. Les structures en entreprise sont moins solides et doivent toujours être redynamisées et stabilisées. Dans la franc-maçonnerie, c'est pareil. Les anciennes structures ne résistent pas, il y a beaucoup de changements.

Nous avons construit des résonateurs qui agissent à grande échelle et qui permettent aux structures de se maintenir, tant qu'il reste un peu d'énergie. On sait que de plus en plus de jeunes ne sortent que rarement de chez eux en Europe et au Japon. Ce sont des forces vives qui manquent à la société. Ces jeunes passent leur temps devant leur écran d'ordinateur à jouer à des jeux qui leur donnent une personnalité virtuelle. Ils cherchent à avoir une vie parallèle dans le cyberespace. On commence à s'inquiéter réellement de ce problème.

La raison principale de ces modifications comportementales est la diminution du réseau primaire d'énergie et du champ magnétique terrestre. Ce phénomène géophysique s'est sans doute produit à plusieurs reprises dans l'histoire, tous les 25 000 ans environ, ce qui explique qu'il n'y en ait pas de récit historique.

On peut constater que le sol se dérobe sous nos pieds, que cela nous rend moins sûrs de nous. Les personnes sensibles évitent de sortir dans la rue, elles se sentent plus en sécurité chez elles. Le phénomène prend des proportions inquiétantes au Japon. Les structures sociales ne résistent pas. Les êtres humains sont de moins en moins capables de s'intégrer à des structures hiérarchiques. D'un autre côté, on sent aussi une plus grande disponibilité pour aider les autres. Il est difficile d'avoir une vision d'ensemble, surtout pour ceux qui vivent dans des structures sociales éclatées. Les personnes qui voyagent et se déplacent beaucoup sont moins exposées. Celles qui ont des connaissances en radiesthésie ont pris leurs dispositions et vivent sans grand problème.

L'humanité survivra à ce changement énergétique. Nous ne savons pas combien il y aura de victimes et peut-être que l'humanité sera durement touchée, ce qui conviendrait tout à fait aux Illuminati. Il y aura des secousses géologiques, des accidents climatiques.

Que savez-vous de l'élévation de la fréquence de la Terre ?

Le changement énergétique provoque une élévation de sa fréquence et une accélération du métabolisme chez les êtres humains. Cela peut aussi affaiblir le système immunitaire. Nous devons nous observer de façon critique, penser à être détendus, savoir nous décharger des tensions. Le souci de l'homme en quête de succès est de se construire, de trouver de l'énergie et d'en sécuriser l'approvisionnement. Nous vivons une époque où l'énergie est primordiale, la plupart de nos préoccupations sont tournées vers ce sujet. Il ne s'agit pas que de matières inflammables et de porteurs d'énergie, il s'agit aussi des énergies du corps et de l'esprit. C'est une situation difficile à maîtriser, parce qu'elle est nouvelle. Ceux qui agissent avec intuition sont à la recherche de structures énergétiques équilibrantes. Ils cherchent à développer leur sentiment d'harmonie pendant leurs loisirs et réorientent leur vie en conséquence.

Les êtres qui arrivent à s'équilibrer et se stabiliser d'une façon ou d'une autre sont les porteurs d'espoir de cette époque qui s'achève. Et s'il y en assez pour équilibrer les choses, l'avenir du monde sera pacifique.

Pensez-vous que les Illuminati sont au courant ?
Ils sont les mieux informés et ont grand intérêt à établir un système qui puisse réussir à l'avenir. Finalement, n'est humain que celui qui porte en lui le bien-être général dans son humanité.

Je vous remercie du fond du cœur de votre franc-parler et me réjouis déjà de pouvoir un jour poursuivre cet entretien.

Épilogue

Voilà, mes chers lecteurs et lectrices ! Que dites-vous de tout cela ? C'est complètement fou ! Nous apprenons qu'on élabore un deuxième monde dans notre dos et qu'il devient de plus en plus réel. On nous présente un monde virtuel avec des systèmes inventés, les religions, le système financier ou ce que les médias nous vendent comme de la politique ou de l'économie. C'est principalement du mensonge et de la tromperie.

Je voudrais remercier mon interlocuteur du fond du cœur de nous avoir fait part de son savoir d'initié. Espérons qu'il pourra continuer à vivre paisiblement malgré l'entrevue. Que faire de toutes ces informations ? Nous venons de voir le point de vue d'un haut grade de la franc-maçonnerie. Quel est le pourcentage de vérité ? Est-ce une construction mentale des francs-maçons ? N'est-ce qu'une partie de la réalité ? Quels sont les rôles de Lucifer, de Jéhovah et de la véritable Création ? Qu'en est-il des extraterrestres et des Allemands du Reich ? Quels sont les rapports de force réels ?

Je voudrais répéter que tout cela ne correspond pas à ma vision du monde, mais à celle de mon interlocuteur. Je voulais montrer la vision du monde d'un franc-maçon de haut grade. Des éléments font sens, d'autres sont contradictoires et certains points m'échappent. Mais que vous et moi puissions savoir si Lucifer est réellement le maître du monde n'est en soi pas très important. Ce qui compte, c'est que ces hommes et ces organisations puissantes sont convaincus de détenir la vérité et qu'ils ont entrepris de restructurer le monde. Ils ont réussi à instaurer ce qui leur tenait à cœur, le Nouvel Ordre Mondial. On ne peut pas le nier. Leur vision du monde est devenue notre réalité et nous devons nous y adapter.

Chacun de nous devrait se demander si la franc-maçonnerie n'a pas raison sur certains points. Quand on voit la masse d'êtres humains qui vont et viennent sur cette planète, on se demande s'il existe un autre concept que le Nouvel Ordre Mondial pour tout contrôler. Nous sommes sept milliards et demi d'êtres humains. Que se passera-t-il lorsque nous serons dix milliards ?

Nous, les Allemands, les Autrichiens et les Suisses, pensions encore il y a peu de temps vivre dans un monde intact qui le resterait. Cette image a été mise à mal par la crise financière créée artificiellement, et nous nous inquiétons. Je voyage beaucoup et constate des choses réellement préoccupantes. Je me demande souvent comment le monde sera dans vingt ans. Comment tout contrôler : l'ouverture des frontières, la montée du chômage, les conflits religieux ? Le Nouvel Ordre Mondial est une variante qui a été pensée et mise en pratique à la perfection par des gens très intelligents.

Elle manque singulièrement de solidarité, de compassion, d'esprit charitable et d'amour.

Une organisation et des loges peuvent-elles décider du sort de milliards de gens ? Peuvent-elles jouer à être Dieu ? Cette question est sans importance, parce qu'elles le font déjà, avec beaucoup de réussite. Il vaudrait mieux savoir ce que nous pouvons faire de toutes ces connaissances. Le Nouvel Ordre Mondial est à nos portes, et si rien ne change fondamentalement, nous aurons bientôt tous des implants de micropuce, pas seulement dans nos voitures et pour nos animaux de compagnie. Nous vivrons sans argent liquide et serons filmés à chaque instant. Est-ce ce que nous voulons ? Personne ne nous le demandera, comme cela a été le cas pour l'introduction de l'euro. On décidera à notre place si nous ne faisons rien. Que faire maintenant ? C'est de cela qu'il s'agit, en fait.

Nous ne pouvons pas nous mettre la tête dans le sable. J'ai des enfants qui vont à l'école maternelle, je dirige une entreprise. Je ne peux pas faire mes valises et partir en disant : « Débrouillez-vous sans moi ! » Pour aller où ? On parle de Nouvel Ordre Mondial, le monde entier est concerné !

Je ne veux pas m'en aller, je voudrais vivre ici et m'épanouir à l'endroit où j'habite. Il faut donc trouver une voie pour s'adapter à ce qui nous attend. Il est important de savoir ce qui nous attend dans les prochaines années pour s'y préparer. Il n'y a rien de pire que de ne pas être préparé.

Quand on entend parler Gerald Celente, un célèbre futurologue, sur un plateau d'interview-variétés, on perd toute audace et toute envie d'agir. Pourquoi est-il si connu ? Parce qu'il fut l'un des premiers à prédire l'effondrement de l'Union soviétique en 1990, le krach boursier de 1987, la crise asiatique de 1997, l'effondrement de l'économie russe en 1998, l'éclatement de la bulle Internet en 2000, la crise de l'immobilier en 2005, la récession de 2007 et la panique de 2008. Son taux de réussite est impressionnant.

Ses prévisions pour les années à venir ne sont pas très encourageantes : il contredit les experts qui viennent quotidiennement nous dire sur les plateaux de télévision que la crise est passée et que tout va s'améliorer.

Celente prédit une deuxième révolution aux États-Unis, et que l'Europe va se déchirer de la Grande-Bretagne jusqu'à la Russie dans de nombreuses guerres civiles. Et tout cela dans les prochaines années et non dans dix à vingt ans. Mais ce n'est pas tout, Gérald Celente et son équipe ne se sont jamais trompés ; c'est pour cela que le monde des médias et de la politique est très inquiet. Udo Ulfkotte, un auteur à succès et journaliste essayiste allemand, dit de lui : « Les experts qui nous prédisent un avenir meilleur en nous faisant croire que la crise est derrière nous sont remis à leur place par Celente. Celui-ci affirme que les forces de sécurité ne pourront bientôt plus garantir la sécurité des citoyens. Les gangs prendront le pouvoir dans certains quartiers. Les États sont au bord de la faillite. La loi de la jungle est en train de s'imposer dans le quotidien de beaucoup de citoyens. Les hommes politiques n'auront pas d'autre choix que d'imposer une répression brutale. »

Il met en garde contre une évolution que nous ne pourrons plus empêcher, le retour de nos concitoyens dans leurs pays d'origine, parce que des milliers de gens au chômage exigeront le départ des immigrés par des manifestations violentes.

Vous vous demandez pourquoi vous n'entendez pas parler de ces choses dans la presse ? Voici ce que déclarait, en réponse à un individu proposant un toast à la liberté de la presse, le journaliste John Swinton, alors un ancien rédacteur en chef du *New York Times*, invité d'honneur à un banquet se déroulant à New York le 25 septembre 1880 (!) :

Il n'existe pas, à ce jour, en Amérique, de presse libre et indépendante. Vous le savez aussi bien que moi.

Pas un seul parmi vous n'ose écrire ses opinions honnêtes et vous savez très bien que si vous le faites, elles ne seront pas publiées. On me paye un salaire chaque semaine pour que je ne publie pas mes opinions, et nous savons tous que si nous nous aventurions à le faire, nous nous retrouverions à la rue illico, à chercher un nouvel emploi. Si je me permettais de publier l'une de mes opinions honnêtes dans un seul numéro, je devrais libérer mon poste dans les vingt-quatre heures.

Le travail du journaliste consiste à démolir la vérité, à mentir, à travestir, à ramper devant les puissants et à vendre son pays et sa race pour assurer son pain quotidien. Vous le savez, je le sais. Alors, pourquoi trinquer à la liberté de la presse ?

Nous sommes les outils et les vassaux des riches installés dans les coulisses ; nous sommes les marionnettes, ils tirent les ficelles et nous dansons. Nos talents, notre savoir-faire et nos vies leur appartiennent. Nous sommes des prostitués de l'intellect.

Les choses n'ont pas beaucoup changé depuis un siècle ! Vous allez vous dire : «Quelle m... Qu'est-ce qui me reste à faire ? C'est une catastrophe !» Oui, c'en est une. J'avoue qu'il y a seize ans, lorsque je me suis mis à écrire des livres sur les structures de pouvoir, je croyais que nous pourrions inverser la tendance et éviter tout ce qui arrive et s'annonce. Au début des années 1990, on sentait un vent d'espoir. Aujourd'hui, je suis plus circonspect. Quand on observe le monde, on pense toujours que la situation ne peut pas empirer. Mon grand-père Harry Weise disait de notre génération qu'avec elle, on ne pouvait pas gagner de guerre ; j'ajoute qu'avec «ces gens», on ne peut pas éviter la guerre.

Nous pensions réellement qu'un mouvement spirituel s'était emparé de notre pays et qu'il était possible de transmettre cette énergie positive au reste du monde. Il n'en est rien. Ce mouvement a échoué. Au lieu d'alimenter les champs morphogénétiques de façon positive, nous assistons à l'effet contraire. Des millions de personnes vivent dans un monde virtuel dans Internet ou à la télévision et alimentent les champs morphogénétiques d'énergie négative et destructive.

J'ai une opinion légèrement différente, je pense qu'il faut toujours séparer le bon grain de l'ivraie. Ceux qui veulent gagner de l'argent facilement ou surfer sur une bonne vague vont disparaître. Ceux qui surnageront pourront faire des choses. L'histoire montre qu'il suffit de quelques personnes de valeur pour changer les choses. Et c'est ce qui va arriver. La situation de la planète est dramatique ; pourtant, il ne faut pas se décourager. Toute décision positive, tout engagement social, toute expression de joie se répandent dans les champs morphogénétiques et tout le monde en profite.

Les prédictions de prétendus voyants sur l'avenir de l'humanité pleuvent. J'en ai compilé une centaine dans mon livre *La Troisième Guerre mondiale*. Toutes s'accordent à dire qu'il y aura un gouvernement mondial qui ne pourra se maintenir très longtemps. Elles parlent de catastrophes naturelles, d'épidémies et de guerres qui vont décimer les populations, mais il y aura ensuite un monde affranchi du contrôle centralisé.

Il est difficile d'évaluer la véracité de ces prédictions. On doit prendre en considération les dires de notre ami franc-maçon : nous avons notre destin en main, car l'ensemble des pensées que nous émettons se répercute dans le champ magnétique terrestre et le champ spirituel, la sphère astrale, le monde des anges et des démons. La somme de nos pensées décide de notre destinée : selon la loi de la résonance, nous récoltons ce que nous avons semé.

Nous avons constaté qu'il y a franc-maçon et franc-maçon. Se produisent de grands bouleversements dans les loges, avec des différences fondamentales entre les diverses obédiences. Les visions de Dieu, de Lucifer, des traditions de l'Ancien Testament peuvent être diamétralement opposées. On ne peut pas mettre tout le monde dans le même bateau. Il existe beaucoup de suiveurs parmi les francs-maçons, mais aussi des personnes qui veulent évoluer et passer à la vitesse supérieure. Elles ne sont plus prêtes à s'adapter, elles créent leur propre loge ou accordent des entrevues.

Notre ami pense qu'il ne faut pas mettre les Illuminati sur le même plan que la franc-maçonnerie, qu'elle est un des outils dont ils se servent sans que la majorité des frères en ait conscience. Est-ce une raison pour se dédouaner de ses responsabilités ?

J'ai compris en réalisant cette interview que l'ensemble du sujet traite d'un monde ancien, de rituels, de déguisements, de décoration de loges, de système hiérarchique qui sépare les gens ou de l'importance de garder un secret. Celui qui adhère à ces éléments peut devenir membre. Pour moi, c'est une forme de régression. Il y a beaucoup de frères qui veulent sortir de cet enfermement. Pourquoi ne pas rester libre ?

On peut parler pendant des heures pour savoir si Lucifer ou celui que Jésus appelle son père sont les maîtres du monde, si Caïn est le descendant de Lucifer ou la Bible un tissu de mensonges. À l'instar du contenu des diverses religions, on ne peut rien prouver. Les religions ont toujours été des déclencheurs de guerres. Je pense qu'il vaut mieux s'occuper du présent et ne pas toujours sonder le passé. Quand on voit le théâtre entre catholiques et protestants, entre ashkénazes et séfarades, entre les différentes obédiences, il faut agir ensemble pour trouver des solutions.

Ce qui m'intéresse chez les êtres, ce n'est pas leur position sociale, leur religion, leur appartenance ethnique ou leur pureté génétique, mais plutôt de voir s'ils sont conscients ou inconscients. Les personnes conscientes existent dans toutes les couches de la société. Elles m'intéressent et même enrichissent ma vie.

Nous subissons actuellement de grands bouleversements. Nous savons maintenant ce qui nous attend sur le plan économique et politique. Qu'en est-il de notre vie privée et des lois de l'esprit ? Elles nous permettent de réorienter nos priorités et de manifester au quotidien les choses que nous voulons vivre. J'en ai déjà parlé abondamment et vous savez de quoi je parle.

Nous devons prendre des décisions. Nous pouvons continuer à vivre comme si nous n'avions jamais lu ce livre, en adhérant à une loge maçonnique et en essayant de nous ranger du côté des gagnants ; ou nous combattons ces organisations, nous tentons de mettre en pratique ce que nous venons de comprendre, nous attendons le retour des survivants du Troisième Reich, des extraterrestres qui vont nous sauver. Nous attendons Schilo. Schilo, c'est le Messie que tout le monde attend ; reste à voir quand il viendra…

Nous nous tournons vers notre propre côté divin et nous nous laissons guider par notre moi supérieur, notre étincelle divine, notre ange gardien. Nous parlons moins de nous en tant qu'individus et davantage sur le plan collectif.

Toute décision aura des conséquences qui changeront notre vie. Il n'y a rien de pire que de stagner ou de glisser avec le courant comme des poissons morts !

Vous voulez sans doute savoir ce que je fais personnellement de tout le savoir accumulé au cours de mes voyages. J'ai décidé de publier régulièrement des livres et de partager avec vous mes pensées sur les sujets qui me passionnent. Si cela sert à quelqu'un, c'est magnifique. Je voudrais vous motiver à regarder un peu plus loin que ce que l'on vous propose habituellement. J'habite à la campagne avec ma famille, au milieu de la nature, qui est encore à peu près préservée. Quand il y aura de gros troubles, un jour ou l'autre, nous serons protégés. Nous avons un puits et un générateur de courant alternatif. J'ai investi une partie de mes revenus dans la pierre, une autre dans diverses recherches sur les nouvelles énergies.

Je voyage beaucoup pour me ressourcer et élargir mon horizon. Je mets en pratique les conseils que je donne dans mon livre *Un million d'euros,* je me sers de mon énergie mentale pour diriger ma vie. Nous pouvons tous provoquer quelque chose ; moi, j'écris des livres, d'autres prononcent des conférences. Certains me disent : « Que puis-je faire, moi petit poisson ? J'ai déjà du mal dans la vie de tous les jours ! Ils sont si puissants et le Nouvel Ordre est déjà là. Tout se casse la figure. Comment changer cela ? »

Je ne sais pas comment on change le cours des choses, mais je peux vous dire comment vous pouvez vous changer d'abord, et le monde ensuite. Vous vous dites que je suis fou. Lisez d'abord l'histoire que je vais vous raconter, cela relativisera peut-être ce que vous avez lu dans ce livre.

Connaissez-vous Joe Vitale ? C'est un accompagnateur de changement américain qui écrit des succès de librairie ; il a participé au film *Le Secret*. Il a popularisé un processus de guérison hawaïen, l'Ho'oponopono, qu'il tient d'un thérapeute hawaïen, le Dr Ihaleakala Hew Len.

Le Dr Len avait réussi à soigner des malades mentaux et des criminels par une méthode tout à fait inhabituelle. Joe Vitale l'interviewa pour comprendre sa méthode. Ce dernier lui expliqua qu'il dirigeait un service psychiatrique et avait dû trouver une solution lorsqu'il prit conscience des conditions de travail devenues dangereuses affectant son personnel. Les infirmiers étaient toujours en arrêt maladie ou quittaient le service. Beaucoup de malades étaient mis sous contention. On attend d'un chef de service qu'il connaisse ses patients, qu'il soit en contact avec eux. Lui avait choisi une autre stratégie : il ne voyait jamais les malades et se faisait remettre leur dossier, les étudiait et agissait en secret. Que pensez-vous qu'il s'est produit ?

Les malades guérissaient les uns après les autres. On retirait les entraves à ceux qui en avaient, la consommation de médicaments diminuait et on avait même libéré les cas les plus désespérés. Le personnel retrouvait goût au travail et, au fil du temps, tous les malades furent libérés et on ferma le service. Quel était le secret du Dr Len ?

Il disait : « J'ai guéri en moi le côté qui les avait créés. Prendre l'entière responsabilité de sa propre vie implique que l'on assume la responsabilité de tout ce qui nous entoure ; notre monde est notre création dans le vrai sens du mot. » C'est la loi de la résonance qui veut que nous soyons en symbiose avec tout ce que nous expérimentons. Si je suis joyeux, les gens autour de moi le deviennent. Qui se ressemble s'assemble. Nous sommes des dieux, nous créons notre environnement quotidien, nous pouvons nous pardonner nos erreurs. Nous avons autour de nous ce que nous avons créé, même si ce n'était pas dans cette existence. Le monde est parfait, il ne connaît pas le hasard. Nous sommes donc responsables de ce qui se passe autour de nous. Même si le Dr Len ignorait l'origine des maladies de ses patients, il était en résonance avec eux, le destin les liait ; autrement, il n'aurait pas été à ce poste.

Sa méthode porta ses fruits, elle présente donc une validité certaine. Le Dr Len, en étudiant le cas d'un malade, demandait pardon ; il s'adressait en fait au moi supérieur du malade pour lui dire qu'il était désolé, qu'il demandait pardon, qu'il l'aimait. Le moi supérieur sait tout cela, parce qu'il est immortel et a tout emmagasiné. Le docteur avait pris sur lui l'entière responsabilité de son malade. Nous sommes responsables de tout ce que nous voyons, de tout ce que nous vivons.

Les jugements que nous portons nous isolent ; ce ne sont que des projections de choses en nous que nous n'avons pas encore acceptées ou avec lesquelles nous ne sommes pas réconciliés. Tout ce qui nous cause problème – politique, terrorisme, économie – est là pour nous aider à guérir. En fait, tout est une projection de ce qui nous habite ; les problèmes ne sont pas attribuables à des facteurs externes. Il faut donc changer pour s'en débarrasser. Nous pouvons accepter la responsabilité de nous-mêmes, mais pourquoi être responsable des autres et de leurs actions ? C'est la loi de la nature. C'est l'équerre qui nous montre les conséquences de nos actes. La méthode du Dr Len est efficace, il l'a démontré.

Si l'on traverse une mauvaise passe, on doit prendre conscience de la situation, et se dire : «Désolé, je me suis trompé d'avoir été la cause de...» On se pardonne, on demande pardon à son créateur. On dit «je t'aime !» à son créateur, car on est libre ; on dit : «Merci pour tout !» et on guérit de la situation.

Nous sommes tous liés les uns aux autres : les sans-abri, les Rockefeller et les Illuminati. Nous ne sommes pas obligés de nous connaître. Le Dr Len ne connaissait pas ses malades. Nous sommes tous responsables du chaos qui règne autour de nous, sinon nous ne serions pas là. Nous pouvons mettre en application ce principe hawaïen et toucher tous les êtres humains dans le monde. Si le Dr Len a réussi à changer des gens qu'il ne connaissait pas, imaginez ce que vous pourriez faire au profit de personnes qui travaillent dans le milieu politique ou économique ! Nous sommes tous capables de guérir l'humanité, parce que nous sommes tous concernés, et nous avons le droit de changer les choses.

Commençons par balayer devant notre porte, et si tout est à peu près en ordre, on peut viser un objectif plus large. *Ho'oponopono* signifie remettre en place, en harmonie. On pardonne, on se pardonne, on s'aime, on aime les autres et son environnement. On sait que Dieu, Lucifer, les francs-maçons et les Illuminati font partie de la vie.

Et les choses changent peu à peu ! Zbigniew Brzezinski se plaignait au printemps 2010 à Montréal, à une réunion du Council on Foreign

Relations, que le mouvement pour un gouvernement mondial risquait de capoter. L'ascension de la Chine comme puissance géopolitique était un des facteurs et les dissensions internes un autre, mais le danger principal viendrait de l'opinion publique mondiale de plus en plus réactive, qui commence à comprendre que la conspiration des élites est dirigée contre elle. Ce nouvel état de fait est le principal obstacle à l'établissement de ce gouvernement.

Qu'en dites-vous ? Je vais vous laisser vaquer à vos occupations. Je suppose que la plupart de mes lecteurs et lectrices ont des obligations familiales ou professionnelles. Il faut trouver un moyen d'intégrer toutes ces informations dans notre monde concret. Ce n'est pas facile, la réalité nous rattrape toujours : les enfants, les impôts, le gazon à tondre, le ou la partenaire. Mais nous savons faire la différence maintenant. Nous sommes tous prisonniers de la matière, c'est notre conscience qui fait la différence. Chacun de nous peut faire la différence, en décidant de sa façon d'être. Voulons-nous souffrir et être un poids pour les autres, ou voulons-nous être l'exemple de quelqu'un qui accepte et profite de la vie ?

J'aimerais être fier de vous. Prenez votre vie en main et faites-en quelque chose. Notre créateur, Celui qui nous donne l'étincelle, aimerait bien être fier de nous, parce que nous surmontons les épreuves. Il est content du succès de ses enfants. N'oubliez pas que nous ne sommes jamais seuls. Je ne pense pas qu'aux forces de l'esprit qui nous accompagnent, je pense aussi aux personnes qui nous entourent. Nous venons tous de la même source, nous sommes une grande famille même si nous l'oublions parfois. Et il est temps de remettre les gaz. Je suis de tout cœur avec vous !

Sources des illustrations

(1)   http ://kickthemallout.com
(2)   www.sentex.net
(3)   Archives privées
(4)   www.greatdreams.com
(5)   www.abovetopsecret.com
(6)   www.mastermason.com
(7)   www.masonicregalia.org
(8)   Archives privées
(9)   www.guardian.co.uk
(10)   www. thedoggstar.com
(11)   http ://.catalyst.org.uk
(12)   www.vaticanassassins.org
(13)   www.thedoggstar.com
(14)   www.texemarrs.com
(15-22) Archives privées
(23)   www.ephesians5-11.org
(24)   www.freemasonrywatch.org
(25)   www.vigiliantcitizen.com
(26-31) Archives privées
(32)   http ://aftermathnews.files.wordpress.com
(33-37) Archives privées
(38)   ALLEN, Gary, Die Insider, *Baumeister der 'Neuen Welt-Ordnung'* [*Les initiés. Les architectes du « Nouvel Ordre Mondial»*], Postman, Vap, vol. 1, 1998 [ou vol. 2, 2000], p. 220.
(39)   HABECK, Reinhard, *Die letzten Geheimnisse* [*Les derniers secrets*], Vienne, Tosa, 2003, p. 76.
(40-43) Archives privées
(44)   www.altarcheologie.nl
(45-47) Archives privées
(48)   www.freemasonry.bcy.ca
(49-54) Stefan Erdmann

(55)   www.wordpress.com
(56)   www.samliquidation.com
(57)   www.luciferia.tv
(58)   www.samliquidation.com
(59)   www.samliquidation.com
(60)   www.truthnews.us
(61)   www.geocities.com [site fermé]
(62)   Archives privées
(63)   www.wfg-gk.de
(64-65) www.sacredtexts.com
(66)   www.hollowearththeory.com
(67-70) Archives privées
(71)   www.wikipedia.de
(72)   www.bibliotecapleyades.net
(73)   Archives privées
(74)   http ://fischinger.alien.de/Beweise.html
(75)   www.zillmer.com
(76)   www.affs.org
(77)   www.mysteriousworld.com

www.ingramcontent.com/pod-product-compliance
Lightning Source LLC
Chambersburg PA
CBHW020454030426
42337CB00011B/109